— ..... WAGNER, CANCILLER
INSTITUTO DE LIDERAZGO WAGNER

Muchos le echan la culpa por la falta de avivamiento en los Estados Unidos al pecado en las calles. Sergio Scataglini, un hombre familiarizado con el avivamiento, clarifica este asunto en este nuevo libro. Nosotros, la Iglesia de Dios, somos el gran obstáculo del avivamiento. No necesitamos luchar para obtener el avivamiento de las manos de Dios. El avivamiento es un regalo, no una meta. Dios simplemente está buscando el sitio adecuado para iniciar uno. Mientras nos convertimos en ese lugar santo, ¡veremos el conocimiento de Su gloria cubrir nuestra nación como las aguas cubren el mar! ¡Gracias, Sergio!

—EDDIE SMITH
CENTRO DE ORACIÓN DE E.U.A

El pastor Sergio Scataglini es un querido amigo mío y un gran hombre de Dios. A él verdaderamente lo consume el fuego de la santidad, y su ministerio es una bendición para todo el Cuerpo de Cristo.

Este libro le inquietará a tomar decisiones que cambiarán su destino. Su mensaje, por cierto profundo, bíblico y rico en ilustraciones, le provocará salir corriendo a un nuevo altar de consagración y quebrantamiento. Le ayudará a superar todos los impedimentos para que pueda llevar una vida de santidad.

¡Sí! La santidad es posible. ¡Prepárese para vivir una nueva temporada con Dios!

—RDO. CLAUDIO FREIDZON
PASTOR DE LA IGLESIA REY DE REYES
BUENOS AIRES, ARGENTINA

Este libro será una bendición para todos los líderes cristianos que sinceramente desean ser más como Jesucristo nuestro Señor. Sergio es esa clase líder cristiano. Su más profunda pasión es ser más como Él, por ello nos invita a aprender y beneficiarnos de lo que nuestro Señor le ha estado enseñando en esta aventura de seguir a Jesús.

—DR. PAUL CEDAR, PRESIDENTE
DE LA COALICIÓN MISIÓN AMERICANA

Sergio ha escrito un libro profético, que nos motivará por la gracia de Dios y el poder del Espíritu Santo a llevar vidas santas para Su gloria. ¡Qué este libro sea el catalizador de otro mover de Jesús!

—CHE AHN, PASTOR DE LA IGLESIA
Harvest Rock EN PASADENA, CALIFORNIA

En el transcurso de nuestra vida espiritual, Dios ubica en nuestro camino personas y productos que nos ayuden a mantenernos en Su perfecto plan. Sergio Scataglini es una de esas personas. Este libro es uno de esos productos. *Las doce transgresiones* habla claramente del pecado e irradia esperanza a todo aquél que desea llevar una vida de santidad.

—STEPHEN HILL, EVANGELISTA

Las doce transgresiones es un excelente recordatorio de algunas de las trampas espirituales que grandes siervos de Dios han experimentado. Los ejemplos bíblicos que presenta le alertarán sobre estas transgresiones y le ayudarán a evitarlas en su propio caminar con el Señor. La revelación que Dios le ha dado a Sergio muestra que el avivamiento en la Iglesia primero comienza cuando nos limpia de nuestras transgresiones a medida que procuramos obedecerle humildemente.

—BETH ALVES, PRESIDENTA
DE INTERCESORES INTERNACIONALES

Sé que Dios ama a los Estados Unidos de Norteamérica porque nos envió a Sergio Scataglini. El amor de Sergio por la santidad y su pasión por ser más como Jesús hacen más que enseñar; nos inspira. Una cosa es proveerle a los cristianos información religiosa; Sergio trae transformación. Puedo decir en plena confianza, que aquellos que se disciplinan para poner en práctica las verdades de este libro lograrán ser más como Cristo.

—FRANCIS FRANGIPANE,
EVANGELISTA Y AUTOR

Las DOCE transgresiones

Sergio Scataglini

CASA
CREACIÓN

La mayoría de los productos de Casa Creación están disponibles a un precio con descuento en cantidades de mayoreo para promociones de ventas, ofertas especiales, levantar fondos y atender necesidades educativas. Para más información, escriba a Casa Creación, 600 Rinehart Road, Lake Mary, Florida, 32746; o llame al teléfono (407) 333-7117 en Estados Unidos.

Las doce transgresiones por Sergio Scataglini
Publicado por Casa Creación
Una compañía de Charisma Media
600 Rinehart Road
Lake Mary, Florida 32746
www.casacreacion.com

No se autoriza la reproducción de este libro ni de partes del mismo en forma alguna, ni tampoco que sea archivado en un sistema o transmitido de manera alguna ni por ningún medio –electrónico, mecánico, fotocopia, grabación u otro– sin permiso previo escrito de la casa editora, con excepción de lo previsto por las leyes de derechos de autor en los Estados Unidos de América.

A menos que se indique lo contrario, todos los textos bíblicos han sido tomados de la versión Reina-Valera, de la Santa Biblia, revisión 1960. Usado con permiso.

Copyright © 2002, 2011 por Casa Creación
Todos los derechos reservados

Originally published in English under the title:
The Twelve Transgressions
Copyright © 2002 by Sergio Scataglini
Published by Charisma House, A Charisma Media Company,
Lake Mary, FL 32746

Previamente publicado en tamaño regular,
ISBN: 978-0-88419-868-0, copyright © 2002

Traducido por: Andrés Carrodeguas
Director de diseño: Bill Johnson

Library of Congress Control Number: 2011928000
ISBN: 978-1-61638-523-1

11 12 13 14 15 * 5 4 3 2 1
Impreso en los Estados Unidos de América

Dedicatoria

*A los consagrados trabajadores cristianos
alrededor del mundo:*

*Que Dios utilice este libro para animarlos
mientras caminan por el sendero de la santidad,
y para reducir dramáticamente la cantidad de
accidentes espirituales en el Cuerpo de Cristo.*

Al equipo en mi hogar:

Kathy, mi amada esposa y ayudante.

Pablo, mi hijo en el Señor.

Nathan, Jeremy y Miqueas, mis hijos y discípulos.

Reconocimientos

Este libro se logró por un esfuerzo de equipo. Le estoy muy agradecido a Kathy por las múltiples horas de trabajo que dedicó a recopilar, organizar, mecanografiar y remecanografiar el manuscrito original. Gracias a Jeannie Stutzman quien también escribió para nosotros por computadora y lo hizo con una corazón dispuesto.

Mis más profundo agradecimiento se lo dirijo a mi amigo Lee Grady, por su pasión por ver este libro publicado y por su envolvimiento personal con tal de que así se lograra. A nuestra amiga Tessie DeVore y el equipo de trabajo de Casa Creación quienes trabajaron con entusiasmo inspirador en publicar el mensaje de este libro. A mi amigo, Steve Swihart, por sus perspicaces y precisas observaciones. A todos lo intercesores que constantemente nos rodearon con oraciones. A nuestra fiel colaboradora y miembro de nuestro equipo, María Fabbri Rojas, quien enriqueció y pulió mil detalles para que el mensaje llegue con mayor claridad a cada lector.

Quisiera expresarle mi gratitud a los líderes alrededor del mundo que me alentaron e inspiraron a publicar este mensaje.

Quisiera reconocer a nuestro equipo en el Ministerio Scataglini. Cada uno de ellos es un eficaz ayudante del ministerio.

Y finalmente, le doy las gracias a Dios por mi familia que me acompaña en esta aventura gloriosa llamada ministerio.

Índice

Prólogo por Tommy Tenney 8

Prefacio: Capturado por Su fuego 9

Introducción: Las doce transgresiones:
       una visión de conjunto 19

1. La transgresión de Elí: Cuando
   la debilidad se vuelve pecado . . .25

2. La transgresión de Jacob: El uso
   de medios carnales para obtener
   la bendición divina 39

3. La transgresión de Sansón:
   Carisma sin carácter 55

4. La transgresión de Moisés:
   La ira santa usada de una forma impía 69

5. La transgresión de Elías: La desilusión 88

6. La transgresión de Josué:
   El pecado de presuposición 107

7. La transgresión del rey Saúl:
   Cuando la insensatez se vuelve pecado 123

8. La transgresión de David:
   La falta de límites claros 139

9. La transgresión de Salomón:
   Unas distracciones fatales 158

10. La transgresión de Jonás:
    Servir a Dios de mala gana 170

11. La transgresión de Pedro:
    Temer más a los hombres que a Dios 185

12. La transgresión del joven rico:
    El último ídolo 205

Notas 219

Prólogo

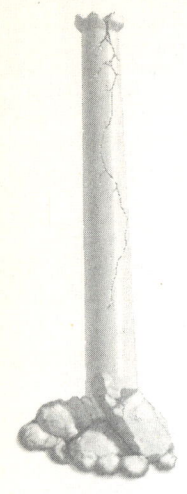

Habrá *personas* que al terminar de leer este libro dirán: "¡Me hubiese gustado haber leído esto mucho tiempo antes!". Al hacer un análisis retrospectivo apreciarán la sabiduría que se encuentra en estas páginas.

Este libro es como un aviso de carreteras que nos informa dónde ya otros conductores chocaron—y ¡por qué! Después de un accidente, ya sea en la carretera o en la aerovía, siempre se lleva a cabo una investigación. Las lecciones aprendidas pueden resguardar el futuro de otros.

Este libro analiza minuciosamente doce accidentes en el rumbo de la vida. Si no aprendemos de la historia, podríamos repetirla. Si usted, como yo, está cansado de leer los titulares sobre las catástrofes cristianas más recientes, entonces estudie este libro. El entendimiento de Sergio Scataglini sin duda va a salvar a alguien. Sólo espero que "salve" a alguien de "caer". Sergio se une a Judas al expresar que nuestro misericordioso Padre celestial "puede guardarlos para que no caigan" (Jud.1:24 NVI)—si practican el cristianismo con cautela. ¡No vaya a excesiva velocidad donde "los ángeles temen pisar"! Que Dios nos guarde de ser mejor que ser "liberado".

Aprecio la ambulancia después de un accidente, pero cuánto más aprecio la valla en la cima del peñasco. Pienso que todos estamos de acuerdo en que es mejor rebotar de la valla con magulladuras que caerse por el risco y ser aplastado. Este libro es mejor que un vendaje en el fondo del peñasco; es una barrera a la orilla del camino que nos protege de la calamidad. Algunas veces los libros son aún más interesantes cuando conocemos la vida del autor. Sergio vive apasionadamente lo que ha escrito. Se podría decir que él es como otro "verdadero israelita, en quien no hay engaño" (Jn.1:47).

El espíritu de Sergio es puro. Esta palabra del cielo es incontaminada. Adopté en mi corazón lo que leí, porque conozco tanto la fuente como la vasija.

—Tommy Tenney
Autor de *En la búsqueda de Dios*

Prefacio

Capturado por su fuego

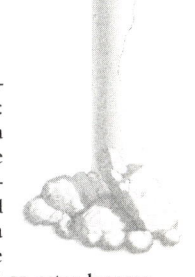

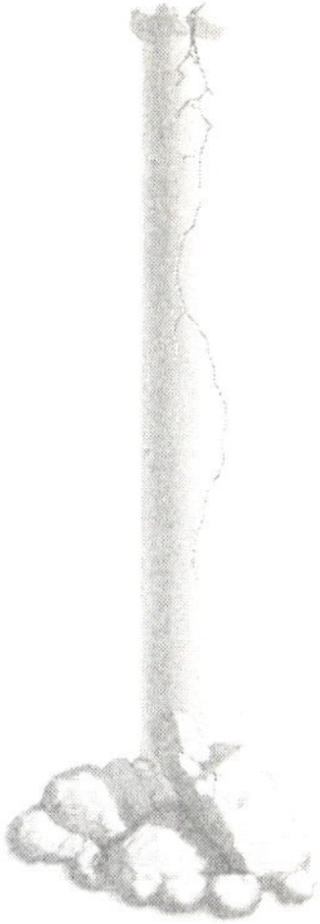

En *mayo* de 1997, saludé a mi congregación en la ciudad de La Plata, Argentina, y dije: "Volveré a estar con ustedes dentro de una semana; voy a ver los avivamientos en un par de lugares de los Estados Unidos. Les traeré informes sobre lo que el Señor está haciendo en el mundo". Básicamente, me parecía que estaba haciendo tan bien las cosas con el Señor, que todo lo que me hacía falta era otro toque de Él en estos lugares de avivamiento. Daba por sentado que estos encuentros sólo servirían para fortalecer mi ministerio. No tenía idea alguna de que Dios estuviera a punto de crear una revolución en mi vida.

Sin embargo, en los meses anteriores había tenido un clamor en mí; una oración muy extraña. Varias veces, al arrodillarme a orar, me encontraba diciendo: "Señor, si no vas a traer otro avivamiento, llévame contigo. No quiero seguir viviendo". Cada vez que pasaba esto, trataba de reprender a mi alma, porque tengo esposa y tres hijos; además, en el ministerio tampoco me iba mal. Pensaba: *No debo orar así; a lo mejor el Señor decide responder mi oración.*

Entonces me di cuenta de que el Espíritu Santo estaba poniendo en mi corazón la carga de ver el avivamiento. Tenía un hambre santa de recibir más de Dios. Juan Knox solía decir: "Señor, dame Escocia o me muero". Le pido al Señor que usted anhele el avivamiento más que su propia vida; que más aún que estar vivo, anhele ver sacudida toda su nación bajo el poder de Dios.

Como muchos otros, yo estaba *orando* para pedir un avivamiento, pero no estaba *preparándome* para recibirlo. Le iba a traer informes del avivamiento a mi congregación. Así que fui a un lugar de avivamiento y me regocijé en el Señor con lo que vi. Estaba emocionado, y después me fui a la mañana siguiente muy temprano rumbo al norte de Indiana, donde vive la familia de mi esposa.

Dos días más tarde me puse de pie para saludar a la gente en una iglesia de Indiana. Sólo tenía un instante en el programa, porque tenían otro predicador invitado aquel domingo por la mañana. No me tocaba a mí predicar allí; de hecho, tenía que salir muy rápido para irme a predicar a otra iglesia. Pero el Señor tenía otros planes.

Di un saludo, y entonces el pastor dijo: "Le voy a pedir al pastor Sergio que pase al frente. Vamos a orar por él antes de que vaya a la otra iglesia, para que les pueda llevar el fuego".

Algunos jóvenes comenzaron a orar muy calladamente. Todo era silencioso y ordenado, y el culto se iba desarrollando muy bien de acuerdo con el boletín de la iglesia. Cerré los ojos, y no estaba pensando en el avivamiento ni en ninguna otra cosa. Tenía prisa por irme a la otra iglesia para predicar. Pero de repente, mis manos juntas en oración comenzaron a temblar sin pedirme permiso; no las podía controlar. En nuestra denominación, y en especial con el adiestramiento que me dio mi padre, nos controlamos cuando estamos en la plataforma. Dejamos que el Señor nos use, pero no nos salimos del orden. Nos preocupaba que si nosotros nos descontrolábamos, el resto de la congregación también perdiera el control.

Sin embargo, por vez primera me estaba sucediendo algo que no podía controlar. Yo pensé: *¡Esto está fuera de lugar!* Abrí los ojos y miré a la congregación que tenía delante. Nadie más estaba temblando. Así que traté de dejar de temblar. Apreté las manos más aún, tratando de detener el movimiento, pero entonces todo el cuerpo me comenzó a temblar. Recuerdo que afirmé las rodillas y las puse realmente rígidas; entonces caí al suelo.

Estaba pasando algo raro, y dije: "Esto no está bien; me tengo que levantar". Estaba en el suelo temblando, totalmente fuera de control. Miré a la gente, y la gente me estaba mirando a mí. ¡Ya nadie estaba orando! El pastor comenzó a dirigir unos cuantos cantos. Yo estaba llorando, y al momento siguiente me estaba riendo. Me sentía muy, muy avergonzado, bastante conmocionado y sumamente feliz, todo al mismo tiempo.

Me decía: "¡Tengo que salir de aquí!" Tres veces traté de levantarme. A la tercera vez, dos ujieres me ayudaron a ponerme en pie. El pastor asociado estaba junto a mí. El pastor descendió del púlpito a donde yo estaba frente a la plataforma. Yo le dije llorando: "Pastor, no permita que yo interrumpa esta reunión. Por favor, sáqueme de aquí".

Este hermano me rodeó los hombros con el brazo y me dijo: "Hermano, usted no está interrumpiendo. Esto es la presencia de Dios". Sus palabras fueron como un bálsamo sanador que cayera sobre mi alma. Sabía lo importante que era que cuando viniera la nueva gloria del Señor, hubiera gente santa presenciando la experiencia para comprender lo que estaba sucediendo.

Finalmente, me sacaron. Yo pensaba que me estaban llevando a un cuarto aparte, porque quería estar a solas con Dios. Pero ellos tuvieron la mala ocurrencia de sentarme en primera fila! Yo seguí temblando y, cada pocos minutos, caía al suelo. Alguien me recogía y me volvía a sentar. Me contenía cuanto podía, pero mientras más trataba de contenerme, más fuertes eran las oleadas del Espíritu Santo que venían sobre mí. Eran como aumentos rápidos de poder por todo mi cuerpo. Su gloria estaba allí. No sabía qué nombre darle a esa experiencia.

Sin consultar conmigo, alguien regresó a la oficina de la iglesia para llamar al pastor de la otra iglesia que me estaba esperando para que predicara. Le dijeron al pastor: "No creemos que Sergio vaya a lograr ir hoy con ustedes". ¡Tardé dos semanas en poder ir a aquella iglesia a predicar!

A pesar de todo, en aquel punto de mi experiencia, mi mentalidad no había cambiado; mis pensamientos no habían sido renovados aún. Mi cuerpo temblaba, y podía sentir las oleadas de la gloria del Señor. Pero no sabía aún qué significaba aquello. La Biblia nos habla de milagros, señales y prodigios. Yo creo que mi experiencia fue una señal del Señor para captar mi atención. ¡Y bien que lo logró! Estuve a su disposición durante las veinticuatro horas del día los seis días siguientes.

Entonces, un hermano vino y me hizo una pregunta que era un poco humillante: "Hermano, ¿necesita que lo lleve a casa?"

"Sí", le dije. "Creo que lo necesito." Sólo me venía una oración mientras íbamos en auto a la casa de mis suegros. Mientras seguía temblando, llorando y riendo, decía en mi oración: "Señor, por favor, no dejes que mis suegros me vean así". Le estaba pidiendo que ellos no estuvieran en casa cuando yo llegara. Había existido alguna tensión teológica con mis suegros, y no pensaba que fueran a estar de acuerdo con mi encuentro tan poco usual con el Espíritu Santo. También oraba pidiendo: "Señor, no permitas que esto cause ninguna división". Pero el Señor no respondió a la oración en la que le pedía que no me vieran.

Cuando abrimos la puerta de la casa de mis suegros, allí mismo, de pie ante mí, estaban mi suegra y mi suegro. Yo no podía caminar muy bien, así que el hermano que me había llevado a la casa me estaba ayudando, casi como si estuviera ebrio. Estaba sudando, y no podía hablar con claridad, pero recuerdo haberle dicho a mi suegra: "Mamá, estoy bien; no se preocupe, pero por favor, no me mire".

De inmediato, mi suegra levantó las manos al cielo, y comenzó a alabar y glorificar a Dios. Entró en un ayuno de tres días, porque sabía que Dios me estaba tocando. Mientras iba a mi cuarto, la oí decir, para mi gran sorpresa: "¡Esto es lo que nos hace falta en nuestras iglesias!"

El hombre que me había llevado a la casa les comenzó a explicar lo sucedido en la iglesia. Eso me dio la oportunidad de subir a mi cuarto. Cerré la puerta, y me sentí feliz de estar solo. Seguí temblando y llorando, sin saber lo que estaba sucediendo.

Dos horas más tarde, las manifestaciones físicas cesaron por completo; ya no estaba temblando, y todo estaba bien. Me dije: *¡Como tengo cosas que contar en mi iglesia de La Plata!* Creía que se había terminado la experiencia.

Puesto que estaba "normal" de nuevo, bajé para explicarles a mis suegros lo que había sucedido. Antes de que se lo pudiera explicar, mi suegra me puso delante un plato de comida y me dijo: "¿Verdad que el Señor es maravilloso?" Cuando ella dijo esto, yo pude sentir que la gloria del Señor descendía de nuevo sobre mí. Caí hacia atrás en el suelo y comencé a temblar. Una vez más, tuve que subir gateando hasta mi cuarto.

Tenía que confirmar con otro pastor de la zona que iba a predicar en su iglesia, pero nunca pude llegar a hacer la llamada telefónica. Oré: "Señor, si esta experiencia viene de ti, ¿por qué no estoy haciendo tu obra? Debería estar más ocupado que nunca antes". En el escritorio tenía una lista de cosas que debía hacer. El billete de avión que había comprado para ir a la siguiente iglesia era caro, así que sentí que tenía que volver a mi trabajo. Estaba mirando la lista, y la lista me miraba a mí. Quería trabajar para el Señor, pero no comprendía que Él tenía un plan distinto para mí. No tuvo consideración alguna con mi agenda; ¡la hizo pedazos!

Durante seis días estuve en la presencia del Dios todopoderoso, llorando y clamando en aquel cuarto de la casa de mis suegros. Cuando pensaba que estaba normal, me ponía la corbata y la chaqueta y me preparaba. Antes de que tocara la manilla de la puerta, el poder de Dios caía sobre mí y me lanzaba al suelo, para que no me pudiera levantar. A veces estaba allí horas antes de poderme levantar.

PREFACIO

El día siguiente a mi experiencia en la iglesia, la presencia de Dios era más poderosa aún. A eso de las siete de la mañana, comencé a planchar mi camisa, porque quería hacer cosas para Dios. No la terminé de planchar hasta cerca de las tres de la tarde. En medio de mis intentos por planchar la camisa, la gloria del Señor llenaba la habitación, y yo caía al suelo para adorarle. No me daba cuenta en aquellos momentos, pero más tarde comprendería que estaba teniendo un encuentro con el fuego de su santidad.

Juan el Bautista explicó con claridad este fenómeno en Mateo 3:11:

> Yo a la verdad os bautizo en agua para arrepentimiento; pero el que viene tras mí... Es más poderoso que yo; él os bautizará en Espíritu Santo y fuego.

Dios no es nuestro igual; es más poderoso. Por eso no cabe en nuestros viejos moldes religiosos. Por eso no podemos tener un derramamiento nuevo de su Espíritu en nuestra vida mientras mantenemos los mismos odres viejos. Necesitamos cambiar de odres antes de que el Espíritu pueda descender. Si usted se halla amarrado así a sus formas y moldes, y viene el Espíritu Santo, Él va a romper los odres viejos. Pero los odres nuevos son diferentes, porque se estiran.

Hay mucha gente que dice: "Sí, yo recibí al Espíritu Santo hace quince años". Yo creo que el Espíritu Santo viene a nuestro corazón cuando recibimos a Jesús. Ése es el principio. Su presencia está con nosotros. No podríamos ser cristianos sin el Espíritu Santo. Sin embargo, de alguna forma nos las hemos arreglado para separar el bautismo del Espíritu Santo del fuego del Espíritu Santo.

En aquellos días primeros, sentí oleadas del Espíritu Santo sobre mi vida, pero vine a cambiar de mentalidad el tercer día que me hallaba bajo este fuego del Señor. Aquel día, todo cambió. Me levanté, y en mi cuarto había tristeza. La misma presencia hermosa de Dios que me amaba y abrazaba el día anterior, ahora me rechazaba y se me acercaba con toda fuerza hasta llegar a estar peligrosamente cerca de mí.

Aquella mañana, la santidad de Dios era tan cercana y tan fuerte en mi cuarto, que me sentí asustado. Me comencé a retirar. Retrocedí hasta tocar la pared con la espalda; después pensé: *¿Qué estoy haciendo? Esto es la presencia del Señor; no me puedo esconder de ella.* Oré diciendo: "Señor, por favor, ya no más". Era la primera vez que hacía esa oración. Estaba tan atemorizado, que dije: "Señor, no creo poder soportarlo por más tiempo. Tú eres demasiado santo".

Después seguí: "¿Señor, de qué se trata? Sé que hay algo que no anda bien. Por favor, ten misericordia de mí y no me mates aquí". Aquella tarde salí a caminar fuera de la casa. Muy de repente, el poder de Dios cayó sobre mí, y caí de rodillas al suelo. Aquello fue tan repentino e impredecible, que rompí a llorar de inmediato. Entonces, el Espíritu Santo me comenzó a mostrar imágenes del pecado en mi vida; cosas que estaban sin resolver.

Había nacido y me había criado en un hogar cristiano. Mis padres me solían leer la Biblia incluso siendo aún bebé. Me enseñaron los caminos del Señor. Pero ahora Dios me estaba mostrando lo que yo consideraba como "pecados evangélicos"; cosas que me había parecido que no le importarían. Había aceptado una mentira del diablo, según la cual siempre tendremos una proporción de pecado en nuestro interior. Ahora el Espíritu Santo se me resistía. No me abrazaba.

Mientras me hallaba en el suelo, el Señor me señaló muchas cosas concretas en mi vida que no estaban bien. Yo creía que el tiempo las borraría, porque eran diminutas. Pero Él me recordó que *los pecados pequeños* también son pecados. Y todo pecado es malvado y destructor. Me pasaron por la mente los recuerdos de momentos en que había endurecido el corazón contra un hermano. Podía ver el lugar mismo donde habían sucedido estas cosas. Nunca lo había maltratado, pero me había prometido a mí mismo nunca volvérmele a acercar. También recordé momentos en que mis ojos habían permanecido fijos por demasiado tiempo en imágenes de cosas que no eran agradables al Señor.

Allí tirado, comencé a llorar por mis pecados. Sentía tanto remordimiento, que me sentía enfermo, como si una fiebre se estuviera adueñando de mi cuerpo. El Espíritu Santo me comenzó a hablar, y ahora mi mente estaba comenzando a comprender lo que el Señor estaba intentando hacer. Recordé el versículo que dice: "Pero por cuanto eres tibio, y no frío ni caliente, te vomitaré de mi boca" (Apocalipsis 3:16).

Estaba asombrado. "Señor, llevo años en el ministerio. Predico tu Palabra. Ayuné la semana pasada, y oro todos los días. ¿Cómo es posible que haya estado tan engañado? ¿Por qué no he visto esto nunca antes?"

El Señor me dijo: "Preferiría que estuvieras tan frío como un pagano, para poderte salvar de nuevo, o caliente como un cre-

PREFACIO

yente que me ha dado el ciento por ciento. Entonces te podría usar a mi manera". A continuación, respondió a mi pregunta sobre por qué no había visto esto antes: "Engañoso es el corazón más que todas las cosas, y perverso". Me sentí aterrado; no podía creer lo que estaba pasando en aquellos momentos. Entonces el Señor me habló de nuevo y me dijo con toda claridad: *"No basta con una santidad al noventa y nueve por ciento"*.

En cierto sentido, yo era fariseo de fariseos. Crecí en una iglesia cristiana. Mi meta era ser bastante santo, hacer las cosas bastante bien, pasar el examen con ochenta puntos, o sea, una B de promedio. Pero el Señor tenía unas exigencias distintas.

Me reprendió por mi justicia personal, y puso al descubierto la mentira que había en mi corazón. Entonces me di cuenta de cuál era mi mayor error: No estaba tratando de ser como Jesús; sólo estaba tratando de ser bastante bueno. En aquel momento sentí que toda mi religiosidad y toda mi disciplina eran como trapos de inmundicia en su presencia. Antes de esto, no había creído que el Señor me llamara a ser una persona bastante buena; sabía que me había llamado a ser como Jesús. En la semana anterior de mi viaje a los Estados Unidos, había ayunado y orado mucho, y me sentía muy bien con respecto a mí mismo. Sentía que seguramente sería santo al noventa por ciento, o tal vez más. Ahora me daba cuenta de que eso no bastaba.

Algunas veces, permitimos que se nos metan en el corazón unos pecados insignificantes en apariencia. Pero nos tenemos que preguntar: "¿Con cuántos pecados crees que el Señor nos va a permitir que entremos al cielo? ¿Qué porcentaje de mal piensas que nos va a permitir llevarnos con nosotros el día que venga el Señor Jesús? ¿Cuántos ídolos nos llevaremos al cielo con nosotros?" Si vamos a ser como Jesús, nuestra actitud hacia el pecado debe ser enfrentada.

Mientras estaba en la presencia de Dios, Él me habló con palabras que incluso un niño habría podido entender. En aquel momento, no podía comprender nada que fuera más complejo. Me dijo: "Nadie se levanta por la mañana y se prepara una taza de café o de té con una sola gota de veneno dentro, la mezcla y se la toma". Entonces me comenzó a hablar acerca de la Iglesia. "En la Iglesia hay personas que permiten que haya veneno en su corazón y en su mente, y las está destruyendo. Nadie pensaría en comprar una botella de agua mineral que dijera en la etiqueta: 'Noventa y ocho por ciento de agua mineral pura; dos por ciento de agua de alcantarillado'. Sin embargo, eso mismo es lo que muchos cristianos han permitido que pase en su vida".

Muchos se preguntan: *¿Por qué pierdo con tanta rapidez el poder de Dios, o la fortaleza del Señor? Tal vez se deba a que soy un fracasado, o a que no estoy debidamente preparado.* Le digo que aunque sólo haya un uno por ciento de pecado en nuestra vida, esa pequeña cantidad puede terminar destruyendo toda la congregación de esa vida.

Lloré, confesé y me arrepentí. El Señor me señaló ciertos pecados concretos de mi vida. No me señaló generalidades, sino que fue dolorosamente específico.

Satanás tiene un falso ministerio que usa especialmente en la Iglesia. Ese ministerio consiste en producir sentimientos de culpa y de condenación. La Biblia nos dice que él es el acusador de los hermanos. Viene para darnos una sensación general de culpa. Nunca nos ayuda a resolverla. Entonces, todo lo que nosotros hacemos es sentirnos mal. Hay algunos líderes, algunos obreros, algunos siervos del Señor en el ministerio, cuyo corazón está tratando de hacer las cosas lo mejor posible, pero se sienten torturados por la culpa. Antes de predicar, tienen que librarse de esa culpa durante una hora, y después regresa. Ese ministerio no es del Espíritu Santo.

El ministerio del Espíritu Santo consiste en dar convicción de pecado (Juan 16:8). Él habla de maneras muy directas y concretas, y su Palabra es muy clara para nosotros. Nos dice qué anda mal en nuestro corazón, nuestros pensamientos y nuestros afectos, y nos exige que nos arrepintamos. Entonces nos transforma. Ésa es la obra del Espíritu Santo, y es muy distinta a la de Satanás.

Satanás viene para destruir vidas, para meter ministerios enteros en la depresión y la soledad. Hay quienes dicen: "Espero que nadie me llegue a conocer nunca tal como soy personalmente". Pero yo les digo lo siguiente: que cuando el fuego del Espíritu Santo venga sobre ustedes, van a decir con el apóstol Pablo: "De nada tengo mala conciencia". Su vida quedará purificada, gracias a Jesús. ¡Con cuánta urgencia necesitamos ese fuego!

Aquel día regresé a mi cuarto y poco a poco fui recuperando el gozo del Señor. Ahora, en lugar de ir a parar al mismo lugar de antes, me había trasladado a una nueva dirección. El gozo del Señor estaba en aquel cuarto.

Estoy compartiendo con usted mi testimonio, no sólo para hablarle de algo que está sucediendo al otro lado del mundo. Lo estoy compartiendo porque sé que el Señor le quiere impartir a usted lo que me ha dado a mí: el fuego de su santidad. Es algo que

PREFACIO

ansía derramar sobre su Iglesia en esta hora tan crítica.

Lo que he aprendido acerca de la santidad

Moisés, Josué, Elías, David y Pedro. ¿Qué parecidos podemos encontrar entre las vidas de todos estos líderes de la Biblia? Tal vez sea la gran fe que manifestaron todos ellos—y muchos otros grande líderes de la Biblia—en una vida consagrada a Dios. Tal vez usted diría que es el gran impacto que cada uno de estos hombres tuvo en su nación, y también en los cristianos de hoy.

Pero hay otro hilo que los ata, y que comparten con otros como Elí, Jacob, Sansón, Saúl, Salomón, Jonás y el joven rico al que Jesús le dijo que vendiera todas sus posesiones. Es el hilo de la transgresión. Todos y cada uno de estos líderes sintieron el dolor de haberle fallado a Dios a causa de un pecado cometido en un momento de desobediencia al Dios que amaban y servían.

Aquellos hombres no eran malvados. Dios los había llamado para que guiaran a su pueblo hacia la justicia. Algunos de estos líderes fueron destruidos por su pecado; otros se arrepintieron justo a tiempo. Todos pagaron un alto precio por su transgresión. Y sus fallos nos proporcionan a nosotros hoy unas advertencias que son vitales.

Cuando Dios dirigió mi atención hacia los relatos bíblicos sobre estos siervos suyos, yo comencé a pensar en el motivo por el cual esas transgresiones estaban incluidas en el relato de lo que ellos hicieron por Dios mientras vivían en la tierra. Ninguno de sus pecados se halla en la Biblia, sólo para entretenernos a nosotros. La Biblia dice que estas cosas han sido conservadas en su Palabra para animarnos y exhortarnos. Dios no puso esos relatos para desalentarnos, sino para proteger a los suyos, de manera que no caigamos en las mismas trampas (2 Corintios 10:11).

Son muchos los creyentes consagrados que luchan tratando de vivir en obediencia a Dios. Al pensar en nuestra lucha con la obediencia, me he dado cuenta de que nuestro mayor problema no es que seamos incapaces de cumplir con los Diez Mandamientos. Nuestro mayor problema, tal como lo voy a presentar en este libro, es evitar lo que describo como "las doce transgresiones".

Creo que se aproxima un gigantesco avivamiento espiritual. En algunas partes del mundo, ya ha comenzado. Tal vez sea el mayor avivamiento que ha visto la historia del mundo. Es un avivamiento de santidad combinado con la unción y los dones del Espíritu Santo. Dios está haciendo algo nuevo y sin precedentes sobre la tierra.

Con frecuencia, cuando le digo a la gente que Dios está enviando un avivamiento de su santidad, lo asocian con algo duro y negativo. Cuando hablo de santidad, se imaginan que estoy hablando de vivir según un conjunto legalista de normas hechas por el hombre acerca de la ropa y los estilos de peinado. Tristemente, piensan así porque en el pasado la Iglesia ha definido la santidad sencillamente como un abstenerse de fumar cigarrillos o de ver espectáculos mundanos.

¡Ésa no es la santidad verdadera! La Biblia no define la santidad como un intento por parte del hombre, de vivir de acuerdo con ciertas reglas o normas creadas por el hombre. De hecho, la verdadera santidad es una obra interior del Espíritu Santo en el corazón del creyente. Sólo Dios nos puede hacer santos, y Él está más interesado en dar forma a las actitudes de nuestro corazón y liberarnos de los apetitos incorrectos, que de conformarnos a algún código de conducta hecho por los hombres. Lo que Él quiere es formar a Cristo en nosotros. Y esta obra refinadora sólo la puede hacer su Espíritu.

En su misericordia, Dios rodea a su Iglesia con el brazo y le dice: "Te quiero proteger. No quiero que sigas cayendo. No quiero más bajas en esta guerra espiritual. No quiero ver destruidos a mis siervos. Los amo, y sufro cuando quedan destruidos."

Le pido a Dios que este libro lo anime y desafíe a levantarse hasta un nuevo lugar en Dios. No lo escribí con la actitud del que piensa que ya ha "llegado" y que él nunca correrá el riesgo de caer en estas doce transgresiones. Yo soy igual que usted. Lloro cuando usted llora, y me regocijo cuando se regocija. No afirmo haber llegado a la perfección, pero el Señor me ha estado enseñando cómo andar por el "camino de santidad" y capacitándome, al mismo tiempo, para poder hacerlo. Le deseo, consiervo en el Reino de Dios, que pueda mirar a Jesús a los ojos sin sentir culpa alguna, sin ningún pecado escondido, y lo pueda oír diciendo: "Bien, buen siervo y fiel".

Espero que usted permita que este libro lo ayude a evitar varias trampas espirituales en su vida y le abra la puerta a una fructífera y emocionante vida de santidad. Oro para que el Santificador, el Espíritu de Dios que describe la Biblia como "fuego consumidor" (Hebreos 12:29) lo visite, y lo transforme a su imagen.

Introducción

Las doce transgresiones: una visión de conjunto

Como fuente turbia y manantial corrompido,
es el justo que cae delante del impío.
—PROVERBIOS 25:26

En *el* año 2000 trasladé a mi familia de Argentina a los Estados Unidos, y compramos una casa. No era nueva, así que decidimos aprovechar las inspecciones que nos ofrecían, para ver si estaba en buenas condiciones.

Los agentes de bienes raíces mencionaron la posibilidad de hacer una inspección en busca de gas radón. "Sí, quiero que la hagan", les dije.

"¿Sabes qué es eso?", me preguntó mi esposa Kathy, mirándome sorprendida.

"Acabo de oír decir al agente de bienes raíces que es un gas peligroso que a veces se encuentra en las casas", le respondí. "Dijo que no es bueno para las personas, así que necesitamos la inspección." El gas radón es invisible y no tiene olor, pero puede causar problemas pulmonares y cáncer.

"Pero esa inspección nos va a costar dinero", me advirtió Kathy.

De todas maneras, decidí que se hiciera, por si acaso. Después de varios días de pruebas, descubrimos que el nivel de gas radón en el sótano era muy alto, sobre todo bajo ciertas condiciones climáticas. Me sentí triste al saber que había gas radón en la casa, pero me alegré de que hubiéramos hecho la prueba. Pudimos descubrir y arreglar aquel problema invisible. Además de resolverlo, se instaló un medidor permanente que controla el nivel de radón y una tubería que lo saca al exterior.

Algunas veces, la Biblia funciona como el test de radón. Escudriña zonas escondidas de nuestra vida que no vemos. Tal vez estemos totalmente inconscientes de tener alguna actitud destructiva, algún hábito de pecado, o algún apetito contrario a la Biblia. Entonces, Dios nos llama de repente y nos dice: "Examina esto. Hazle una prueba. Asegúrate. Cuida mucho tus pasos. Yo te voy a guiar, pero tienes que estar atento".

En este libro, bosquejo doce transgresiones invisibles que han sido obstáculos serios para el pueblo de Dios desde que entró el pecado al mundo. No queremos que ninguno de estos errores inadvertidos o pecados invisibles envenene nuestro matrimonio, nuestra vida o nuestro hogar. Queremos tener la pureza del cielo en la mente y en el corazón. Aunque estamos aún en la tierra, nuestro pasaporte tiene un sello que dice: "Celestial". Somos ciudadanos del cielo (Filipenses 3:20). Hemos sido llamados a operar bajo un conjunto de reglas diferente.

Tengo ciudadanía doble. Soy argentino por nacimiento y estadounidense por decisión. En mi país usted no pierde su ciudadanía cuando se hace ciudadano de otro país. Yo viajo con ambos pasaportes, y uso uno de los dos cuando paso por las aduanas de distintos países. Sin embargo, sé que hay diferentes leyes y normas en ambas naciones.

De una forma similar, si usted ha nacido de nuevo, es bicultural. Tiene un pasaporte de su nación, pero también tiene un pasaporte del Reino de los cielos. Cada día aprendemos más sobre las reglas, los mandatos y las normas de ese Reino.

No quiero atrasar el avivamiento que Dios está moviendo en el mundo, y estoy seguro de que usted tampoco quiere hacerlo, sencillamente por retrasarnos en nuestra obediencia. Por eso es tan importante que pongamos al descubierto y arranquemos de raíz esas doce transgresiones en nuestra vida.

Por qué no llega el avivamiento

Muchas veces pensamos en nuestro mundo, nuestro vecindario y nuestra propia vida, y nos preguntamos: *¿Cómo es posible que llegue el avivamiento? Mi ciudad no se está transformando para Cristo. No se están transformando las vidas; ni tocándolas siquiera. ¿Qué está impidiendo que se produzca un poderoso mover de Dios?* Muchos estamos esperando un avivamiento que llegue a todas las partes de la sociedad. Sin embargo, parece estársenos escapando. ¿Por qué?

El *avivamiento* es la renovación de la Iglesia. También es el despertar de los no creyentes y la reforma de la sociedad. Cuando Dios se mueve con su increíble poder, la luz de su Palabra prevalece contra las tinieblas. Cada vez que se produce un avivamiento genuino en una nación, tarde o temprano la historia de esa nación es transformada. No sólo la Iglesia resulta renovada, sino que ciudades y naciones enteras son arropadas en los brazos del Espíritu Santo.

A algunos les costará creer que esto es posible. Permítame alentar su fe con un ejemplo de la Biblia. Vea la ciudad de Nínive (Jonás 1-4). Cuando Jonás llevó la Palabra de Dios a esa ciudad, toda ella quedó impactada. Los ninivitas proclamaron un ayuno, y todos ayunaron, tanto seres humanos como animales. Como consecuencia, Dios se aplacó y no los juzgó, sino que prevaleció su misericordia.

El primer avivamiento descrito en el libro de los Hechos cambió la historia de este planeta. El avivamiento que promete sacudir a nuestra generación, también va a transformar al mundo entero. *Pero lo básico es lo siguiente: Para que comience este avivamiento dentro de la Iglesia, primero debemos purificarnos de nuestras transgresiones.*

¿Cuáles son esas doce transgresiones? El Señor hizo nacer estos principios en mi espíritu, para que pueda exhortar a la Iglesia para que venza por completo al pecado y viva "de gloria en gloria" (2 Corintios 3:18). En cada capítulo voy a presentar el trauma que significa desviarse de su voluntad y la forma en que algunos personajes bíblicos bien conocidos permitieron que estos pecados los atraparan. También mostraré cómo Dios puede ayudarlo a convertir sus propios fallos en un testimonio a favor de la asombrosa gracia de divina.

Veamos más de cerca estas doce transgresiones.

1. Cuando la debilidad se vuelve pecado

Presenciamos la tragedia de esta transgresión en la vida de Elí, el sacerdote cuyos propios hijos se alejaron del Señor. Él sabía que sus hijos estaban en pecado, pero era demasiado débil para actuar. Elí terminó en una muerte trágica, como también les sucedió a sus hijos, aunque había servido a Israel como sacerdote durante cuarenta años.

2. El uso de medios carnales para obtener la bendición divina

Aunque a Jacob se le había prometido una bendición desde su nacimiento, usó sus propias tretas para obtener de su hermano esa bendición. Hoy en día es trágico que dentro del pueblo de Dios haya tantos que creen poder manipular a Dios o a sus amigos, o envolverlo en sus ardides, para que les concedan deseos que no tienen nada de santos.

3. Carisma sin carácter

Sansón es ejemplo de un hombre que tenía un llamado evidente de Dios sobre su vida, además de un poder espiritual nada usual. Sin embargo, puesto que carecía de santidad en su carácter, sus transgresiones le costaron primero la vista, y finalmente la vida. En esta triste historia aprendemos que las capacidades físicas y espirituales impresionantes no reemplazan a la integridad interior.

4. La ira santa usada de una forma impía

Moisés es el ejemplo de esta clase de transgresión. La primera vez que los hijos de Israel necesitaron agua, Dios le dijo que golpeara la roca. Así que la *golpeó*, y de ella manó agua. La segunda vez que necesitaron agua, le dijo que le *hablara* a la roca, pero él la golpeó enojado. Sorprendentemente, el agua manó, pero a causa de su enojo y de su obediencia parcial, perdió el privilegio de entrar en la Tierra Prometida. ¡Cuántos líderes de hoy han frustrado la gracia de Dios al perder de esta forma su autoridad!

5. La desilusión

Elías derrotó a los cuatrocientos cincuenta profetas de Baal en el monte Carmelo, y vio cómo el fuego del avivamiento de Dios descendía frente a toda una nación. Sin embargo, después se hundió en una profunda depresión. Sucumbió ante un obstinado espíritu de desaliento y, aunque Dios le renovó su espíritu, también le indicó que ungiera al que lo habría de reemplazar. Con frecuencia nos sentimos tentados a alimentar pensamientos de desaliento, e incluso de suicidio. Pero si caminamos en la verdadera santidad, no permitiremos que esta negatividad reine en nuestro corazón y nos robe nuestro gozo en Cristo.

6. El pecado de presuposición

Poco después de haber obtenido una gran victoria en Jericó, Josué, a quien Dios había encomendado la conquista de aquella tierra, condujo a su ejército a la batalla contra Hai, donde los israelitas recibieron una aplastante derrota. Al no conocer el pecado que se escondía en el campamento, Josué dio por sentado que Dios les concedería la victoria. Muchas personas batallan airadas ante una experiencia como la de Hai. No comprenden por qué Dios ha permitido que fracasen. Tal vez se deba a que hay pecado escondido en el campamento, y ellos no han pensado en revisar primero sus motivaciones y deseos. No importa la cantidad de victorias que usted haya obtenido en el pasado. Las derrotas sin explicación siempre vuelven para obsesionarnos.

7. Cuando la insensatez se vuelve pecado

El rey Saúl se convirtió en víctima de su propio llamado, por precipitar las cosas. Incapaz de esperar pacientemente a Samuel para ofrecerle el sacrificio al Señor, tomó el asunto en sus propias manos, y ofreció él mismo un sacrificio que Dios no quería. Esa necia precipitación carnal fue la que desató su rechazo como rey y la destrucción de su reinado.

8. La falta de límites claros

David albergaba pecados secretos en su vida. Al cabo de un tiempo, quedaron escondidos, incluso para él mismo. Hizo falta otra persona, el profeta Natán, para que lo despertara a la realidad de sus pecados. Aunque esos pecados eran escondidos, pagó sus consecuencias. Durante ese proceso, pasó del pecado que no notaba a la convicción de pecado, y finalmente, a un arrepentimiento genuino.

9. Unas distracciones fatales

No fue la inmoralidad sexual la que destruyó la relación de Salomón con Dios. Su pecado principal fue que no hizo caso de la advertencia de Dios de que casarse con mujeres extranjeras haría que su corazón se inclinara hacia sus ídolos paganos. Como le sucedió a Salomón, en nuestra vida hay también distracciones que son legales, pero que con el tiempo nos inclinan el corazón al mal. Si no estamos vigilantes, esas distracciones nos destruirán.

10. Servir a Dios de mala gana

Jonás fue llamado por Dios para predicarle a la ciudad de Nínive, pero no quiso ir. Por intervención sobrenatural divina, finalmente se convenció de que debía ir. Pasó de ser desobediente a ser un siervo de mala gana. Fue a Nínive, aún sin ganas de ir. Sus pies estaban allí, pero su corazón no. Cuando nuestro corazón no acompaña a nuestra obediencia, podemos estar seguros de que detrás vendrá la frustración. Con frecuencia nos parece que "le estamos haciendo un favor a Dios" cuando lo obedecemos, pero lo cierto es que vamos arrastrando los pies todo el tiempo, y obstaculizando sus propósitos con nuestras quejas.

11. Temer más a los hombres que a Dios

A Pedro le gustaba complacer a los hombres. Cuando estaba con los gentiles, manifestaba aceptación hacia ellos. En cambio, cuando lo arrinconaron los legalistas religiosos, se negó a juntarse con esos mismos gentiles. Tenía una doble norma basada en el temor. Le era difícil manifestar la verdad. Su hipocresía influyó en otros y puso en peligro su integridad. Los que temen a los hombres terminan dedicándose a complacerlos. Si permitimos que la costumbre de complacer a los hombres ocupe un lugar en nuestro corazón, terminaremos tropezando.

12. El último ídolo

La última transgresión siempre viene en forma de ídolo. En el Nuevo Testamento, un joven líder rico y próspero acudió a Jesús para preguntarle sobre la vida eterna. Tenía un fondo religioso impecable, pero el Señor pasó por encima de su categoría religiosa y le encontró un ídolo en el corazón. La obediencia externa sola no basta. Sin embargo, debemos identificar y arrancar de raíz aquello que nos estamos negando a perder para seguir a Cristo.

Cada uno de estos líderes de la Biblia le falló a Dios en un aspecto de la obediencia, tal como todos lo hemos hecho. Pero cuando comencemos a ver más de cerca cada una de estas transgresiones, quiero que descubra las claves para vencerlas, de manera que la gracia de Dios pueda capacitarlo para llevar una vida de santidad. Con el poder del Espíritu Santo que habita en nosotros, usted puede superar los fallos de las transgresiones y convertirse en heraldo del avivamiento en su comunidad.

1
La transgresión de Elí: Cuando la debilidad se vuelve pecado

En *1999* se realizaron las elecciones presidenciales en Argentina, mi país natal. Después de haber estado bajo el dominio del partido Peronista durante diez años, el pueblo se lanzo a apoyar al otro partido, el Radical. Fernando de la Rúa, el candidato del partido Radical, salió electo presidente. Por supuesto, heredó el país en la situación en la que lo habían dejado los peronistas. Era una situación difícil. Argentina había acumulado más de cien mil millones de dólares de deuda externa durante el período en el cual se había decidido artificialmente que el peso argentino tenía el mismo valor que el dólar. Muchos de los servicios administrados por el gobierno, como las compañías telefónicas, las líneas aéreas, los ferrocarriles y las compañías petroleras, fueron vendidos a inversionistas privados.

De la Rúa habría podido tener éxito. No se le consideraba un hombre corrupto, y tenía muy buenas intenciones para el país. Sin embargo, su falta de decisión, de actuación oportuna y estrategias sólidas hizo que perdiera la confianza de los argentinos. Cuando el pueblo se dio cuenta de que no le estaba brindando un liderazgo sólido al país, que la economía se comenzaba a deteriorar y que el desempleo iba en aumento, la desilusión se convirtió en desesperación. Pronto, el pueblo, frustrado, se lanzó a las calles a protestar, lo cual tuvo como consecuencia veintisiete muertes. (El gobierno congeló las cuentas personales en los bancos. El gentío se reunía a la entrada de los bancos para exigir que el gobierno derogara esas normas). De la Rúa tuvo que renunciar después de haber cumplido sólo dos años de los cuatro correspondientes a su período. Huyó del palacio presidencial en helicóptero. Su debilidad política le había costado la presidencia.

En este capítulo vamos a observar a un líder de la Biblia que se enfrentó a un dilema similar. Como veremos, no bastan las buenas intenciones para excusarnos cuando hemos sido moralmente irresponsables.

El problema de Elí: una debilidad moral crónica

En 1 Samuel 2 hallamos la historia de Elí, líder de Israel durante cuarenta años. En el fondo era una buena persona. No estaba cometiendo adulterio, ni robando de las ofrendas. Las Escrituras nos dicen que era hombre de paz. Sin embargo, sus días terminaron en tragedia.

Elí fue un buen hombre que fracasó. ¿Por qué sucedió esto? En 1 Samuel 2 leemos acerca de sus malvados hijos, que no tenían respeto alguno por el Señor:

> Pero Elí era muy viejo; y oía de todo lo que sus hijos hacían con todo Israel, y cómo dormían con las mujeres que velaban a la puerta del tabernáculo de reunión. Y les dijo: ¿Por qué hacéis cosas semejantes? Porque yo oigo de todo este pueblo vuestros malos procederes.
>
> — 1 Samuel 2:22-23

Al parecer, cuando Elí se enteró del mal proceder de sus hijos, se limitó a darles un simple regaño:

> No, hijos míos, porque no es buena fama la que yo oigo; pues hacéis pecar al pueblo de Jehová. Si pecare el hombre contra el hombre, los jueces le juzgarán; mas si alguno pecare contra Jehová, ¿quién rogará por él? Pero ellos no oyeron la voz de su padre, porque Jehová había resuelto hacerlos morir.-
>
> — 1 Samuel 2:24-25

Sin embargo, aunque Elí dirigió a sus hijos esa suave reprensión, ellos no le hicieron caso. Ya tenían el corazón endurecido por el pecado.

En este ejemplo de la primera transgresión podemos identificar con claridad el problema. Aunque Elí tenía buenas intenciones, carecía de fortaleza moral. Tenía el manto y el llamado para guiar a Israel. Todo parecía indicar que estaba en el lugar correcto. Sin embargo, su falta de fortaleza moral produjo su caída.

Los tres errores de Elí

Elí no tuvo la fuerza moral necesaria para enfrentarse firmemente a la maldad de sus hijos. A causa de su propia debilidad, cayó en tres errores. Estos tres errores tuvieron un profundo impacto en su eficacia como líder, no sólo en cuanto a sus propios hijos, sino también en cuanto a la nación de Israel. Son errores que afectan el liderazgo de toda persona que no enfrenta firmemente la maldad cuando surge en la vida de las personas a quienes lidera. Debemos evitarlos a toda costa:

1. Fue demasiado tolerante.

Elí admitió hombres inmorales en el ministerio. Sus hijos Ofni y Finees servían en el tabernáculo de reunión, pero tenían relaciones sexuales en su misma puerta. Tenían la conciencia tan cauterizada, que fornicaban a la vista de Dios y de su pueblo. El error de Elí estuvo en tolerar esto. Llega un momento en el cual el siervo de Dios debe saber corregir.

2. Fue demasiado tímido.

Las Escrituras nos dicen que Elí "era muy viejo" (1 Samuel 2:22). Debemos cuidarnos de los pecados de la vejez. Tal vez Elí sintiera que estaba demasiado viejo y cansado para ponerles mano fuerte a esos hijos suyos, tan malvados e independientes. Tal vez ellos actuaran de forma beligerante con su padre anciano y débil.

Es cierto que la edad trae consigo la debilidad física, pero no tiene por qué traer debilidad espiritual. Debe ser una época de gran madurez espiritual. Al reaccionar con timidez ante la situación, Elí estaba revelando su propia falta de madurez espiritual. Es trágico que un hombre de Dios haya fracasado de una forma tan triste ya al final de su vida, simplemente por permitir que su agotamiento físico lo descalificara.

3. Actuó demasiado tarde.

Cuando por fin Elí se molestó en regañar a sus hijos, ellos no le hicieron caso. Ya era demasiado tarde para que tratara de enfrentar la maldad de ellos. Tal vez Elí pensara que sus hijos iban a servir al Señor con fidelidad, sólo porque él era sacerdote, o porque habían crecido junto al tabernáculo. Sin duda, no los había sabido llamar a la obediencia desde que eran pequeños, mucho antes de que entraran al sacerdocio y comenzaran a impactar a la nación con su maldad. Esa maldad era tan grande, que las Escrituras dicen que fue voluntad de Dios el que murieran (v. 25).

Algunas lecciones vitales sobre autoridad espiritual

La responsabilidad y la autoridad son tan importantes, que Dios les pide cuentas a los irresponsables. He aquí algunas lecciones de las cuales todos nos podemos beneficiar:

1. Dios hace responsables a los líderes.

No hay duda de que los hijos de Elí eran hombres malvados. Las Escrituras dicen: "No tenían conocimiento de Jehová" (1 Samuel 2:12). Eran hombres inmorales. Estaban envueltos en pecados escandalosos. Sin embargo, al que Dios le habló fue a Elí: "¿Por qué *habéis* hollado mis sacrificios y mis ofrendas, que yo mandé ofrecer en el tabernáculo?" (v. 29, cursiva del autor).

Los pecados que Elí permitía se habían convertido en suyos. Para evitar esta transgresión no es cuestión de obligar a nuestros hijos a ser cristianos, pero sí exige que, cuando tenemos autoridad para hacerlo, saquemos del ministerio a los hombres malvados, aunque sean hijos nuestros. En otras palabras, para evitar esta transgresión debemos enderezar las cosas delante de Dios cuando hay algunas que no andan bien dentro de nuestra zona de responsabilidad.

Conozco pastores que emplean a sus hijos adultos como personal de su iglesia. Por supuesto, esto puede ser una experiencia maravillosa. No obstante, hay casos en los cuales el pastor tiende a pasar por alto los pecados de su propio hijo, porque quiere protegerlo a él o a la reputación de la familia. Esto es trágico, porque la falta de disciplina bíblica va a permitir que el pecado crezca como un cáncer en esa iglesia.

El pastor principal no puede evitar que un hijo suyo sea una persona inmoral, pero sí puede evitar tenerlo en el ministerio. La misma regla se aplica a quienes no son hijos suyos. El líder espiritual no debe tolerar que haya personas inmorales en puestos de ministerio, aunque den grandes diezmos, tengan influencia en la congregación, lleven muchos años en la iglesia o sean de su familia.

2. Dios no está dispuesto a aceptar el segundo lugar.

Dios le preguntó a Elí: "¿Por qué... has honrado a tus hijos más que a mí" (v. 29). Él no acepta los segundos lugares, sino que exige ser el primero. Por eso nos dice con claridad: "Porque Jehová tu Dios es fuego consumidor, Dios celoso" (Deuteronomio 4:24).

Al no enfrentarse a la maldad de sus hijos, Elí estaba poniendo sus apetitos y caprichos—y pecados—por encima de los deseos y mandamientos de Dios. Nunca podemos permitir que aquello que para nosotros es valioso—aunque se trate de nuestros hijos— tome precedencia por encima de la voluntad de Dios. Eso sería idolatría.

3. Dios tiene derecho a quebrantar sus promesas.

Muchas de las promesas de Dios vienen con un precio: nuestra obediencia. Aunque el Señor le había prometido a Elí que su familia ministraría para siempre, a causa de la desobediencia de éste, dispuso otra cosa y anuló su promesa. De hecho, la promesa de Dios fue reemplazada por una maldición:

> Por tanto, Jehová el Dios de Israel dice: Yo había dicho que tu casa y la casa de tu padre andarían delante de mí perpetuamente; mas ahora ha dicho Jehová: Nunca yo tal haga, porque yo honraré a los que me honran, y los que me desprecian serán tenidos en poco. He aquí, vienen días en que cortaré tu brazo y el brazo de la casa de tu padre, de modo que no haya anciano en tu casa. Verás tu casa humillada, mientras Dios colma de bienes a Israel; y en ningún tiempo habrá anciano en tu casa. El varón de los tuyos que yo no corte de mi altar, será para consumir tus ojos y llenar tu alma de dolor; y todos los nacidos en tu casa morirán en la edad viril.
>
> — 1 Samuel 2:30-33

4. Dios puede hallar un sustituto.

El llamado y los dones de Dios son irrevocables. El destino y propósito que Él tiene para nosotros es permanente, pero nuestra desobediencia puede cancelar sus mejores planes. Después de maldecir a Elí y al ministerio de su familia, Dios dijo:

> Y yo me suscitaré un sacerdote fiel, que haga conforme a mi corazón y a mi alma; y yo le edificaré casa firme, y andará delante de mi ungido todos los días.
>
> — 1 Samuel 2:35

Dios había criado a Samuel como "sacerdote" fiel para Él. Hay una gran diferencia entre la decisión de Ana de criar a su hijo para que sirviera a Dios de todo corazón, y la actitud de Elí, que se limitó a regañar tímidamente a sus hijos por la forma desvergonzada en que pecaban ante Dios. Ana había prometido que su hijo serviría a Dios, y sólo a Él: "Jehová de los ejércitos, si te dignares mirar a la aflicción de tu sierva, y te acordares de mí, y no te olvidares de tu sierva, sino que dieres a tu sierva un hijo varón, *yo lo dedicaré a Jehová todos los días de su vida*, y no pasará navaja sobre su cabeza" (1 Samuel 1:11). Debemos recordar que fue Elí quien se burló de las oraciones de Ana para pedir un hijo. No comprendía su angustia, ni respetaba su deseo de levantar un libertador para Israel. Demostró la misma actitud criando hijos que se burlaban de Dios.

Aprendamos a tener la actitud de Ana, para poder evitar transgresiones como la de Elí.

5. Dios puede parecer indebidamente severo.

¿Por qué le impuso Dios un castigo tan grande a Elí? Porque había puesto mucha confianza y autoridad en él. En Santiago 3:1 leemos:

> Hermanos míos, no os hagáis maestros muchos de vosotros, sabiendo que recibiremos mayor condenación.

La Palabra de Dios es clara: "Porque a todo aquel a quien se haya dado mucho, mucho se le demandará; y al que mucho se le haya confiado, más se le pedirá" (Lucas 12:48). Dios le había encomendado a Elí que alimentara espiritualmente a su amado pueblo y cuidara de él. No podía abdicar de una manera tan descuidada a su responsabilidad, limitándose a fingir que no veía nada, mientras sus hijos cometían actos de perversidad contra ese pueblo. Había defraudado la confianza de Dios, y ahora sentía el aguijón de la fuerte reacción divina. Por supuesto, sabemos que Dios es misericordioso y que perdona nuestros pecados cuando nos humillamos arrepentidos. Pero su misericordia no siempre nos devuelve sus promesas especiales. Los líderes que caminan en desobediencia pueden quedar descalificados.

6. La falta de energía moral es peligrosa.

La moralidad cada vez menor de Elí fue la causa de su muerte. Dios no disimula la presencia de maldad en su Iglesia. Él no va a actuar con delicadeza con quienes no actúan firmemente para liberar a su Iglesia del pecado. Ofni y Finees murieron ambos a causa de su desobediencia. La familia de Elí quedó maldita, y el propio Elí se llenaría de angustia al ver que su familia cosechaba las consecuencias de la maldad de sus hijos:

> He aquí, vienen días en que cortaré tu brazo y el brazo de la casa de tu padre, de modo que no haya anciano en tu casa. Verás tu casa humillada, mientras Dios colma de bienes a Israel; y en ningún tiempo habrá anciano en tu casa. El varón de los tuyos que yo no corte de mi altar, será para consumir tus ojos y llenar tu alma de dolor; y todos los nacidos en tu casa morirán en la edad viril.
>
> — 1 SAMUEL 2:31-33

7. La falta de responsabilidad en el liderazgo trae a Icabod a nuestra tierra.

Icabod significa "la gloria se ha marchado". Muchas veces, la gloria de Dios se marcha porque un líder ha permitido que entre la corrupción, cuando estaba en sus manos realizar un cambio. En muchos ejemplos de la Biblia, ni siquiera el arca de la presencia de Dios pudo salvar al pueblo de las consecuencias de un liderazgo corrupto.

Después de perder cuatro mil hombres en una batalla contra los filisteos, los israelitas decidieron mandar a buscar el arca a Silo para que los mantuviera a salvo de sus enemigos. (Vea 1 Samuel 4:1-10). La mandaron a buscar. Los dos malvados hijos de Elí estaban con ellos en el campamento y llevaban el arca. Los filisteos volvieron a atacarlos, y esta vez murieron treinta mil soldados de a pie, el arca fue capturada por el enemigo y murieron los dos hijos de Elí. La presencia del arca no protegió a los israelitas del juicio de Dios, quien los había puesto en manos de los filisteos.

La presencia de Dios en su iglesia no cubre el pecado. Un aumento en la adoración no impide el juicio de Dios cuando hay corrupción. Podemos aumentar el volumen de nuestra música, predicar más alto y gritar más tiempo. Pero si estamos escondiendo pecado, la gloria de Dios no va a descansar en ese lugar.

8. El que tiene el don de líder, debe guiar con diligencia.

Aunque nuestro cuerpo esté envejeciendo, debemos permanecer fuertes de espíritu. El apóstol Pablo dice:

> Aunque este nuestro hombre exterior se va desgastando,
> el interior no obstante se renueva de día en día.
> —2 Corintios 4:16

Tenemos que *negarnos* a envejecer espiritualmente. Cada día que pasa, somos renovados y nos parecemos más y más a Jesús, hasta el último día de nuestra vida. Dios nunca nos da permiso para "jubilarnos" espiritualmente.

Cuando Policarpo, obispo de Esmirna, tenía más de ochenta años, había desarrollado callos en las rodillas por orar tanto tiempo. Sin embargo, no había perdido su autoridad espiritual, ni había envejecido moralmente. Mantuvo con diligencia hasta el final los principios que había seguido durante toda su vida.

Se dice que una noche, este obispo de Esmirna soñó que su almohada se incendiaba. A la mañana siguiente le dijo a su acompañante: "Es necesario que muera en el fuego". El sueño no lo perturbó. Tenía sobre sí el poder de Dios. Aun a su avanzada edad, su frágil cuerpo contenía un espíritu poderoso, y esperaba ansiosamente la resurrección corporal en Jesús.

Al día siguiente a su sueño, los soldados llegaron a arrestarlo. Se lo llevaron, lo ataron a un poste y se prepararon para quemarlo. Encendieron la hoguera debajo de Policarpo, y mientras se quemaba, él adoraba al Señor con tanta intensidad, que se había olvidado de que estaba en medio de las llamas.[1] El santo anciano había descubierto que las llamas del fuego de Dios que tenía en el corazón eran más fuertes que el fuego de la persecución.

A Policarpo lo martirizaron en un estadio lleno de espectadores sedientos de sangre. Estaban allí para ver morir atado a un poste a otro "mártir de la causa". *Pero él no murió*. Los líderes militares se asombraron de que las llamas no lo consumieran. Finalmente, ordenaron que le atravesaran el cuerpo con una lanza. La historia nos dice que fue la lanza la que mató a Policarpo, y no el fuego.[2]

Antes de su muerte, las autoridades de la ciudad le habían advertido: "Escucha: Te puedes librar del fuego. Todo lo que tienes que hacer es negar a Jesús".

Las palabras de Policarpo han resonado a través de los anales de la historia: "Durante ochenta años he servido a mi Cristo. ¿Cómo lo voy a traicionar ahora?"[3]

Hoy en día, todos los creyentes deben tomar la decisión de permanecer firmemente fieles a Cristo. Debemos decidirnos a no ser moralmente débiles. Necesitamos una decisión sólida como la roca, de vivir para Jesús, y morir por Él si llega a ser necesario.

Resultados diversos

A los creyentes los confunde ver a siervos de Dios que parecen estar haciendo grandes cosas para Él, y de repente traicionan su compromiso espiritual con un acto pecaminoso devastador. Esta conducta escandalosa parece inexplicable. ¿Cómo es posible que la gente de Dios haga cosas tan impías?

Todos hemos oído historias de líderes cristianos que han caído en la inmoralidad, haciéndole trampas al gobierno, manipulando los fondos de su iglesia, o cosas parecidas. En días recientes, la iglesia de los Estados Unidos se ha visto inundada de escándalos. En diversas de las llamadas iglesias llenas del Espíritu ha habido ministros que han caído en adulterio, homosexualidad y abuso sexual de menores. Y en algunos casos, estos ministros caídos han sido "restaurados" rápidamente a su posición en la iglesia.

Cuando escondemos debilidades, nuestras acciones pueden llegar incluso a la violencia. A lo largo de los años, he atendido en consejería a varios siervos del Señor que me han dicho: "Pastor, no sé lo que me pasó, pero estuve a punto de golpear a alguien. La violencia que llevaba dentro me sorprendió". Es horroroso descubrir que la violencia doméstica es un serio problema en la iglesia de hoy; incluso en los hogares de algunos ministros.

La debilidad espiritual puede causar peligrosas reacciones en nuestra vida, y necesitamos luchar continuamente para caminar en la fortaleza y el poder del Espíritu de Dios. ¿Cómo evitamos estos devastadores fallos? ¿Por qué hay una crisis moral de tanta envergadura en la Iglesia de hoy? Yo creo que esto se debe al pecado de descuido espiritual.

Un día tras otro, un año tras otro, descuidamos nuestro cuerpo, nuestra familia y nuestra iglesia, y después le preguntamos a Dios aterrados por qué estamos fallando. Hace años aprendí que la fortaleza espiritual es una decisión que cada persona necesita tomar. La fortaleza no es un don. No es un talento especial. Es una decisión que toma nuestra fe. El Señor le dijo estas palabras a Josué:

> Mira que te mando que te esfuerces y seas valiente; no temas ni desmayes, porque Jehová tu Dios estará contigo en dondequiera que vayas.
>
> —JOSUÉ 1:9

Dios no se va a limitar a darle fortaleza, sino que lo va a motivar a ser valiente.

El libro de Proverbios compara con un "manantial corrompido" (Proverbios 25:26) al hombre justo que cede ante la maldad. Esta corrupción se produce cuando no obtenemos de Dios nuestra fortaleza espiritual, sino que descuidamos los momentos con su Palabra, la oración y el desarrollo de una relación íntima con Él. A causa de este descuido, comenzamos a dar lugar a los malvados. Aunque Elí era un hombre religioso, un sacerdote del tabernáculo de Dios, descuidó su relación con Él, cayó en el letargo espiritual y dio lugar a los malvados; a sus propios hijos. Como consecuencia, destruyó su vida y la vida de esos hijos, y atrajo la ruina espiritual sobre la nación.

En el año 2002 salió a la luz un horrible escándalo dentro de la Iglesia católica romana. A medida que se fueron conociendo los informes, se hizo evidente que había obispos católicos que eran conscientes de abusos sexuales por parte de miembros del clero, y que estaban excusando a estos sacerdotes inmorales, e incluso enviándolos a otras parroquias para esconder su pecado. A sacerdotes que estaban haciendo presa sexual de inocentes varoncitos, se les permitía que siguieran ministrando en la Iglesia.

Concesiones espirituales similares se están produciendo hoy en muchas iglesias. Hay pastores que han cometido terribles injusticias por descuido espiritual. Han negociado y hecho arreglos con ciertas personas, algunas veces miembros de su propia iglesia. Algunos pastores no han quitado a gente impía de los puestos del ministerio por temor a que ello acarreara la ruina económica de la iglesia. En ocasiones, hay pastores que no enfrentan al error que está dentro de la iglesia o entre el personal ministerial, porque les parece que aun en medio del pecado conocido, la iglesia sigue creciendo y floreciendo.

Yo pienso que el diablo quiere hacer un pacto con nosotros. Negocia con nosotros diciéndonos: "Tú ocúpate de que crezca tu iglesia. No te preocupes tanto de la inmoralidad; no te vuelvas fanático con esa cuestión de la santidad. No te vayas a esos extremos. Cuida de tu congregación, que yo voy a cuidar de tu ciudad".

Al diablo no le asusta el crecimiento de las iglesias. No le importa lo grandes que lleguen a ser las iglesias, siempre que no entremos en el avivamiento y la santidad. Algunos líderes cristianos han estado deteniendo el avivamiento mientras le pagaban impuestos al diablo. Al cabo de poco tiempo, esos mismos pastores comenzaron a preguntarse adónde se fue la unción. ¡O ni siquiera se dan cuenta de que Dios ha escrito en su puerta la palabra "Icabod"!

Elí quería mantener la paz en la familia. ¿Cómo iba a acusar a sus propios hijos, reprenderlos en público y echarlos fuera? Al fin y al cabo, aquello podría destruir su reputación. Tenía la autoridad de Dios para cuidar del tabernáculo, pero no tomó sus decisiones en los momentos debidos. Tal vez estuviera pensando: *Un día de estos voy a tener que hacer algo con estos muchachos míos.* Quizá pensara que aquello iba a costar demasiado. Cualquiera que fuera su razón, Elí permitió a sabiendas que continuara el pecado bajo el manto de su liderazgo.

Si usted ha permitido que alguien malvado lo acompañe en su liderazgo, aunque su ministerio esté floreciendo ahora mismo, tarde o temprano la destrucción caerá sobre la vida de ustedes, y sobre su ministerio. Si usted permite a los hijos de iniquidad permanecer en medio de su iglesia, la está maldiciendo, y está maldiciendo su propio ministerio. Quiera Dios darnos la fortaleza y la sabiduría necesarias para ser unos líderes modelo de integridad y de carácter.

Aunque le cueste el sueldo—o incluso su ministerio-, tome la decisión de vivir en la santidad de Dios. No se venda por nada. No haga negocios con el diablo.

Cuando usted desate su vida y su ministerio para vivir en santidad y pureza, no va a experimentar sólo el crecimiento espiritual. La gloria de Dios va a descender sobre su iglesia. No sólo sobre la iglesia, sino sobre su ciudad entera. Dios está buscando quienes se pongan en la brecha—en la brecha de la santidad—para no tener que enviar su juicio sobre su ciudad.

Unas palabras en especial para los que se hallan en posiciones de autoridad

Si Dios lo ha puesto en una posición de autoridad en su cuerpo, como hizo con Elí, es vital que examine su vida en busca de aquellos aspectos donde pueda haber debilidad moral o espiritual. En el Cuerpo de Cristo debemos trabajar unidos con los demás creyentes. Si encuentra algún aspecto débil en su vida, tome la decisión de trabajar con diligencia para fortalecerse en el Señor. Las recomendaciones siguientes lo ayudarán a permanecer fuerte y puro durante la época de transición hacia una santidad más profunda:

Busque alguien con autoridad que lo aconseje y sea su mentor.

Cuando le falte autoridad espiritual, busque alguien que sí tenga esa autoridad, y acérquese a esa persona. Cuando estaba estudiando en el instituto bíblico en Argentina, decidí que no iba a ir a las reuniones diarias en la capilla. Eran obligatorias, pero a mí me parecía que haría mejor uso de mi tiempo si me quedaba solo. Escribía cantos cristianos, oraba y leía la Palabra.

Un día, el presidente de la escuela, que también era mi amigo y mentor, me preguntó acerca de mis ausencias a esas reuniones. Le respondí muy seguro de mí mismo (y con juvenil arrogancia): "Sólo necesito a Dios, la Biblia y yo mismo", con lo que insinuaba que no necesitaba tener comunión con los demás en los cultos de la capilla.

El presidente me miró con firmeza y me dijo: "Sergio, el espíritu de independencia no es el espíritu de Cristo". Aquella represión, procedente de un hombre que yo respetaba como maestro y mentor, resolvió para siempre esta cuestión en mi vida. A partir de aquel día, identifiqué la independencia egoísta y el aislamiento como pecado. Mi corazón comenzó a trabajar a favor de la unidad, el respeto y la colaboración más que nunca antes en mi vida.

Si usted dirige un ministerio, pero no tiene la confirmación ni la fortaleza del Señor, necesita un siervo que se mantenga junto a usted. Acuda corriendo a esa persona y dígale: "He perdido mi fuerza moral. He perdido la autoridad que necesito para ejercer disciplina en la iglesia. Estoy confundido. Ayúdeme".

Esta disposición a ser vulnerable y sumiso va a sanar a la iglesia. Es la forma en que el Cuerpo de Cristo puede funcionar mejor, porque así ha sido diseñado. Pablo describía esta actitud en su primera carta a la Iglesia de Corinto, diciendo:

> Dios ordenó el cuerpo, dando más abundante honor al que le faltaba, para que no haya desavenencia en el cuerpo, sino que los miembros todos se preocupen los unos por los otros. De manera que si un miembro padece, todos los miembros se duelen con él, y si un miembro recibe honra, todos los miembros con él se gozan.
>
> — 1 CORINTIOS 12:24-26

Imite a Cristo, quien no manifestó debilidad moral alguna.

La Biblia dice que en el Cordero de Dios no había defectos (1 Juan 1:5). Él caminó en santidad perfecta, no sólo para que lo pudiéramos admirar, sino sobre todo para que lo pudiéramos "imitar" (Efesios 5:1). Si creemos que Jesús caminó en pureza, y somos sus seguidores, entonces también nosotros caminaremos en pureza.

Si usted le da un solo minuto al diablo, él le va a destruir la vida. Para vigilar mi integridad moral, yo hice un pacto con mis ojos. Viajo por todo el mundo, paso continuamente por distintos aeropuertos, y son muchas las cosas que pasan delante de mis ojos, muchas veces en el momento en que menos las espero. Pero he hecho con mis ojos el pacto de que nunca voy a mirar a una mujer para codiciarla. Si en cualquier momento, mis ojos se posan en algo malvado por más de un segundo, me arrodillo allí mismo para pedir perdón. Quiero disfrutar del mismo nivel de santidad del que disfrutó Jesús.

Viajo con frecuencia, y tengo que pasar muchas noches en cuartos de hoteles. Esto puede ser una gran tentación para los ministros que viajan, porque son muchos los hoteles que ofrecen películas pornográficas por la televisión. Así que cuando entro al cuarto, suelo poner una toalla sobre el televisor y convertirlo en un "altar", poniéndole encima mi Biblia. Ésta es mi forma de consagrar el cuarto—y mi vida—a Dios de una forma nueva, para no ceder ante ninguna tentación.

¡He aprendido que nos tenemos que volver radicales en cuanto a la santidad! Por eso digo: "Señor, aunque me tenga que arrodillar cada cinco minutos, aunque se me gasten las rodillas de los pantalones, aunque estén todos estrujados cuando vaya a predicar, prefiero llevar unos pantalones arrugados, pero estar seguro de que en mi alma no hay arruga alguna".

Hoy en día hay muchos valiosos siervos de Dios que se sienten atraídos a buscar pornografía en la Internet, donde fácilmente se halla a su disposición. Yo les digo a estos hombres que se vuelvan implacables con el pecado. Si es necesario, desconecten su computadora y deshágase de ella. Es mejor no tener la Internet, que estar a punto de perder el ministerio por haber hecho concesiones espirituales. Si usted toma este mismo compromiso y lo practica a diario, momento a momento, descenderán sobre su vida gran poder y autoridad. El Señor va a hacer que brote dentro de usted una santa indignación contra el pecado. Lo hará intolerante con el pecado, al mismo tiempo que le dará un gran amor hacia los pecadores.

Reaccione con rapidez ante el pecado.

El pastor o líder que reconoce que hay pecado en su congregación—o el creyente que reconoce que hay pecado en su vida—pero no se siente suficientemente fuerte en el aspecto moral para enfrentársele, debe comenzar de inmediato a hacer planes. Puede comenzar a ayunar, orar y buscar consejo. Puede acudir a otro pastor para decirle: "Hay pecado en mi iglesia (o en mi vida). Si disciplino a la persona que tiene pecado en su vida, se me va a ir media iglesia. (O bien, no tengo fuerzas para disciplinarme). Ayúdeme, pastor. Deme fuerzas, porque quiero vivir en santidad".

Muchos líderes practican la santidad personal, pero no practican la *santidad ministerial*. Elí tenía unas intenciones magníficas. Guió al pueblo de Israel durante cuarenta años, pero los resultados finales de su ministerio fueron devastadores: su familia quedó juzgada para siempre. Dios no sólo nos juzga por nuestra maldad personal, sino que juzga también la maldad que hay bajo nuestra autoridad y que nosotros nos hemos negado a purificar.

Haga de este día un día de purificación. Bañe de santidad sus finanzas. Si hay transacciones fraudulentas en la economía de su iglesia, o si usted le ha dicho al tesorero que mienta un poco para esconder los detalles, entonces tome la decisión de cambiar todo eso hoy mismo.

Si usted no se enfrenta al pecado que se halla presente, va a seguir por el camino de Elí. El pecado siempre trae la muerte.

Reciba el fuego de Dios para restaurar la autoridad moral.

Hay quienes tienen al Espíritu Santo, *pero no tienen su fuego*. Sienten la presencia de Dios, que les pone la carne de gallina, y tantas manifestaciones carismáticas, pero no tienen la autoridad moral necesaria para corregir el pecado en su propia vida o en su iglesia.

Dios nos está llamando a todos y cada uno de nosotros a una vida de integridad total, cualquiera que sea el precio. Todo el que quiera vivir en justicia, tiene que sufrir tribulación. Pedro nos lo dice con claridad:

> Puesto que Cristo ha padecido por nosotros en la carne, vosotros también armaos del mismo pensamiento; pues quien ha padecido en la carne, terminó con el pecado.
>
> —1 Pedro 4:1

¿Qué quiere decir esto? Tal vez las palabras de Cristo sean más fáciles de comprender: "En el mundo tendréis aflicción" (Juan 16:33). No rechace la tribulación ni la persecución.

La santidad comienza muchas veces con el sufrimiento y la persecución. Pero hay una gloria indescriptible que se derrama sobre aquéllos que soportan el sufrimiento y la persecución, y mantienen su santidad. Así que no tenga miedo de que lo persigan. Aunque lo metan en la cárcel, como Pablo y Silas, comience a entonar cantos de adoración al Señor. ¡La santidad viene en camino! Un terremoto liberador va a sacudir su casa, su carcelero se convertirá y su ciudad, como la ciudad de Filipos, será avivada con el fuego de Dios.

Una oración de arrepentimiento

Padre, perdóname por las veces que me he vuelto espiritualmente débil y aletargado. No te quiero fallar por causa de la transgresión de Elí. Concédeme gracia para evitar las trampas del pecado. Cuando me sienta tentado a ignorar el pecado o a tolerarlo, ayúdame a enfrentarme a él de una forma amorosa. Dame osadía para hablar cuando sé que alguien está esparciendo el pecado como un cáncer en tu iglesia. Y ayúdame a decir la verdad con amor cuando mis miembros o familiares necesiten corrección. En el nombre de Jesús, amén.

2

La transgresión de Jacob: El uso de medios carnales para obtener la bendición divina

Un *pastor* fundó en una gran ciudad más de quince iglesias hijas. Aunque todas comenzaron como iglesias misioneras, todas fueron recibiendo la independencia y estableciendo su propia congregación autónoma. Un líder que estaba a cargo de una de las iglesias hijas decidió que no se sentía cómodo como asociado. Quería ser pastor principal.

Así que un día renunció, llevándose todos los muebles que el pastor había puesto en su iglesia. Dio marcha atrás a su camión contra el edificio donde se celebraban los cultos de la iglesia, y metió en él todas las sillas, el púlpito e incluso el sistema de sonido. Hasta se llevó las plantas y las decoraciones que había alrededor del frente de la plataforma.

En realidad, este hombre habría terminado convirtiéndose en pastor principal cuando le dieran la independencia a su iglesia. Pero estaba demasiado impaciente para esperar, así que se dio a sí mismo el título de *pastor*.

Cuando leí esta historia por vez primera aún era joven y no había aprendido lo que ahora comprendo acerca de las doce transgresiones. Estaba seguro de que aquel hombre sólo duraría unos cuantos meses como pastor autotitulado de una congregación. Estaba esperando la noticia de que había fracasado miserablemente. Sin embargo, no fue así. Comenzó su propia congregación con los pocos miembros que se llevó y siguió teniendo un crecimiento moderado.

Con todo, aquí no termina la historia. Unos quince años más tarde, cuando ya las heridas estaban sanadas y olvidadas, pasó por un tiempo de traiciones por parte de los propios miembros de su junta. Algunos de sus líderes jóvenes lo trataron peor de lo que él había tratado al pastor principal bajo el cual él trabajaba cuando era el pastor asociado de la iglesia hija. Sus pecados del pasado habían vuelto para perseguirlo. Terminó cosechando lo que había sembrado.

Hay una ley espiritual que no podemos quebrantar, aunque llevemos sobre nosotros la unción de Dios. Podremos sanar a los enfermos y hacer milagros, pero la Biblia dice:

> No os engañéis; Dios no puede ser burlado: pues todo lo que el hombre sembrare, eso también segará.
>
> —GÁLATAS 6:7

Tal vez tome quince años, o tal vez no suceda hasta que Cristo vuelva, pero algún día rendiremos cuentas por todo lo que hagamos. Por eso es tan importante que nunca caigamos en la transgresión de Jacob.

¿Con éxito, pero sin ética?

¿Se ha preguntado alguna vez por qué hay cierta gente que triunfa en la Iglesia a pesar de que su falta de ética es evidente? He visto gente desleal con un nivel de éxito bastante grande. Hasta he conocido hombres que disfrutaban de un cierto "éxito" mientras vivían en adulterio.

En las Escrituras, Jacob es ejemplo de alguien que quebrantó las normas de la ética, y sin embargo, experimentó un cierto éxito debido al llamado que había sobre su vida. En Génesis 25 vemos cómo pasó de manipulador a usurpador. Literalmente, se robó la posición de otro. También era negociador; hizo negociaciones en Bet-el. La palabra *Bet-el* significa "casa de Dios". Hay muchísima gente atascada en Bet-el. Gente atascada en la religión, en la casa de Dios, lo cual es bueno, pero nunca pasan más allá de este punto.

Jacob pasaría más tarde de Bet-el a Gilgal, donde luchó con el ángel de Dios para convertirse en un hombre quebrantado. Mientras no lleguemos a esa parte de nuestra vida, a nuestro Gilgal espiritual, todos los éxitos que tengamos carecerán relativamente de trascendencia para el Reino de Dios.

Todos tenemos una cita para luchar con el ángel de Dios. Es una lucha que vamos a perder, y Él nos va a herir en nuestra carne. Entonces es cuando los verdaderos propósitos de Dios se comenzarán a cumplir en nuestra vida. Todos necesitamos que

Dios luche con nosotros hasta tirarnos al suelo, para que pueda herir de muerte nuestro orgullo.

En los últimos años, Dios ha traído a mi vida un nuevo nivel de quebrantamiento. En el mismo instante en que creemos que nos hemos graduado en quebrantamiento, Él viene a quebrantarnos de nuevo. Vivir nuestra vida cristiana en un estado de quebrantamiento es la mejor forma de caminar con Dios. No hace daño; no destruye. El estado de quebrantamiento es bueno, porque en el quebrantamiento es nuestra carne la que sale herida, *pero nuestro espíritu es sanado.*

Después de su encuentro con Dios, Jacob quedó cojo. Ya no podía caminar con una actitud arrogante. Dios había quebrantado su orgullo. ¡Con cuánta urgencia necesita la Iglesia de hoy un encuentro como el de Gilgal!

La voluntad de Dios en el momento equivocado

La Biblia nos dice que Esaú, el hermano de Jacob, perdió el derecho a su llamado y su destino a causa de su impaciencia. En Génesis 25:29-34 leemos:

> Y guisó Jacob un potaje; y volviendo Esaú del campo, cansado, dijo a Jacob: Te ruego que me des a comer de ese guiso rojo, pues estoy muy cansado. Por tanto fue llamado su nombre Edom. Y Jacob respondió: Véndeme en este día tu primogenitura. Entonces dijo Esaú: He aquí yo me voy a morir; ¿para qué, pues, me servirá la primogenitura? Y dijo Jacob: Júramelo en este día. Y él le juró, y vendió a Jacob su primogenitura. Entonces Jacob dio a Esaú pan y del guisado de las lentejas; y él comió y bebió, y se levantó y se fue. Así menospreció Esaú la primogenitura.

Tanto el Antiguo Testamento como el Nuevo nos dicen que Esaú lloró amargamente este acto impulsivo. (Vea Génesis 27:34; Hebreos 12:16-17). Trató de recuperar la primogenitura y la bendición, pero era demasiado tarde. Las había negociado e intercambiado por una gratificación instantánea.

Esaú también estaba buscando el éxito instantáneo. Se convirtió en un *apóstata;* en alguien que niega su fe en la promesa de Dios.

He aquí una advertencia para los que tenemos promesas, profecías y el llamado de Dios en nuestra vida. Si nos impacientamos, si nuestro apetito por lograr reconocimiento, posición y éxito nos dominan, lo más probable es que hagamos algo tan desesperado como lo que hizo Esaú, que vendió su bendición por un plato de sopa de lentejas.

Dios había llamado a Jacob para que heredara la bendición a la que Esaú renunció. Se la iba a dar de todas formas. Sin embargo, es interesante que en el Reino de Dios el fin no justifique los medios. Cualquiera pensaría que si Dios nos promete algo, debemos ir y tomarlo. Pero Él quiere que esperemos hasta que sea su tiempo perfecto.

Hay divisiones de iglesias que se originan en la actitud de Jacob. Alguien que tiene un puesto secundario de liderazgo dentro de la iglesia, anuncia que Dios lo ha llamado a predicar. El pastor principal le sugiere que debe estudiar en el instituto bíblico y esperar dos años después de la preparación para entrar al ministerio. En lugar de tomar el camino más largo de la preparación, se marcha enojado y divide la iglesia. Lo siguen algunos miembros, y al domingo siguiente comienza a predicar, esperando que Dios unja su ministerio. Está impaciente por recibir la bendición.

Lo que nos deja perplejos es que algunas veces el Señor sí unge esa nueva obra. Entonces comenzamos a sentir ganas de pedirle a Dios que cambie su manera de hacer las cosas. Tal vez hasta digamos en oración: "Señor, que falle. Haz que su vida sea desdichada, para que la gente vea tu justicia". Algunas veces los cristianos bienintencionados se desalientan en situaciones como ésta. Esperan que la justicia de Dios intervenga de inmediato. Quieren ver el fracaso justificado de ese traidor en el término de unas pocas semanas. Pero Dios no obra de esa forma; al menos, no actúa así todo el tiempo.

Jacob decidió "ayudar" a Dios con un plan: usó medios carnales para obtener fines divinos. Las promesas eran para él. Cuando nació, el Señor le había dicho a Rebeca, su madre: "El mayor servirá al menor" (Génesis 25:23). En otras palabras, algún día Esaú iba a servir a Jacob. Básicamente, Dios había dicho: "Jacob es el hombre que yo escojo. Esto está decidido de antemano". Jacob conocía la profecía que Dios le había dado a su madre. Su madre la conocía, y también su padre. Sin embargo, Rebeca y Jacob trataron de "ayudar" a Dios—apresurar sus planes-, y la consecuencia fue que se metieron en problemas. Tenemos que darnos cuenta de que no podemos "ayudar" a Dios con nuestra manipulación carnal.

Legal, pero injusto

En realidad fueron dos los atajos deshonestos que tomó Jacob.

Uno de ellos fue la forma en que manipuló a su hermano, que estaba hambriento. Se aprovechó de que estaba hambriento, pensando que su plan no tenía nada de ilegal. Hay cosas que pueden ser legales, pero a la vez injustas. En la sociedad moderna podemos usar los pleitos o las amenazas legales para causar daño a la gente y hacernos con más dinero del que deberíamos. Esto podrá ser legal, pero no es justo. Es una tentación que necesitamos evitar. Esto se puede convertir en un medio carnal de obtener bendiciones monetarias.

He escuchado cristianos airados, hablando de ponerle un pleito legal a alguien para poder tener mucho dinero. Si perdieron mil dólares, estaban listos para conseguir veinte mil. Ese tipo de batalla legal puede ser muy injusto, y es necesario que nosotros, los cristianos, pongamos un límite razonable a nuestras exigencias. Debemos buscar justicia, y no actuar movidos por la codicia.

Muchos cristianos han perdido el sentido de la integridad, la equidad y la justicia. El problema es que a veces pueden tener éxito en la obra del Señor o en sus negocios. Ellos se comparan con la gente humilde que siempre se está arrepintiendo y tratando de actuar correctamente ante Dios, y cuando ven sus propios éxitos, cifras y capital, suponen que esas bendiciones mensurables son señal de aprobación divina.

Cuando Dios llama a una nación al avivamiento, la denuncia del pecado se hace evidente en ella. La Iglesia, por falta de discernimiento espiritual, tal vez no esté consciente del pecado interior, capaz de destruir las relaciones y quebrantar la confianza. Jacob logró ganarle la primogenitura a Esaú, pero perdió su confianza. Perdió la relación con su hermano, prácticamente para el resto de su vida. Dividió a su familia, porque usó medios carnales para obtener lo que era la voluntad de Dios para su vida.

Cuando la ambición reemplaza a la visión

La impaciencia es fruto de la carnalidad. Solemos irritarnos cuando alguien nos hace esperar, sin saber que gran parte de esas demoras han sido ideadas por Dios. Vivimos en una era de gratificación inmediata. Cada vez que buscamos soluciones instantáneas a cualquier precio, podemos estar seguros de que la carnalidad está presente. Ella hace que nuestra visión sea reemplazada por la ambición; nos lleva a vender lo mejor para obtener lo bueno.

Hay una mejor manera de andar en los caminos del Señor; es transitar por sus avenidas de santidad y de justicia, y según su tiempo. Es la senda de la paciencia santa y la sumisión total.

Jacob no sólo ganó la primogenitura, sino que también recibió la bendición de su padre. Con el fin de engañarlo para que lo bendijera, ideó un plan junto con su madre:

Y Jacob dijo a Rebeca su madre: He aquí, Esaú mi hermano es hombre velloso, y yo lampiño. Quizá me palpará mi padre, y me tendrá por burlador, y traeré sobre mí maldición y no bendición. Y su madre respondió: Hijo mío, sea sobre mí tu maldición; solamente obedece a mi voz y ve y tráemelos. Entonces él fue y los tomó, y los trajo a su madre; y su madre hizo guisados, como a su padre le gustaba.

> Y tomó Rebeca los vestidos de Esaú su hijo mayor, los preciosos, que ella tenía en casa, y vistió a Jacob su hijo menor; y cubrió sus manos y la parte de su cuello donde no tenía vello, con las pieles de los cabritos; y entregó los guisados y el pan que había preparado, en manos de Jacob su hijo. Entonces éste fue a su padre y dijo: Padre mío. E Isaac respondió: Heme aquí; ¿quién eres, hijo mío? Y Jacob dijo a su padre: Yo soy Esaú tu primogénito; he hecho como me dijiste: levántate ahora, y siéntate, y come de mi caza, para que me bendigas. Entonces Isaac dijo a su hijo: ¿Cómo es que la hallaste tan pronto, hijo mío? Y él respondió: Porque Jehová tu Dios hizo que la encontrase delante de mí.
>
> —GÉNESIS 27:11-20

Jacob daba la impresión de ser un hombre muy religioso, pero le estaba mintiendo a su padre en la cara. Isaac era viejo, y no podía ver a su hijo con claridad, así que le dijo: "Acércate ahora, y te palparé, hijo mío, por si eres mi hijo Esaú o no" (v. 21).

Mis tres hijos han hallado una forma de hacerme una jugarreta. Cuando llamo a casa en medio de un viaje, uno de ellos es capaz de imitar la voz de los otros dos. Si pregunto "¿Quién me habla?", afina la voz y me dice el nombre de su hermano menor. Una o dos veces, llegué a creer realmente que estaba hablando con mi hijo menor. Su engaño de broma me ha permitido comprender mejor lo fácil que le fue a Jacob imitar la voz y el aspecto externo de Esaú, sobre todo porque Isaac era anciano y, sin duda, ya no veía ni oía bien.

Jacob se acercó a su padre Isaac, quien lo tocó y dijo: "La voz es la voz de Jacob, pero las manos, las manos de Esaú" (v. 22). Isaac no lo reconoció, porque sus manos tenían vello, como las de su hermano Esaú, así que lo bendijo. "¿Eres tú mi hijo Esaú?", le preguntó.

"Yo soy", fue la respuesta. ¿La consecuencia de su mentira? Recibió la bendición.

Eso es difícil de asimilar. Aquel hombre mintió y engañó, pero se alzó con la bendición. La recibió porque la iba a recibir de todas maneras. Le estaba destinada. Usó medios carnales para tratar de llegar a los fines de Dios. Una bendición muy preciada descendió sobre él, pero esto no significa que Dios pasara por alto su engaño.

Cuando Esaú se dio cuenta de que lo habían engañado, le dijo a su padre: "¿No tienes más que una sola bendición, padre mío? Bendíceme también a mí, padre mío" (v. 38). Su padre Isaac le respondió con unas palabras difíciles. (Vea los versículos 39 y 40).

En el versículo 42 vemos la consecuencia de la manipulación carnal de Jacob:

> Y aborreció Esaú a Jacob por la bendición con que su
> padre le había bendecido, y dijo en su corazón: Llegarán los
> días del luto de mi padre, y yo mataré a mi hermano Jacob.

De hecho, las trampas de Jacob lo pusieron en serio peligro. Si no sumergimos nuestro pasado en la sangre de Jesús, nos puede causar persecución en el futuro. Necesitamos confesar cuantos tratos engañosos hayamos tenido con la gente. Quiera el Espíritu Santo revelarnos al corazón si hemos robado algo, mentido o manipulado a alguien para obtener ganancias personales. Si hemos dicho algo que no es cierto, Dios nos va a dar la gracia de ponerlo bajo la sangre de Jesús.

Esté atento a las señales de advertencia

Un día salí de mi oficina en La Plata, Argentina, para comenzar el corto recorrido que había hasta mi casa. El tránsito en Argentina es un poco distinto al de otras naciones: si usted no camina, lo empujan. Yo estaba tratando de evitar un accidente, pero no vi luz roja alguna; de hecho no vi ni siquiera que hubiera semáforo, y lo pasé por alto. Detrás de mí, otros cincuenta autos hicieron lo mismo. Pero pronto vi detrás de mi otro tipo de luz, de esas que centellean. Era un policía.

Si usted es pastor o ministro, se podrá identificar con la oración que hice en silencio: "Señor, por favor no dejes que me pregunte a qué me dedico". Detuve el auto, vino el policía y yo le expliqué que era inocente. Con la esperanza de tocar alguna fibra compasiva en su corazón, le dije: "Señor policía, para serle sincero, no vi la luz roja. Ni siquiera noté que hubiera un semáforo aquí". Mi respuesta no le impresionó, porque las consecuencias de haberme saltado la luz roja—tanto si la vi como si no—habrían podido ser devastadoras.

Dios tiene algunas luces rojas espirituales a las que debemos hacer caso. Quiere que estemos atentos, alertas, vigilantes. Es necesario que nos preguntemos: "¿Soy una persona honrada, o soy una persona tramposa y manipuladora como Jacob? Trato a la gente con honradez, o digo constantemente pequeñas mentiras y medias verdades?"

Las medias verdades son también medias mentiras. La ignorancia no nos salva. No podremos tratar de alegar ignorancia cuando lleguemos a las puertas del cielo, diciendo: "Señor, lo siento, pero no leí la historia de la vida de Jacob".

Tal vez el Señor nos conteste: "Pero si tienes la Biblia en diez versiones diferentes".

Hay quienes han dado la vida para poder tener la Biblia en sus manos. La historia de la Iglesia presenta los ejemplos de personas que han muerto para conservar los manuscritos de la Palabra de Dios. A causa de esto, ahora tenemos esa Palabra del Señor a nuestra disposición. Aunque usted use la ignorancia como excusa, eso no lo va a sacar de apuros. No podemos ignorar las señales de advertencia cuando las tenemos frente a nosotros.

Bet-el: Negociaciones con Dios

El mismo que había manipulado a su hermano Esaú, trató después de manipular a Dios. Intentó hacer negocios con Él. Tal vez pensara que, como había sido capaz de manipular tantas circunstancias de su vida, también podría ahora engañar a Dios.

Jacob tuvo en Bet-el un sueño sobre la presencia del Señor.

> Y despertó Jacob de su sueño, y dijo: Ciertamente Jehová está en este lugar, y yo no lo sabía. Y tuvo miedo, y dijo: ¡Cuán terrible es este lugar! No es otra cosa que casa de Dios, y puerta del cielo. Y se levantó Jacob de mañana, y tomó la piedra que había puesto de cabecera, y la alzó por señal, y derramó aceite encima de ella. Y llamó el nombre de aquel lugar Bet-el, aunque Luz era el nombre de la ciudad primero. E hizo Jacob voto, diciendo: Si fuere Dios conmigo, y me guardare en este viaje en que voy, y me diere pan para comer y vestido para vestir, y si volviere en paz a casa de mi padre, Jehová será mi Dios.
>
> —Génesis 28:16-21

Al despertar, hizo lo que yo llamo un "voto condicional".

Cuando llega el avivamiento, estas cosas salen a la luz muy pronto. Cuando comienza a florecer el mover de Dios en medio de nosotros, de repente hay gente que dice como Jacob: "Si consigo esto, voy a servir a Dios". Personas a quienes creíamos totalmente consagradas a Dios, resultan ser cristianos condicionales. Hacen pactos con Dios de acuerdo con sus propias condiciones. "Si el Señor hace esto por mí, entonces lo voy a seguir, y si no, me desentiendo del asunto".

Recuerdo una señora cristiana que traía consigo a la iglesia a su madre, la cual estaba enferma. Pero cuando vio que no se sanó, dejó la iglesia. Por causa de lo que sucedió—o no sucedió-, se apartó del Evangelio. Pensaba que podía regatear con Dios y convencerlo de que se aviniera a sus términos.

La gente como esta mujer son los Jacobs de hoy. Negocian con Dios y son condicionales en su consagración. No dicen que el Señor va a ser su Dios, aunque mueran en el intento. Lo que tratan es de ser dioses ellos mismos. Ésta es la esencia misma del orgullo.

Jacob pudo haber dicho: "Vas a ser mi Dios, aunque nunca vuelva a la casa de mi padre. Todo lo que quiero saber es que te estoy agradando". Pero pasó del trato deshonesto con su hermano a plantearle condiciones a Dios. Podremos progresar, incluso sobre la base de atajos poco honrados, pero al final recogeremos una amarga cosecha.

La lucha por abrirse camino a la fuerza

Jacob, que había actuado de forma tan engañosa contra su padre y su hermano, recogió una cosecha de engaño y traición contra sí mismo por parte de otros. Cuando llegó a la edad madura, su suegro Labán lo engañó. Su semana de bodas fue una crisis para él. De repente, pasada ya la primera noche de bodas, se dio cuenta de que Labán le había dado la joven que él no había pedido. Tuvo que trabajar otros siete años para pagar la dote de Raquel, la mujer que amaba.

Jacob, el engañador, era ahora el engañado. Estaba cosechando lo que había sembrado. Y la cosecha era amarga. Aunque tenía la bendición del Señor... aunque tenía el maravilloso llamado de Dios a ser padre de naciones... el engañador era ahora el engañado.

Se desalentó tanto, que se marchó de la casa de su suegro. Como ya no era bien recibido ni en la casa de Labán, ni en la de su padre, estaba en tierra de nadie. El engañador había quedado aislado. No tenía ministerio, no veía un futuro. Sólo estaba tratando de sobrevivir, e impedir que su hermano lo matara. El hombre que siempre tenía un truco en la manga, se había quedado sin ideas. Estaba desesperado.

Yo creo que Dios, en su misericordia, permite esta desesperación y esta crisis, porque quiere elevarnos sobre el del cristianismo condicional. Jacob estaba a punto de tener un encuentro con Dios que terminaría para siempre su sometimiento condicional a la voluntad divina. Leemos en Génesis 32 sobre este momento tan especial:

> Y se levantó aquella noche, y tomó sus dos mujeres, y sus dos siervas, y sus once hijos, y pasó el vado de Jaboc. Los tomó, pues, e hizo pasar el arroyo a ellos y a todo lo que tenía. Así se quedó Jacob solo; y luchó con él un varón hasta que rayaba el alba. Y cuando el varón vio que no podía con él, tocó en el sitio del encaje de su muslo, y se descoyuntó el muslo de Jacob mientras con él luchaba. Y dijo: Déjame, porque raya el alba.
>
> Y Jacob le respondió: No te dejaré, si no me bendices. Y el varón le dijo: ¿Cuál es tu nombre? Y él respondió: Jacob. Y el varón le dijo: No se dirá más tu nombre Jacob, sino Israel; porque has luchado con Dios y con los hombres, y has vencido. Entonces Jacob le preguntó, y dijo: Declárame ahora tu nombre. Y el varón respondió: ¿Por qué me preguntas por mi nombre? Y lo bendijo allí. Y llamó Jacob el nombre de aquel lugar, Peniel; porque dijo: Vi a Dios cara a cara, y fue librada mi alma.
>
> —GÉNESIS 32:22-30

Observe que Jacob, quien antes le había robado la bendición a su hermano, seguía buscando esa bendición. Esta vez la obtendría, pero de acuerdo con las condiciones de Dios, y no las suyas. Muchos cristianos han usado toda clase de trucos, pero siguen vacíos de bendiciones. En un artículo de la revista *Leadership*, Allan Redpath hace algunas observaciones interesantes sobre este momento de la lucha entre Jacob y Dios, que tuvo lugar veinte años después de su huida a Aram:

> Un ángel luchó con él; se encontró con él en el mismo punto en el que era fuerte. Desde su nacimiento había sido el que atrapaba por el talón, y su vida posterior había sido una lucha constante y exitosa con sus adversarios. Aquel extraño vio que no prevalecía contra él — Jacob, fiel a su carácter, luchaba mientras le quedara vida—, y entonces este nuevo adversario le tocó la articulación del muslo, y lo descoyuntó. El muslo es el pilar de la fortaleza de un hom-

bre, y su articulación con la cintura, así como el asiento de la fuerza física del luchador. Si se disloca el fémur, el hombre queda inutilizado por completo. Jacob descubre ahora que este misterioso luchador le ha quitado, con un solo toque, toda la fuerza, y ya no se puede tener en pie solo. Sin nada con que sostenerse a sí mismo, se cuelga del vencedor, y en esas condiciones aprende por experiencia la práctica de apoyarse sólo en alguien más poderoso que él. Éste es el punto decisivo de este extraño drama.[1]

Mientras no hayamos tenido un encuentro concreto con Dios, es como si nada tuviera significado en nuestra vida. El encuentro con Dios es para todos. Todos los cristianos deben tener un encuentro con Dios que transforme su vida; un momento en el cual Él nos "marque". Después de su desesperada lucha, Jacob ya no siguió siendo Jacob. Su nombre, *Jacob,* que significa "engañador", le fue cambiado por el de *Israel,* que significa "príncipe".

La voluntad del Señor para nuestra vida, nuestro ministerio y nuestro carácter, es que seamos transformados de Jacob a Israel. No era la primera vez que Jacob estaba descansando de noche en medio de su viaje, y encontraba al Señor. Veinte años antes, después de huir de su enojado hermano, se detuvo para pernoctar. Aquella noche, se encontró con el Señor en un sueño, y lo vio en el extremo superior de una escalera. Fue entonces cuando el Señor le prometió: "He aquí, yo estoy contigo, y te guardaré por dondequiera que fueres, y volveré a traerte a esta tierra" (Génesis 28:15). Cuando se marchaba de aquel lugar, le había puesto el nombre de *Bet-el,* que significa "casa de Dios".

El problema de muchos cristianos está en que nos identificamos tanto con Bet-el, que no queremos volver a movernos. Como Jacob, hay gente que llega a Bet-el y dice: "Ésta es la casa de Dios. Tengo sueños aquí. Puedo ver a los ángeles que ascienden y descienden de la presencia del Señor. Esto es hermoso; ya tengo lo que me hace falta. ¿Para qué molestarme en dar un paso más?"

A menos que demos el siguiente paso, nuestra tierra no será sanada. Todos debemos pasar de Bet-el a Peniel. Después de su encuentro con Dios en Peniel, Jacob siguió viajando para encontrarse con su hermano Esaú. Esta vez no hubo guerra, matanzas ni desastres. No tuvo que pelear con Esaú; ya había luchado con Dios.

Es muy importante aprender que hay muchas batallas en la carne que debemos evitar. Sólo hay una lucha que cuenta: la lucha con Dios. Necesitamos luchar con Dios en una guerra santa, con la misma tenacidad de Jacob, con temor, y decirle: "Señor, no te dejaré hasta que me bendigas". Necesitamos dejar que Dios aplaste nuestra voluntad propia y nuestra naturaleza manipuladora.

Hace varios años, mi iglesia de Argentina pasó por un año de conflictos muy serios. Hasta aquellos momentos, habíamos trabajado unidos, pero algunos conflictos internos dividieron repentinamente al equipo. Algunos tomaron partido por un lado del conflicto, mientras otros se unieron a la parte opuesta. Aquello separaba tanto a la gente, que hubo quienes comenzaron a hablar de dividir la iglesia.

En mi función de pastor principal, hice cuanto pude por resolver la cuestión. Sin embargo, mientras más lo intentaba, peor se hacía el problema. Convoqué una reunión tras otra para negociar una solución, pero no sirvió de nada.

Oramos mucho y también convocamos muchas reuniones, tratando de hacer que los dos partidos principales del conflicto hablaran hasta llegar a una solución. Algunas de aquellas reuniones fueron muy intensas.

Una noche me sentía cansado y agobiado por todo aquello. Ahí estaba yo, viajando a las naciones del mundo para llevar el mensaje de la santidad, la justicia y el fuego de Dios, y en mi propia iglesia las opiniones estaban divididas. "Señor, esto no sirve", clamé. Sentía que se me habían acabado las ideas que habrían podido ayudar. Algunas de nuestras ideas para lograr una solución habían sido realmente creativas. Nos habíamos esforzado realmente por acabar el conflicto, pero por mucho que lo intentáramos, nada daba resultado. Todo lo que tocábamos empeoraba.

Aquella noche me postré sobre mi rostro y dije: "Señor, no me voy a dormir hasta que me respondas". Había entrado en mi lucha con el ángel del Señor. "Tienes que bendecirme a mí y bendecir a mi iglesia", dije en mi oración. Seguí orando hora tras hora. Estaba decidido a oír a Dios. Prefería desmayarme a quedarme dormido.

Finalmente, me hundí en el sofá con la Biblia en las manos y me quedé dormido, exhausto. Menos de dos horas más tarde, había amanecido. El Señor, en su misericordia, estaba a punto de bendecirme. Me llevó a un texto bíblico en particular. Cuando leí aquel versículo, supe que había recibido mi respuesta.

Inmediatamente tomé el teléfono y llamé a una de las partes ofendidas para que se reuniera conmigo tan pronto como le fuera posible. "Tenemos una solución al problema", le dije cuando lo vi. A partir de aquel momento, aunque fue necesario un proceso cuidadosamente pensado, fuimos saliendo del conflicto, sin perder un solo miembro por este motivo, ni pasar por una dolorosa división.

Los dos ministerios dirigidos por los involucrados en el conflicto siguen juntos aún hoy, y no se quieren separar. A causa de la pura gracia de Dios, su misericordia descendió sobre nosotros.

Así es Dios; me llevó hasta el punto de la desesperación. Se presentó cuando ya no tenía ninguna idea más que intentar. Ni siquiera el acuerdo de catorce páginas que habíamos redactado pudo resolver la discusión, porque nadie lo quería firmar. Pero cuando decidí por fin luchar con el ángel del Señor, la respuesta vino.

El quebrantamiento atrae a Dios

Dios está buscando cristianos con la carne herida. La Palabra nos dice: "Dios resiste a los soberbios, y da gracia a los humildes" (Santiago 4:6). Dios está buscando un pueblo cuyo nombre ya no sea *Jacob:* que ya no sean los listos, los sagaces, los que siempre sacan ventaja. El pueblo de Dios debe estar quebrantado ante Él. Dios está buscando gente que diga: "Señor, estoy sufriendo, pero estoy tan desesperado por ti, que voy a seguir luchando hasta que me respondas".

Su respuesta vendrá. No tema su lucha con Dios. No importa que salga de ese enfrentamiento cojeando en la carne. De hecho, espero que así sea. Las insidiosas formas de la carne necesitan venirse abajo. En el relato sobre la lucha de Jacob, se nos dice que el ángel del Señor le tocó el *muslo*. En el muslo se encuentran el hueso y el músculo más grandes del cuerpo. Representa la fortaleza humana. Pero para que Jacob fuera verdaderamente fuerte en Dios, Dios tenía que quebrantar su fortaleza humana.

Es necesario que nuestro orgullo quede hecho añicos. Es necesario que digamos: "Señor, úsanos como una generación de gente pura no sólo en nuestros objetivos, sino también en la forma en que tratamos de alcanzar esos objetivos. Haznos gente que cumpla su palabra".

Jesús nos advirtió: "Sea vuestro hablar: Sí, sí; no, no" (Mateo 5:37). En nuestro mundo de hoy, aunque todo se firma obligatoriamente y se coloca todo tipo de salvaguardas, la gente sin embargo cumple su palabra. Los pactos hechos en las bodas, con votos matrimoniales, anillos y fotos, se rompen todo el tiempo. De igual modo la gente rompe los tratos de negocios, no guarda su palabra en sus relaciones, y engaña para conseguir lo que quiere.

Conviértase en una persona de palabra. Diga: "Dios omnipotente, a partir de hoy voy a ser una persona honorable, una persona honrada, una persona de palabra. Cuando diga que sí, la gente va a saber que lo digo en serio".

No se adelante a la voluntad de Dios

Jacob esperó más de veinte años para que se desarrollara la voluntad de Dios en su vida. Tal vez no siempre hagan falta veinte años, pero con frecuencia pasamos por períodos de aridez; una temporada de espera en el desierto, para que la voluntad de Dios se desarrolle en nuestra vida. No se adelante a la voluntad de Dios para usted.

Son muchos los cristianos que corren hacia delante. No sea usted el joven o la joven que no puede esperar al matrimonio para llegar a la intimidad física. No piense: *No puedo esperar a casarme; la tentación es muy grande. Al fin y al cabo, amo a mi novia (novio) y sé que es la persona que Dios prometió darme.* Ese tipo de pensamiento le va a llevar a la fornicación.

Y no sea impaciente en cuanto a que Dios lo ponga en el ministerio al que ha sido llamado. No trate de apresurarlo empezando "por su cuenta". El que no puede esperar a que se le abran las puertas en el ministerio, no va a respetar la autoridad. Lo podemos llamar el "síndrome de Frank Sinatra", porque él decía en su canción: "Lo hice a mi manera". Ya tenemos bastantes voluntades propias en la iglesia.

Cuando el fuego del Señor llegó a mi vida en 1997, estaba seguro de una cosa: no era mi estilo. Era el suyo. Yo estaba perplejo, avergonzado y asustado, pero también fue un período de gran regocijo, porque veía cómo Dios me iba presentando su plan. Dele tiempo a Dios para que obre en su vida. Acérquese a Peniel, y después espere en oración y con cuidado a que Él le revele su destino. Dios lo va a guiar hacia la bendición que tiene para usted.

Sueño con una nación llena de justicia, pero muchas veces, los caminos de la Iglesia no son justos. Antes de recibir el fuego de Dios en mi vida, me sentía bien. Me sentía tranquilo porque en mi vida no había ningún pecado espectacular. Pero entonces, Dios me mostró la corrupción de mi corazón y las cosas comenzaron a cambiar. Necesitamos librarnos de todo fingimiento, de toda falsedad, de toda mentira y toda trampa. Necesitamos confesar nuestros pecados concretos en cuanto aspecto Dios nos traiga a la mente. Someterlo todo al Señor. Tomar la decisión de que, a partir de este día, seremos personas íntegras; ya no seremos como Jacob, sino como Israel.

Cuando usted se vacíe de estos caminos, el Señor le va a mostrar los suyos. Toda mentira y todo fingimiento que haya en el Cuerpo de Cristo deben ser cambiadas en una total honestidad.

Oro para que Dios nos ponga una marca; una herida en nuestra carne, de manera que no nos atrevamos a ministrar de nuevo en nuestra carnalidad. Que ministremos en el poder del Espíritu Santo. Que cojeemos, para recordar siempre que dependemos por completo de Su poder.

Veo un ejército que se está adiestrando, y que va a estar tan bien equipado, que no tendrá que sufrir bajas. Éste es el único ejército en el cual Dios, nuestro Comandante en Jefe, nos asegura que no vamos a caer. Sólo debemos obedecer sus instrucciones. Dios está preparando su ejército.

Hace más de doscientos años, Juan Wesley, predicador de avivamiento, había inscrito más de dos mil personas en pequeños grupos. A estos grupos de personas los llamaba "Clubes santos". Les daba veintidós preguntas para que las usaran durante sus devociones diarias. Una de estas preguntas decía: "¿Está usted fingiendo consciente o inconscientemente ser alguien o algo que no es? ¿Les ha presentado a los demás una imagen de usted que es mejor de lo que es realmente?"

En el Cuerpo de Cristo necesitamos regresar a la honradez. Necesitamos regresar a la sinceridad y la veracidad. Habrá quienes necesiten dar pasos para restituir. Pídanle sabiduría al Señor. Algunas veces, la oración de arrepentimiento no es el paso final, sino más bien el primero. Tal vez tenga que dar varios pasos para acercarse a Dios.

Si no está seguro de cómo hacerlo, consulte con su pastor y sus líderes para pedirles ayuda. Cuando sea adiestrado en una dimensión nueva de la justicia, es posible que descubra que necesita hacer restitución. Si el Espíritu Santo lo impulsa a hacerlo, escriba una lista de los pasos concretos que piensa dar. Hacer esto va a producir un fruto que va a estar de acuerdo con el arrepentimiento. (Vea Lucas 3).

Una oración de arrepentimiento

Padre, halla en mí todos los caminos en los que haya insinceridad. Escudríñame hasta lo más profundo, oh Dios. Tú me estás preparando para algo que es grandioso; muy por encima de mis propias fuerzas carnales. Quiero dejar atrás todas mis armas carnales. Las pongo en tu altar, Señor, y te pido ahora tu misericordia.

Estoy a punto de luchar contigo. Transfórmame de Jacob en Israel. Trasládame de Bet-el a Peniel. Cámbiame por completo. Renuncio a toda ambición egoísta, temor humano y deseo de complacer a todos todo el tiempo. Tomo una firme posición contra la falsedad, contra los espíritus de mentira, el engaño, la falta de transparencia y la falta de sinceridad, en el nombre de Jesús. Señor, te pido que purifiques mi mente, mis caminos y mis ojos. Hiere mi carne. Haz que camine cojo. Prefiero que tú hieras mi carne, Señor, a que Satanás me destruya.

Ven, oh Dios, en tu misericordia. Quiero pasar de la negociación a la rendición; del compromiso condicional a la consagración incondicional a ti. Recíbeme; acéptame. Te doy el ciento por ciento de mi vida. En el nombre de Jesús, amén.

3
La transgresión de Sansón:
Carisma sin carácter

Hace *algunos* años, oímos hablar de un pastor cuya congregación estaba experimentando algunas increíbles manifestaciones sobrenaturales de Dios. El poder de Dios se manifestaba con frecuencia mientras estaba en la radio cristiana. La gente comenzaba a llamar a la estación para decirle que mientras él oraba y hablaba de las cosas de Dios, caía un polvo dorado en sus hogares. Mientras él oía aquellos grandiosos informes, buscaba en el estudio a los encargados de sonido y a otros empleados, pero todos estaban en el suelo bajo el poder de Dios.

Relataba otras señales y prodigios poco corrientes que se presentaban en su congregación. Mientras la gente adoraba, caían piedras preciosas sobre la zona del coro. Los miembros del coro se las recogían del cabello. Otros miembros de la iglesia descubrían que se les habían empastado los dientes con oro. Nosotros conocíamos algunas personas que habían visto los empastes de oro y las piedras preciosas.

Después que comenzaron a suceder estas cosas, este pastor fue invitado a viajar a otras naciones para compartir su historia. De allí nos llegaban informes sobre un polvo de oro que caía en una zona de treinta metros alrededor de los edificios donde él predicaba.

Era evidente que Dios se estaba manifestando en el ministerio de este pastor. Su iglesia estaba experimentando señales y prodigios sobrenaturales, y mucha gente se integraba a su congregación. Estaba creciendo velozmente.

Pocos años después de comenzar estas señales, oímos algo muy distinto acerca de este pastor. Había dejado a su esposa para marcharse con otra mujer. Ya no estaba pastoreando la iglesia. Sin duda, usted preguntará: "¿Comenzó de repente esta conducta tan escandalosa?"

Yo le tendría que responder: "No; hacen falta muchos golpes de hacha para cortar un árbol". Al parecer, había existido cierta infidelidad durante largo tiempo, pero finalmente, el árbol no se pudo seguir manteniendo en pie. He aquí un triste ejemplo de alguien que tenía carisma y dones sobrenaturales, pero no tenía un carácter cristiano sólido que los respaldara.

El coqueteo con el desastre

Lamentablemente, este tipo de transgresión es muy corriente entre la gente de nuestras iglesias. También la podríamos llamar "la transgresión de coquetear con el mundo". Se produce cuando nos volvemos demasiado amistosos con las cosas que Dios no aprueba, o cuando establecemos permanentemente relaciones que no le agradan. En la vida de Sansón vemos un hombre que nunca se convirtió oficialmente en apartado de Dios, pero destruyó su propia vida porque coqueteó con el mundo. Estaba bailando con el enemigo; jugueteando con la santa unción que el Señor le había dado.

No hay duda de que Sansón tenía carisma. Había recibido los dones del Espíritu con señales y prodigios. Era un líder llamado a servir a Dios desde su nacimiento. Dios le encomendó la responsabilidad de guiar como juez a su nación.

A este hombre lo favorecía una buena procedencia. Sus padres eran temerosos de Dios. Los había visitado un ángel para anunciar su nacimiento, que estuvo acompañado de señales y prodigios. El ángel del Señor, la presencia de Dios manifestada como ángel, les dijo a sus padres: "El niño será nazareo a Dios desde su nacimiento" (Jueces 13:5). Sansón había sido consagrado a la voluntad de Dios desde que nació. Era especial.

Sansón tenía las profecías correctas, la preparación debida y una procedencia santa. Había muchas cosas correctas en su vida, pero le faltaba la base de un carácter piadoso. Es peligroso tener carisma sin tener un buen carácter moral.

Con frecuencia da la impresión de que el Cuerpo de Cristo estuviera dividido entre los que aceptan los dones del Espíritu Santo y los que no. Tengo amigos en ambos sectores. Respeto tanto a los evangélicos como a los pentecostales, y aprendo de ambos. Pero es triste ver que hay quienes exhiben los dones, sin tener un carácter piadoso. Como consecuencia, se convierten en piedras de tropiezo para los que están tratando de caminar en el Espíritu.

Quiera Dios concederle mientras lee este libro una gracia especial para que lo rodee toda su santidad. Lo invito a abrazar una santidad radical. No espere a otro día que tal ven nunca llegue. Si siente que el Espíritu Santo dice a su corazón que abrace una vida de santidad total, cualquiera que sea su edad, comience hoy mismo.

Para volar hacen falta dos alas

Cuando mi hijo menor tenía unos seis años, vivíamos en Argentina. Un día tuvimos una competencia de avioncitos de papel en la sala de nuestra casa. Mi hijo decidió construir uno muy original, con una sola ala. "No va a volar", predije.

"Papi, tú no sabes; déjame hacerlo", me respondió.

"Muy bien", le dije, y lo dejé intentarlo. Muy esperanzado, lanzó el avión de papel con todas sus fuerzas. Sólo dio una desilusionante media vuelta en el aire, y después se desplomó en el suelo. No voló, tal como yo había predicho.

Lamentablemente, hay quienes siguen este mismo esquema. Piensan que pueden "volar" en el ministerio, pero insisten en hacerlo con una sola ala. Tienen grandes esperanzas, pero quedan amargamente desilusionados. Esto se debe a que hacen falta dos alas para volar en la voluntad de Dios: *carisma* y *carácter*.

Es imposible volar con una sola ala. Sin embargo, algunos cristianos deciden ser gente de un fuerte carácter moral, y se dedican sólo a enseñar la Biblia. Olvidan la unción, los milagros, las señales y los prodigios. Hay incluso quienes han enseñado que los milagros sólo se produjeron en los tiempos del Nuevo Testamento. Otros deciden que, como ellos sienten la presencia de Dios y Él los usa en señales y prodigios sobrenaturales, están totalmente bien delante de Él. Se olvidan del carácter.

Ninguno de estos dos extremos es bíblico. Dios está llamando al Cuerpo de Cristo para que se atreva a creer que podemos tener ambas cosas. Podemos estar llenos del Espíritu y tener sus dones en nuestra vida, al mismo tiempo que tenemos integridad de carácter.

Siete ventajas espirituales

Cada una de las siguientes ventajas espirituales formó parte de la vida de Sansón. También pueden formar parte de las experiencias de un hombre o una mujer de Dios. Sin embargo, sin carácter, ninguna de estas ventajas le puede asegurar el triunfo en su vida espiritual:

1. El llamado de Dios

Sansón fue llamado desde su nacimiento para que fuera nazareo y líder:

> A esta mujer apareció el ángel de Jehová, y le dijo: He aquí que tú eres estéril, y nunca has tenido hijos; pero concebirás y darás a luz un hijo. Ahora, pues, no bebas vino ni sidra, ni comas cosa inmunda. Pues he aquí que concebirás y darás a luz un hijo; y navaja no pasará sobre su cabeza, porque el niño será nazareo a Dios desde su nacimiento, y él comenzará a salvar a Israel de mano de los filisteos.
>
> —Jueces 13:3-5

Es maravilloso tener un llamado de Dios. Ahora bien, ¿sabía usted que hay muchos que han sido llamados, pero se han descalificado ellos mismos? Unos no han respondido al llamado. Otros han tratado de cumplirlo a su propia manera carnal, o según su propio calendario.

2. Una buena preparación

Los padres de Sansón lo equiparon y adiestraron tal como les había indicado el ángel del Señor. Es obvio que tomaron con seriedad su responsabilidad de padres:

> Entonces oró Manoa a Jehová, y dijo: Ah, Señor mío, yo te ruego que aquel varón de Dios que enviaste, vuelva ahora a venir a nosotros, y nos enseñe lo que hayamos de hacer con el niño que ha de nacer. Y Dios oyó la voz de Manoa; y el ángel de Dios volvió otra vez a la mujer, estando ella en el campo; mas su marido Manoa no estaba con ella. Y la mujer corrió prontamente a avisarle a su marido, diciéndole: Mira que se me ha aparecido aquel varón que vino a mí el otro día.
>
> —Jueces 13:8-10

Tener una herencia piadosa es una ventaja maravillosa. Sin embargo, no nos asegura el éxito. El hecho de que nuestros padres nos hayan enseñado la Palabra de Dios no significa que automáticamente vayamos a escoger la senda de la santidad.

3. Señales y prodigios

Un ángel apareció para anunciar el nacimiento de Sansón, y después ascendió por las llamas del altar donde Manoa había puesto un sacrificio para Dios.

Porque aconteció que cuando la llama subía del altar hacia el cielo, el ángel de Jehová subió en la llama del altar ante los ojos de Manoa y de su mujer, los cuales se postraron en tierra. Y el ángel de Jehová no volvió a aparecer a Manoa ni a su mujer. Entonces conoció Manoa que era el ángel de Jehová.

—Jueces 13:20-21

4. La bendición de Dios en su vida

Inicialmente, Sansón disfrutó de la bendición de Dios sobre su vida.

> Y la mujer dio a luz un hijo, y le puso por nombre Sansón.
> Y el niño creció, y Jehová lo bendijo.
>
> —Jueces 13:24

Sigue siendo cierto que necesitamos decidirnos a caminar en la bendición de Dios. Si coqueteamos continuamente con el mundo, o tomamos la decisión de caminar en una desobediencia abierta, podemos estar perdiendo todo lo que Él tiene planeado para nosotros.

5. La presencia palpable del Espíritu

Sansón sentía que el Espíritu se movía dentro de él para que hiciera sus poderosas obras, y es obvio que a la gente le impresionaban sus victorias, tan poco corrientes.

> Y el Espíritu de Jehová comenzó a manifestarse en él en los campamentos de Dan, entre Zora y Estaol.
>
> —Jueces 13:25

El sólo hecho de que podamos "sentir al Espíritu Santo" en una reunión no significa necesariamente que el predicador que dirige el culto esté caminando en santidad. No podemos permitir que los sentimientos determinen nuestra forma de evaluar un ministerio.

6. Milagros asombrosos

El Señor permitió que Sansón despedazara un león.

> Y el Espíritu de Jehová vino sobre Sansón, quien despedazó al león como quien despedaza un cabrito, sin tener nada en su mano.
>
> —Jueces 14:6

Muchos ministros han caído porque han dado por sentado que los milagros eran señal de que su relación con Dios era la correcta. Después de unas cuantas sanidades, se han impresionado con su propio ministerio—como si fueran ellos mismos los que causaran las sanidades—, y el orgullo ha terminado llevándolos a su caída.

7. Larga vida en la obra

Sansón fue juez de Israel durante veinte años. Pero no podemos dar por seguro que si alguien ha estado predicando durante muchos años, eso significa que el Espíritu Santo sigue respaldando todo lo que dice.

Vaya más allá de la bendición inicial

Para triunfar en el ministerio que Dios nos da, necesitamos ir más allá de la bendición inicial. Todas las ventajas tan evidentes que Sansón tuvo en su vida no fueron suficientes para apartarlo del desastre espiritual. El pastor Pedro Ibarra, quien aconseja a muchas personas que están en el ministerio, me dijo en cierta ocasión: "Es ley de vida: el carácter es el que lleva la unción, y no viceversa".

Hace algunos años comenzamos a oír en televisión y leer en los periódicos relatos acerca de muchos accidentes que se estaban produciendo, sobre todo en furgonetas suburbanas, a causa de unos neumáticos Firestone defectuosos. Si no se hubiera hallado el defecto, se habrían perdido muchas vidas.

En el carácter de Sansón podemos observar varios defectos que terminaron formando parte de su caída. Nos vendría bien aprender de este relato de las Escrituras, y evitar estas mismas trampas.

La impulsividad

Uno de los defectos morales de Sansón era su impulsividad. En Jueces 14:19 se dice que Sansón estaba "encendido en enojo". Había sido llamado para liberar a Israel de la opresión de los filisteos. Era Dios quien lo había llamado, pero cuando mató a los hombres de Ascalón no estaba actuando de acuerdo con Su llamado. Habrá sentido una fuerte presencia del Señor, pero no era ésa la fuerza que lo impulsaba. Su motivación era una ira que no estaba siendo atemperada por el Espíritu Santo.

Hay gente que actúa movida por la ira. Hay cristianos que no han perdonado a la gente que le ha hecho mal; se llaman creyentes, pero siguen odiando a alguien. No han aprendido la lección de Jesús, quien, ya crucificado, oró para que Dios perdonara a sus verdugos. La ira puede ser una fuerza que impulse a la destrucción.

Sansón se volvió también muy reaccionario y vengativo.

> Entonces le dijo Sansón: Sin culpa seré esta vez respecto de los filisteos, si mal les hiciere.
> —Jueces 15:3

> Entonces Sansón les dijo: Ya que así habéis hecho, juro que me vengaré de vosotros, y después desistiré.
> —Jueces 15:7

Era líder, pero a causa de su impulsividad, en lugar de actuar se dedicó a reaccionar. Comenzó a reaccionar ante cualquier ofensa que viniera en contra de él.

La personalización del ministerio

Otro defecto moral de Sansón era el problema de la personalización del ministerio. Comenzó a hacer sus propios planes de ataque, sin la dirección del Señor. En Jueces 15:11 leemos: "Yo les he hecho como ellos me hicieron".

Hay personas que nunca acaban de hallar su lugar en la iglesia. Trabajan por un tiempo en un ministerio, se enojan con alguien y se van a otra iglesia. Cambian de iglesia como quien cambia los canales de la televisión. Si somos el pueblo de Dios, equipado para ser sólido y fuerte en el ministerio, ¿por qué hay tanta falta de fidelidad en el ministerio? ¿Por qué hay tantos cristianos que esperan año tras año y nunca encuentran su lugar?

Uno de los problemas es el de la personalización del ministerio. Los cristianos centrados en ellos mismos piensan que la obra de la iglesia gira alrededor de ellos. "Si me ofrecen tanto..." "Si entre mis responsabilidades se encuentra tal cosa..." "Primero tengo que lograr esto o aquello..." Pensamos que Dios nos da una página en blanco para que nosotros la llenemos. Nos olvidamos de que es exactamente lo contrario: somos nosotros quienes le damos a Dios la página en blanco de nuestra vida, y es Él quien pone en ella los detalles. Pensamos que el ministerio es algo que nosotros poseemos. Nos olvidamos de que es Dios quien nos posee a nosotros.

La deslealtad

Cuando las cosas iban mal o se ponían muy difíciles, Sansón se manifestaba descomprometido y desleal. En Jueces 14:19-2—leemos: "Se volvió a la casa de su padre. Y la mujer de Sansón fue dada a su compañero, al cual él había tratado como su amigo".

Anteriormente, Sansón se había casado con una joven filistea. Durante el banquete de bodas, en un arranque de alarde y orgullo, les presentó a sus nuevos amigos filisteos un acertijo para que lo resolvieran. Estaba seguro de que nunca lo iban a poder resolver. Pero como su esposa y sus nuevos amigos filisteos se confabularon contra él para obtener con engaño la respuesta, se enojó fuertemente y se marchó de su propia boda, dejándola atrás. Sencillamente, recogió sus cosas y se fue, sin mostrar lealtad alguna hacia su flamante esposa.

Durante una conferencia en Argentina, un pastor joven se me acercó para confesarme algo. El mensaje de santidad le había llegado al corazón. Me dijo: "Mi esposa y yo nos habíamos separado, pero cuando escuché el mensaje de santidad total, me fui a mi apartamento, recogí mis pertenencias y regresé con ella". A diferencia de Sansón, este joven pastor había aprendido que Dios exige lealtad.

En Lucas 3:8, Juan el Bautista dice: "Haced, pues, frutos dignos de arrepentimiento". El fruto de nuestro arrepentimiento debe ser evidente y obvio, de manera que los demás lo vean. No podemos proceder deslealmente, ignorando los compromisos y las promesas que hayamos contraído. No podemos alejarnos de nuestras responsabilidades y de la gente en un arrebato de cólera. Conozco un evangelista que estaba viajando por todos los Estados Unidos celebrando reuniones de avivamiento. La gente estaba impresionada con sus mensajes y milagros. Pero más tarde se supo que este hombre se había divorciado dos veces, y lo buscaba la policía en otro estado porque no había estado enviando el dinero que debía para el sostenimiento de sus hijos. El hombre que no cuida de su propia familia, no tiene razón ninguna para estar representando a Dios desde el púlpito.

Las miradas sensuales

Sansón tenía un defecto en su forma de tratar con las mujeres y en su relación con ellas. Jueces 16:1 nos dice: "Fue Sansón a Gaza, y vio allí a una mujer ramera, y se llegó a ella". Sansón era nazareo, y sabía que había sido llamado a la pureza moral y sexual. Pero no pudo evitar la tentación que Satanás le presentó por medio de los apetitos de su carne.

En Jueces 16:4 leemos: "Después de esto aconteció que se enamoró de una mujer... la cual se llamaba Dalila". No cabe duda alguna de que las miradas sensuales y los romances inmaduros fueron pasos hacia su destrucción. Esté alerta respecto al poder de la codicia de los ojos y la lujuria de la carne para destruirlo. Algunas veces basta una mirada para llevar al hombre al adulterio.

La pérdida del sentido común

Sansón se volvió tan insensible ante la dirección de Dios, que llegó al punto de ponerse a jugar con su unción. Cuando Dalila le preguntó cuál era la fuente de su fuerza, bromeó con ella mintiéndole, y después usó aquella fuerza que le había dado el Señor para salirse de la situación. Esto es peligroso.

Le dijo: "Si me ataren con siete mimbres verdes que aún no estén enjutos, entonces me debilitaré y seré como cualquiera de los hombres" (Jueces 16:7). Por supuesto, "rompió los mimbres, como se rompe una cuerda de estopa cuando toca el fuego" (v. 9). Dios le había indicado que no revelara el secreto de su fuerza, que estaba en su cabello largo.

No obstante, sus enemigos no se dieron por vencidos. Dalila le siguió preguntando cuál era la fuente de su fuerza. Finalmente, él le dijo la verdad; le contó el secreto que el Señor le había dado. Tiró sus valiosas perlas a los cerdos.

Seguía pensando que, como antes, cuando llegaran sus enemigos, los podría vencer con su gran fortaleza, liberarse de ellos y destruirlos. Pero esta vez, las cosas fueron distintas: se le habían acabado las fuerzas. Un pastor de muchos años me dijo en una ocasión en Argentina: "La esencia del pecado es la estupidez". Sansón oyó que la mujer le preguntaba: "Yo te ruego que me declares... cómo podrás ser atado para ser dominado" (Jueces 16:6), y tomando una decisión sumamente irracional, se lo comenzó a decir. Perdió su sentido común.

Un falso sentido de seguridad

Sansón era moralmente inestable. No podía soportar las presiones constantes. Pero Dalila se le quejó y lo molestó día tras día, hasta que se sintió agotado (Jueces 16:16). Cuando la gente coquetea con el mundo, llega un momento en que su alma se siente cansada hasta la muerte. Al llegar a ese punto, dice: "Ya no puedo resistir esta tentación. Es demasiado fuerte".

Muchos creyentes juegan con la unción que han recibido de Dios de la misma forma que Sansón jugó con la suya. Se enredan en relaciones que se hallan fuera de la voluntad de Dios. Se dedican a contemplar su propio tipo de espectáculos, aunque no sean del agrado de Dios. Hacen cosas incorrectas, dicen cosas indebidas y van a los lugares donde no deben ir. Sin embargo, piensan que no son grandes pecadores. Ahora bien, como en el caso de Sansón, su fuerza es limitada. Llega un momento en que no pueden seguir luchando.

El entumecimiento espiritual

Sansón se insensibilizó a las cosas de Dios. Pensaba que su vida nunca cambiaría. Había aprendido el arte de equilibrar la unción de Dios con el pecado que había en su vida. Se había convertido en un hombre de muchas pasiones. En Jueces 16:20 podemos leer la triste evidencia de cuán insensible se había vuelto Sansón respecto a las cosas de Dios:

Y le dijo: ¡Sansón, los filisteos sobre ti! Y luego que despertó él de su sueño, se dijo: Esta vez saldré como las otras y me escaparé. Pero él no sabía que Jehová ya se había apartado de él.

No sabía que había estado jugando con la unción y con las cosas del mundo por tanto tiempo que, sin más advertencias, el Espíritu Santo se apartó de su vida.

Necesitamos recordar que Jesús prometió que nunca nos dejaría. Tal vez haya retirado su bendición de nuestro ministerio, pero no se va a llevar su gracia y su perdón. En una ocasión llegó a casa de mis padres un hombre llorando y totalmente desesperado. "Creo que he cometido el pecado imperdonable", les gritó. Estaba lleno de terror, pensando que el Espíritu lo había dejado para siempre, y que ya no habría perdón para él.

Tengo una buena noticia para los que se sientan así. Si a usted le preocupa la posibilidad de haber cometido el pecado imperdonable... si está clamando a Dios por esto... eso es señal de que el Espíritu Santo no lo ha dejado. La preocupación espiritual por su alma sólo puede proceder del Espíritu Santo.

Andar por el camino de la santidad

Tal vez usted pregunte: "¿Me está diciendo usted que Dios me pide andar en una santidad total y absoluta?" Así es. Debemos ser totalmente santos, o estar totalmente arrepentidos. ¿Es posible algo así? No por nosotros mismos. Ni usted ni yo podemos producir ese tipo de santidad. Por eso predico que la santidad es un milagro del cielo. El mismo que lo salvó milagrosamente, lo va a santificar de una forma igualmente milagrosa. El mismo Jesús que murió por su salvación, también murió por su justificación, su justicia, su sabiduría y su santificación. La salvación es por fe, y la santidad también.

No estoy escribiendo este libro para decirle lo santo que soy yo.

Créame; lo que sí podría contarle es lo miserable que puede ser mi alma. Mi carne es tan corrupta como la de cualquiera. Si no fuera por la misericordia de Dios, a pesar de ser un cristiano de cuarta generación, seguiría camino del infierno. Pero fue Dios todopoderoso quien purificó mi alma, mis ojos, mi mente y mi cuerpo. Aunque oficialmente nunca he caído, y crecí en la Iglesia cristiana, he tenido momentos en los que he estado caído en mi corazón.

¿Qué es una persona *caída*? Aquí le tengo una nueva definición: Es una persona que tiene los pies en la iglesia y los ojos en el mundo. Usted puede estar en todos los ministerios de la iglesia, y seguir estando caído, si su corazón añora algo distinto.

Antes de ir a la presencia del Señor, el cantante Keith Green compuso un canto popular que decía: "Tu amas al mundo, y me estás evitando a mí". Cuando amamos al mundo, evitamos a Dios. Sansón amaba al mundo, y evitaba la voluntad de Dios. Nunca se proclamó como alguien caído. Nunca dijo oficialmente: "Me retiro..." nunca dijo: "No quiero tener nada que ver con el Dios de Israel". De hecho, pensaba que todo iba muy bien. Ni siquiera notó cuando el Espíritu de Dios se apartó de él. Pensaba que todo estaba normal.

Como dije antes, los relatos de la Biblia acerca de las transgresiones de sus personajes no han quedado escritos para entretenernos. Necesitamos aprender de los errores de los que vivieron antes que nosotros. Estas resoluciones lo van a guiar en la dirección correcta:

- *Tome la resolución de no usar la unción a expensas del carácter.* No cubra el pecado con señales y prodigios. No permita que los milagros lo impresionen demasiado. Aunque Dios lo esté usando poderosamente, si hay pecado en su vida, usted necesita arrepentirse.
- *Decídase de inmediato a dejar de coquetear con el mundo.* Hemos leído acerca de jóvenes de los Estados Unidos que dicen no haber cometido inmoralidades sexuales ni actos directos de fornicación, pero que coquetean entre sí de formas indecentes. Es necesario que volvamos a examinar de nuevo nuestros hábitos en cuanto al noviazgo y al contacto físico. En su libro *Le dije adiós a las citas amorosas,* Joshua Harris dice lo siguiente:

    ¿En realidad, para qué sirven la mayoría de las relaciones de noviazgo? Con frecuencia, el noviazgo anima a la intimidad por la intimidad misma: dos personas físicamente cercanas, sin ninguna intención real de establecer un compromiso a largo plazo... la intimidad sin compromiso despierta apetitos—emocionales y físicos—que ninguna de las dos personas puede satisfacer justamente.[1]

- *Decídase a reducir sus pasiones a una sola: Dios y su Reino.* Sansón era hombre de muchos impulsos y pasiones: la ira, la venganza y numerosas relaciones románticas. Pero Dios llama a su pueblo a una sola gran pasión: Él mismo.

- *Decídase a pasar de las victorias ocasionales a una victoria permanente en Cristo.*

- *Decídase a alejarse de sus debilidades, a fin de tener un carácter fuerte y sólido.*

- *Decídase a convertirse en una persona completa.* A su unción añádale santidad; a los dones del Espíritu, añádales el fruto del Espíritu. Al bautismo en el Espíritu, añádale el fuego de la santidad. Al carisma, añádale carácter.

- *Decídase a aprovechar las oportunidades de restauración.* Jueces 16:22 dice: "Y el cabello de su cabeza comenzó a crecer, después que fue rapado".

Jesús pagó nuestra restauración con su sacrificio en la cruz. Murió por nosotros, para que no tuviéramos que morir por nuestros pecados. Al final de su vida, Sansón le pidió a un criado que lo colocara entre las columnas principales del templo pagano, y allí el Espíritu del Señor descendió una vez más sobre él. Con la fuerza sobrenatural que le había sido restaurada, destruyó el edificio entero. La construcción se desplomó sobre él y mató a más de seis mil filisteos. La Biblia nos dice que con su muerte, Sansón logró más que con su vida (Jueces 16:30).

Es maravilloso que podamos honrar a Dios con nuestra obediencia, en lugar de tratar de hacerlo con nuestra desobediencia. Sí, hay arrepentimiento y perdón. Sí, hay gracia. Pero es mucho mejor que invirtamos nuestra vida en la santidad ahora mismo, mientras hay tiempo de servir a Dios. Cuánto mejor es que seamos usados como vasos para honra, y no como vasos para deshonra.

Si usted sabe que tiene una amistad constante con el mundo, que no es voluntad de Dios, le pido que tome un instante ahora mismo para arrepentirse. No tiene nada de malo que seamos amigos de pecadores; Jesús lo era. Pero el propósito de nuestra amistad debe ser que nosotros los acerquemos a Dios, y no que ellos nos alejen de Él. Las relaciones que están fuera de la voluntad de Dios ponen en peligro el alma.

Enfréntese ahora mismo a cualquier cosa que haya en su vida, que esté compitiendo con la bendición y la unción de Dios. Sáquelo de su vida antes de que haga que el Espíritu de Dios se aleje de usted, como hizo con Sansón. Tal vez sean diversiones impías que están contaminando sus ojos. Tal vez sean las miradas sensuales o la deslealtad. Líbrese de todo eso ahora mismo.

En muchas de las conferencias donde predico, ponemos físicamente un "basurero espiritual", y yo invito a las personas a purificar su hogar y su vida, trayendo las cosas que ofenden a Dios para echarlas en él. Hemos llegado a llenar varios barriles con basura espiritual en esas conferencias. La gente lleva videos impíos, CDs demoníacos, drogas, condones, pornografía, joyas procedentes de relaciones ilícitas, y muchas cosas más. La lista es interminable.

Necesitamos purificar nuestra alma. No importa que usted se considere "algo santo", "más o menos santo" o "bastante santo, pero sin la santidad de Cristo". Usted necesita que Jesús le toque el alma y lo purifique de todo rastro de pecado que haya en su vida. Tómese un momento para pedirle que lo haga ahora mismo.

Si sus ojos no son puros... si usted permanece en el mal y no posee la pureza que poseía Jesús... Él le puede dar su santidad. Fue Jesús mismo quien dijo: "Al que a mí viene, no le echo fuera" (Juan 6:37). Si usted acude al Señor con el corazón quebrantado, no importa lo tenebroso que haya sido su pecado, porque Él va a satisfacer su necesidad y restaurar su alma.

Nunca olvidaré lo sucedido en una conferencia donde ministré acerca de la santidad. En medio de la gloria del Señor que estaba descendiendo sobre aquel lugar, un hombre se acercó al borde de la plataforma. Cuando me acerqué a él para orar, me dijo: "Pastor Sergio, yo he profanado a un niño. Sé que para mí no hay perdón".

La maravillosa verdad acerca de la obra de Cristo en el Calvario es ésta: incluyó en ella todo pecado. Yo le dije a aquel hombre: "Si se arrepiente, nuestro Dios lo va a perdonar".

Cuanto haya hecho usted que lo siga torturando; cuanto lo tenga esclavizado, si se arrepiente, Dios todopoderoso lo va a perdonar. Lo va a abrazar y le va a dar fortaleza a fin de que renuncie para siempre a su pecado.

Horas antes de su crucifixión, Jesús le pidió al Padre: "Padre mío, si es posible, pase de mí esta copa". Jesús sabía que aquella copa de la que debía beber contenía toda la amargura del mundo. En ella estaban la homosexualidad, el odio, la ira, la venganza, la pornografía, la envidia, los celos, los arranques de cólera... todo estaba en ella. Todos los pecados de la humanidad—pasados, presentes y futuros—habían sido puestos en la copa del sacrificio de Cristo.

Jesús se convirtió para usted y para mí en la carne del pecado. Se convirtió en trofeo del pecado. Nunca había pecado en toda su vida, pero bebió el pecado de la humanidad. Se convirtió en la ofrenda definitiva por nuestros pecados. Después de pasar todo esto, se rasgó el velo del templo. Ya no habría división alguna entre el Lugar santo y el Lugar santísimo.

La esclavitud del pecado había quedado quebrantada. Se había establecido una entrada directa al trono de Dios; una entrada que podría usar todo el que acudiera a Cristo arrepentido. Él fue quien les abrió a los pecadores el camino para que entraran directamente a la presencia de Dios, donde podrían ser perdonados y recibir el don de la vida eterna.

No hay razón alguna para que nosotros terminemos como terminó Sansón.

Una oración de arrepentimiento

Señor, te doy gracias por las advertencias que hay en tu Palabra acerca de los peligros del pecado. Gracias porque me has dado la oportunidad de arreglar las cosas contigo. Padre Dios, perdóname las veces que haya podido jugar con tu llamado y con tu unción sobre mi vida. Perdóname mi alianza impía con el mundo.

Señor, ten misericordia de mí. Necesito que me purifiques. Necesito ser transformado a tu imagen. Sálvame antes de que sea demasiado tarde. Ten compasión de mi alma. Amén.

4

La transgresión de Moisés: La ira santa usada de una forma impía

¡**Tenga** *cuidado* con la ira en el púlpito! Hace algunos años supimos de un cristiano que tocaba un instrumento con el equipo de alabanza de su iglesia. Es probable que no fuera un cristiano muy maduro, y en algunos aspectos necesitara crecer.

Un día, durante un culto, el pastor, en un momento de ira—tal vez incluso una ira justa-, detuvo el culto y le dijo a esta persona que, debido a sus pecados y su rebelión, tenía que soltar su instrumento y salir de la plataforma inmediatamente. Por supuesto, el hombre se marchó; prácticamente salió arrastrándose. Estaba tan destruido por aquella humillación pública, que se marchó de la iglesia y no volvió nunca más. Se fue directamente al mundo; no pudo soportar aquella manifestación de ira "santa".

Aquel hombre desperdició varios años en el mundo, haciendo cosas de las que se lamentaría toda su vida. Gracias a Dios, esta historia tiene un final feliz. Terminó regresando al Señor, y comenzó a asistir a otra iglesia. No obstante, son miles las historias de personas como este joven, que no terminan tan bien. Son muchas las personas de las que se ha abusado espiritualmente en la casa de Dios.

Hay muchos cristianos bienintencionados que son irritables, están enojados y peligrosamente frustrados en su vida personal. Con el tiempo, esta frustración puede producir consecuencias terribles. Moisés nos da un ejemplo de esto. Era un hombre de mal carácter. Cuando se encendió su mal genio, en un arranque de ira mató a un egipcio y después tuvo que huir de su tierra natal, permaneciendo fuera de ella por muchos años. Pagó un fuerte precio por su mal carácter, pero terminó convirtiéndose en un manso hombre de Dios.

Su vida es ejemplo de cómo es realmente un hombre santo. Nos da esperanza. Dios puede manejar nuestra naturaleza hostil de tal forma que aunque hayamos incurrido en este tipo de transgresión, podamos llegar a tener mayor control de nosotros mismos y a ser más útiles.

Algunas personas tienen mucha unción de Dios sobre su vida, pero les falta dominio propio. No han sabido controlar su ira. El ministerio de estas personas marcha bien por un tiempo, pero con frecuencia su hogar—y su ministerio—terminan en un desastre. A menos que tengamos carácter en el ministerio *y también* en el hogar, nos va a ser muy difícil triunfar.

La ira de Moisés

Moisés fue apartado para que cumpliera los propósitos de Dios desde su nacimiento. Dios había dispuesto que se convirtiera en un poderoso caudillo para el pueblo de Israel, y él terminó sacándolos de la tierra de esclavitud. No obstante, le costó trabajo controlar su ira *santa*, y las consecuencias fueron serias. Aunque fue un gran libertador, no pudo *entrar* con su pueblo en la Tierra Prometida, a causa de su problema con la ira. Las Escrituras nos dicen:

> Y porque no había agua para la congregación, se juntaron contra Moisés y Aarón. Y habló el pueblo contra Moisés, diciendo: ¡Ojalá hubiéramos muerto cuando perecieron nuestros hermanos delante de Jehová! ¿Por qué hiciste venir la congregación de Jehová a este desierto, para que muramos aquí nosotros y nuestras bestias? ¿Y por qué nos has hecho subir de Egipto, para traernos a este mal lugar? No es lugar de sementera, de higueras, de viñas ni de granadas; ni aun de agua para beber.
>
> Y se fueron Moisés y Aarón de delante de la congregación a la puerta del tabernáculo de reunión, y se postraron sobre sus rostros; y la gloria de Jehová apareció sobre ellos.
>
> —Números 20:2-6

En un periódico reciente leí la historia de un padre que golpeó al entrenador de hockey de su hijo hasta matarlo durante un juego, por un desacuerdo sobre la participación en el juego.[1] Esta historia centra nuestra atención sobre la violencia en los deportes. Esta dramática situación pone de relieve el gran daño que puede causar la falta de dominio propio.

La buena noticia es que hay varias organizaciones que están tratando de resolver esta necesidad. El 25 de mayo de 1999, en una reunión patrocinada por el Instituto de Ética Josephson, la Coalición Character Counts! y el Comité de los Estados Unidos, División de Entrenamiento, cerca de cincuenta líderes influyentes del mundo del deporte proclamaron el Acuerdo de la Reunión de Arizona sobre los Deportes. He aquí algunos de los principios del Acuerdo:

Con el fin de promover el espíritu deportivo y fomentar el desarrollo del buen carácter, los programas deportivos deben llevarse a cabo de tal forma que favorezcan el desarrollo mental, social y moral de los atletas y les enseñen capacidades vitales positivas que los ayuden a llegar a tener éxito como personas y ser socialmente responsables.

Los programas deportivos deben establecer normas de participación, adoptando códigos de conducta para entrenadores, atletas, padres, espectadores y otros grupos que causen impacto sobre la calidad de los programas atléticos.

Todos los que participen en los deportes deben manifestar constantemente y exigir una integridad escrupulosa, además de observar y poner en práctica no sólo la letra de las normas, sino también su espíritu.

Se debe insistir en la importancia del carácter, la ética y el espíritu deportivo en todas las comunicaciones relacionadas con el reclutamiento de atletas, incluyendo los materiales de promoción y descriptivos.

Al reclutar, las instituciones educativas deben asegurarse específicamente de que el atleta se halle seriamente comprometido en el logro de una educación, y que tiene o va a desarrollar las capacidades académicas y el carácter necesarios para triunfar.

Todos los involucrados en competencias atléticas tienen el deber de tratar con respeto a las tradiciones del deporte, y a los demás participantes. Los entrenadores tienen la responsabilidad especial de ser modelos de conducta respetuosa, y el deber de exigir a sus atletas que se abstengan de cualquier tipo de conducta poco respetuosa, incluyendo los abusos verbales contra sus oponentes y los oficiales, las palabras sucias profanas o beligerantes, las burlas y las celebraciones indecorosas.

La profesión del entrenador es una profesión educativa. Además de enseñar las dimensiones mentales y físicas de su deporte, los entrenadores, por medio de sus palabras y su ejemplo, deben esforzarse por edificar el carácter de sus atletas, enseñándoles a ser dignos de confianza, respetuosos, responsables, justos, atentos y buenos ciudadanos.[2]

La Alianza Nacional para los Deportes Juveniles aboga a favor de que "los padres reciban orientación para comprender el importante impacto que ha tenido el deporte en el desarrollo de su hijo". También recomienda que los padres firmen y sostengan un Código de Ética de los Padres, que entre otras cosas afirma: "Voy a desarrollar el espíritu deportivo, apoyando a todos los jugadores, entrenadores y oficiales de todos los juegos, prácticas y otros sucesos deportivos juveniles".[3]

Hay muchas personas que pasan con gran rapidez de la emoción a la ira. América Latina ha visto mucha violencia—y lamentablemente, una serie de muertes—a causa de desbordes emocionales durante los partidos de fútbol (balompié).

La amargura de la ira y la frustración extrema pueden tener consecuencias terribles. El control de las emociones y del carácter es muy importante para todos, pero en especial para los cristianos, que tratamos de desarrollar un espíritu semejante al de Cristo. Frecuentemente nos sorprendemos estallando en ira. Recuerdo que yo me consideraba un cristiano muy bueno cuando estaba estudiando en la secundaria, en Argentina. También recuerdo que se nos exigía hacer fila para entrar a las clases por la mañana, una costumbre que tienen las escuelas argentinas. Con frecuencia, los estudiantes que estaban detrás de mí en la fila me provocaban, empujándome y sacándome de mi lugar mientras esperábamos. Una y otra vez me quedaba allí, diciéndome: "No me voy a enojar; no me voy a enojar; no me voy a..." y antes de haber terminado de decirlo por tercera o cuarta vez, estaba a los puñetazos con el alumno que tenía detrás. Él me había molestado un poco, pero yo había explotado.

Violencia contra hombría

Cuando yo era más joven, aceptaba la ira como parte de mi hombría. En América Latina se habla mucho de ser "macho", y algunas veces mezclábamos el concepto de la violencia con el de la hombría. Hay incluso hombres que piensan que la violencia es una virtud. Piensan que mientras más uno pierda el control de sí, más "poderoso" es; más fuerte y valiente. Por eso son tan corrientes los problemas de abuso físico con las esposas.

Sin embargo, a medida que pasaban los años, me di cuenta de que tenía un problema de ira. Aunque hacía mis mejores esfuerzos por controlar mi temperamento, a veces no lo lograba.

Cuando un hombre sabe que no tiene un dominio total de sus propias emociones, se siente inseguro. No puede saber con certeza cómo va a reaccionar la próxima vez.

Durante una pequeña discusión, le di un puñetazo a una puerta para descargar mi enojo. Cuando vivía en Argentina, hacía esto de vez en cuando, no siempre: golpear la puerta con el puño. Nada sucedía. En cambio, esta vez, cuando le di el puñetazo a la puerta, estaba en los Estados Unidos, donde hay algunas puertas más baratas que son mucho más delgadas. Parecen madera sólida, pero son delgadas como el papel. Aunque aquella puerta parecía muy fuerte, cuando le di el puñetazo le abrí un agujero.

Me eché atrás, miré aquella puerta y sencillamente, no pude creer que mi puñetazo fuera la causa de tanto daño. Fue entonces cuando comprendí que había algo que andaba mal. Al fin y al cabo, tal vez aquella "ira de macho" no fuera una virtud. Aquellos ataques de ira eran algo que ya no podía controlar.

Ya en aquellos tiempos había orado muchas veces para vencer mi ira. Tenía que esforzarme mucho para vencer la tendencia a perder los estribos. Tal vez usted considere que se frustra con facilidad, o que tiene tendencia a enojarse. Este problema tiene un alto precio, a menos que se lo entreguemos al Señor y le permitamos que realice un milagro en nuestra vida.

De la ira a la desobediencia

Cuando era niño, leía el relato de cuando Moisés golpeó la roca para obtener agua, y después Dios le dijo que no podría entrar en la Tierra Prometida a causa de su desobediencia. No la podía digerir. Pensaba que seguiría siendo siempre un misterio para mí. ¿Cómo era posible que Dios fuera tan estricto con un hombre tan piadoso y honorable como Moisés? Moisés había seguido fielmente a Dios durante muchos años. ¿Por qué lo iba a disciplinar con tanta fuerza, si todo el mal que Moisés hizo fue enojarse un poco? Al fin y al cabo, todo lo que hizo fue golpear una roca... de manera muy parecida al puñetazo que yo le di a la puerta.

Leamos el relato en el cual Moisés reacciona ante las quejas del pueblo:

> Toma la vara, y reúne la congregación, tú y Aarón tu hermano, y hablad a la peña a vista de ellos; y ella dará su agua, y les sacarás aguas de la peña, y darás de beber a la congregación y a sus bestias. Entonces Moisés tomó la vara de delante de Jehová, como él le mandó.
>
> Y reunieron Moisés y Aarón a la congregación delante

> de la peña, y les dijo: ¡Oíd ahora, rebeldes! ¿Os hemos de hacer salir aguas de esta peña? Entonces alzó Moisés su mano y golpeó la peña con su vara dos veces; y salieron muchas aguas, y bebió la congregación, y sus bestias.
>
> Y Jehová dijo a Moisés y a Aarón: Por cuanto no creísteis en mí, para santificarme delante de los hijos de Israel, por tanto, no meteréis esta congregación en la tierra que les he dado.
>
> —NÚMEROS 20:8-12

Hoy entiendo por qué Dios respondió así ante el acto de desobediencia de Moisés. Ahora sé que la ira descontrolada deshonra a Dios. Es una señal de desconfianza. Los arranques descontrolados de ira son los impulsos de la desobediencia. Cuando nos movemos en la ira de la carne, revelamos que estamos confiando en nosotros mismos, y no en Dios.

En los versículos anteriores vemos a Moisés pasar de la frustración y la ira a la desobediencia. A causa de su desobediencia, Dios le dijo que no entraría en la Tierra Prometida. Observe que el milagro de que el agua saliera de la roca se produjo de todas formas. Los milagros no tienen por qué ser señal de santidad. Nuestro carácter puede hallarse fuera de la voluntad de Dios, pero como tenemos fe para hacer lo que Dios nos ha indicado que hagamos, vemos el milagro.

Ningún castigo habría podido herir más a Moisés, que el ver negada su entrada a la tierra que había anhelado entrar durante los cuarenta largos años de deambular por el desierto. En su misericordia, Dios no lo llevó a la destrucción eterna, pero Moisés echó a perder la última etapa de su carrera. Gran parte de su vida—casi cuarenta años—había estado soñando con el día en que cruzaría el río para entrar a la Tierra Prometida. Había vivido los últimos años de su vida con la promesa divina de alcanzar esa tierra.

Como resultado de su desobediencia, sólo se le permitió divisar la Tierra Prometida a distancia, desde la cima de un monte. Nunca entró en ella. Y todo, a causa de la ira.

Lo alentador en todo esto es que Moisés se convirtió en un hombre manso y en ejemplo para todos nosotros. Pero nunca nos podemos olvidar del error crítico que cometió. Su ira era justificable, pero su falta de dominio propio al reaccionar no lo era. Había usado la ira dada por Dios en una forma que no venía de Él.

Las reacciones impías son una tentación para muchos siervos de Dios. La gente que en todos los demás aspectos está bien situada ante Dios, puede verse traicionada por la falta de dominio sobre su carácter o temperamento. De hecho hay quienes piensan que, como ejercen puestos de autoridad, tienen derecho a actuar con ira algunas veces. Sin embargo, Dios exige de los líderes que caminen con humildad.

La frustración residual

Moisés tenía "frustración residual". No era la primera vez que el pueblo de Israel se había quejado contra él. Ya se había producido antes una situación similar. Al parecer, en la ocasión anterior, sus quejas no lo habían afectado demasiado. En cambio, cuando aquello se convirtió en una queja constante por parte del pueblo, le afectó los nervios. ¿Se halla usted en una situación en la cual no sabe por cuánto tiempo va a soportar? Las presiones procedentes de otra gente, las quejas, las lamentaciones, las críticas y los disgustos, ¿se están acumulando en su corazón en forma tan peligrosa, que se halla a punto de explotar de ira? Tenga cuidado, no vaya a manejar esa ira de una forma impía que deshonre a Dios.

Perder el control de sus reacciones ante las situaciones en las que se encuentra, es lo mismo que decirle a Dios: "Señor, hasta aquí he confiado en ti, pero esto ya es demasiado. A partir de ahora, voy a manejar todo esto a mi manera. Al parecer, tú no tienes respuesta alguna para este problema".

En mi familia nos estamos enfrentando a la cuestión de la ira. Tengo tres hijos varones de nueve, once y trece años. He visto cómo funciona en ellos la dinámica de la ira. Y he orado diciendo: "Señor, no dejes que hereden la ira de mis años pasados". Pero se puede ver esa tendencia a una ira que no es santa.

En cualquiera de nosotros puede existir una tendencia a enojarse con facilidad, ya se trate de niños, adultos o líderes en posiciones ministeriales. Pero eso no hace que sea correcta. Con frecuencia, los arrebatos extremos de ira son consecuencia de los sufrimientos internos. Antes de que una persona actúe en forma descontrolada, tiene que haber existido una fuente continua de irritación. Algo ha estado perturbando o molestando a esa persona, y se ha ido desarrollando cierta irritabilidad. Por último, ha alcanzado un punto en el cual ya no es capaz de responder ante la situación en una forma mesurada y controlada, así que sobreviene un arrebato; la persona "pierde la compostura". Este problema no afecta sólo a los no creyentes; también se presenta en los creyentes.

Oigo hablar con frecuencia de ministros que tienen un temperamento explosivo. Algunas veces, estos hombres de Dios predican el domingo, y después tratan a su esposa y a los empleados de la iglesia de manera abusiva el resto de la semana. Hasta he oído hablar de ministros que han sido acusados de asalto, por golpear a alguien durante una discusión. Esto no debe suceder. Tal vez olvidemos que el apóstol Pablo dijo que el hombre "pendenciero" no reúne los requisitos para servir a la iglesia (1 Timoteo 3:3).

Yo tomo muy en serio la ira. Hace poco, convencí a uno de mis hijos para que buscara ayuda. Fui bondadoso, pero firme, hasta que mi hijo, que no estaba muy de acuerdo, aceptó visitar a un consejero cristiano. Yo fui allí, no sólo para ayudar a mi hijo, sino también para aprender más. Sí, el fuego de la santidad ha descendido sobre mi vida, y permanece conmigo, pero la santidad nunca es aislacionista. Yo dependo de mis hermanos y hermanas como nunca antes. El consejero nos dio algunas orientaciones prácticas para que mi hijo pudiera manejar sus reacciones de enojo. Desde entonces hemos visto un cambio. El problema se halla bajo control. Oramos acerca del problema; después actuamos y conseguimos ayuda. Hay momentos en los cuales tal vez Dios no nos dé una "revelación" sobre la forma de resolver una situación, pero nos hace ver a qué personas podemos acudir en busca de ayuda. Esté abierto a ambas cosas. Dios conoce la forma de ayudarnos.

Si usted arrastra una sensación crónica de frustración, o si se enoja cada vez que recuerda alguna persona o situación concreta, usted necesita sanidad. Esa frustración crónica puede ser un obstáculo para su ministerio y convertirse en un corto circuito para la razón de ser de su vida.

Tal vez se sienta frustrado por su iglesia, o con sus líderes. Quizá sea líder cristiano y se sienta frustrado con sus seguidores. La frustración es algo natural; se presenta en esta vida. La ira también se presenta. La Biblia nos da permiso para enojarnos. Moisés no pecó de ira; su pecado consistió en la desconfianza, la desobediencia y la deshonra para el nombre de Dios que tenían sus raíces en esa ira. La Biblia nos dice que no debemos *pecar* en nuestra ira (Efesios 4:26). No debemos permitir que nuestra ira se manifieste de formas impías.

Un día, un creyente que se daba a sí mismo el título de profeta acudió a mi oficina, poco después de que me nombraran pastor principal de una congregación. Me señaló con el dedo, condenándome, y me dijo: "Tú no eres el pastor de esta iglesia, y nunca lo serás".

Cuando oí sus palabras, una sensación de frío me recorrió la espina dorsal y pensé: *Tal vez hayamos cometido un error.* Pero después me di cuenta de que aquel hombre no amaba demasiado mi ministerio. Por la forma en que hablaba contra mí, tal parecía que prefería verme muerto, a verme pastoreando una iglesia. Cuando se marchó, yo sentía frustración en el corazón, y sabía que aquello era un principio de amargura. Entonces, me arrodillé y dije: "Señor, no me voy a levantar hasta que me quebrantes el corazón".

Sabía muy bien que si dejaba que continuara aquel resentimiento, se convertiría en una raíz de amargura. Me pasó por la mente un pensamiento impío: *Nunca más voy a dejar que entre otro profeta en mi iglesia. Me voy a librar de todas estas cuestiones proféticas.* Tenía aquellos pensamientos, porque una persona había actuado de forma agresiva contra mí.

Pocos minutos después de haberme arrodillado, comencé a llorar y pedirle a Dios misericordia para aquel profeta. Mi corazón había sido cambiado. Sin embargo, a pesar de mis oraciones, el profeta empeoró espiritualmente. Semanas más tarde, comenzó a insultar a algunos de mis líderes con palabras impropias. Las cosas fueron de mal en peor. Así que trazamos una estrategia. Tomamos la decisión de que no le íbamos a entregar aquel hombre a Satanás. Decidimos rodearlo con nuestras oraciones hasta que estuviera espiritualmente seguro. Seis meses más tarde fue restaurado por la aplicación de sabiduría espiritual, la aplicación de alguna corrección y una gran cantidad de paciencia. Un día vino a verme de nuevo, pero esta vez me dijo: "Sé que tú eres el siervo del Señor para esta iglesia". Fue un verdadero milagro ver aquel cambio espiritual.

De la ira momentánea a la pérdida permanente

Yo pienso que la capacidad de Moisés para enojarse formaba parte del carácter que había recibido de Dios. Se enojaba con las cosas que herían la honra divina. Se enojaba cuando la gente desobedecía las leyes de Dios. Pero esta vez, usó su ira de una forma impía. Por haberlo hecho, su ira de un momento se convirtió en una fuerte pérdida. Esto sucedió principalmente por cuatro razones.

1. Moisés hizo mal uso de su autoridad.

La Biblia nos dice que el Señor le dijo a Moisés que tomara la vara de su presencia. Ésta era la vara de Aarón, que había florecido milagrosamente en un encuentro anterior con Dios, y que Él había ordenado que se guardara en el tabernáculo. (Vea Números

17). Esta vara simbolizaba la autoridad y la unción. Dios le había indicado a Moisés que llevara consigo esta vara cuando se pusiera de pie ante el pueblo y le hablara a la roca, tal como Él le había ordenado hacer. Era un momento importante en la vida de Moisés, y él hizo mal uso de la autoridad que Dios le había dado, utilizando la vara de Aarón para golpear la roca.

Nosotros conocíamos a una joven (a quien llamaremos Nancy) que tenía mucho talento y tocaba el teclado en su iglesia. Tocaba para los cultos, para el coro y para todos los números musicales especiales. Era casi una celebridad en su iglesia. Se acercaba su graduación de secundaria, y muchos de los demás jóvenes de su edad en la congregación se estaban preparando para ir al colegio universitario y prepararse para sus carreras.

Nancy habló con su pastor acerca de su deseo de asistir a la escuela bíblica y preparase para el ministerio. El pastor le contestó: "No. No puedes ir. ¿Quién tocaría entonces el teclado aquí?" Aunque el pastor había sido puesto en aquella iglesia para velar por el estado espiritual de la gente que formaba su congregación, hizo mal uso de su autoridad espiritual, buscando su propia comodidad: no quería tener que buscar otra persona que se encargara de la música.

Nancy se quedó en la iglesia y siguió tocando el teclado. Pero a medida que veía que los demás se marchaban rumbo al colegio bíblico y la universidad, iba sintiendo que las palabras que le había dicho el pastor habían frustrado sus planes. Muy pronto, aunque sus manos seguían sobre el teclado, su corazón estaba en el mundo. Terminó casándose con un hombre que no era salvo. La última vez que supimos de ella, iba ya por su segundo matrimonio.

Los líderes de las iglesias debemos tener cuidado de que la autoridad espiritual que Dios nos ha dado no sea usada en aspectos que excedan nuestra jurisdicción espiritual, sobre todo cuando esto envuelve una decisión tomada para nuestra propia comodidad personal. Cuando hacemos mal uso de la autoridad, pasamos de ayudar a la gente a hallar la voluntad de Dios, a dictarle cuál es su voluntad para ellos.

Yo creo que la Iglesia se halla en momentos en los que no debemos "golpear la roca" en el ministerio; sólo debemos "hablarle". No nos tenemos que situar en el "monte Sinaí" con un mensaje de condenación. Debemos situarnos en el "monte Calvario" y predicar un mensaje de esperanza y salvación.

En una ocasión fui a ministrar en una nación de América Central. En el camino del aeropuerto al lugar de reunión, mi anfitrión me dijo: "Pastor, le quiero mencionar que no es bueno usar la palabra 'santidad' en el lugar donde usted va a ministrar". Entonces me explicó que muchas iglesias usaban esa palabra de una forma mordaz y negativa. "Golpean a los jóvenes por la cabeza con esa palabra", me dijo.

Me fui a mi cuarto a orar antes de la reunión, y le pregunté al Señor si Él seguiría conmigo aunque no usara la palabra *santidad*. Necesitaba su permiso para predicar sin usarla. El Señor me había puesto en el corazón un ardiente mensaje acerca de la santidad. Me autorizó.

En lugar de usar la palabra *santidad*, usé las palabras *consagración*, *purificación*, *dedicación al Señor* y otras parecidas. Pero ya en la tercera reunión con aquella gente, me sentí en libertad de usar la palabra *santidad*. El poder de Dios cayó sobre aquella reunión. En ella había más de seis mil adolescentes, y aún iba por el segundo punto del mensaje, cuando centenares de ellos comenzaron a caminar hacia el frente. Al principio, ni siquiera estaba seguro de lo que venían a hacer. Se quedaron de pie ante el altar. Muchos de ellos se arrodillaron al frente, llorando mientras yo terminaba el resto del mensaje. Entonces, le pidieron a Dios que los bautizara con la santidad.

La palabra "santidad" no tiene nada de malo, pero en aquella situación, yo no tenía por qué dedicarme a golpear la roca. Dios había cambiado su unción. Así como le dijo a Moisés: "Háblale a la peña", también me había dado a mí una nueva forma de ministrar en esa circunstancia.

Aunque Dios le dijo a Moisés que le hablara a la roca, Moisés estaba tan enojado con los israelitas y su rebeldía, que golpeó la roca de todas formas. Casi lo puedo oír mientras dice: "¿Quieren agua? Muy bien. Aquí tienen su agua", mientras golpeaba la roca.

Cualquiera sea el papel que Dios lo llame a ocupar dentro del ministerio, asegúrese de escuchar cuidadosamente sus indicaciones, para permanecer dentro de la unción que Él ha puesto en usted. Todos hemos sido llamados a servir al Señor. Pero no haga mal uso de la autoridad que Dios le da, tratando de cumplir su llamado a la manera de usted. Muchos creyentes han sido heridos por alguien que "golpea la roca" en lugar de "hablarle".

Es fácil hacer mal uso de la autoridad. Puedo recordar nuestros primeros meses de casados. En aquella época, yo estaba tratando de resolver la cuestión de la autoridad del esposo en el hogar. Pero no estaba seguro sobre la forma de hacerlo. Le había pedido a Dios una esposa virtuosa, que fuera inteligente, y que me pudiera confrontar cuando yo necesitara su sabiduría. Pero ahora que Dios me había dado alguien así, no estaba seguro de qué debía hacer con ella. Tenía que aprender a no hacer mal uso de mi autoridad como esposo.

Mi abuelo Scataglini, quien era descendiente de italianos, solía decir que su temperamento tenía algo que ver con su sangre italiana. Muchas personas le echan la culpa de su mal genio a su procedencia étnica, sobre todo si está muy lejos del lugar donde viven. Cuando mi abuelo se enojaba, golpeaba la mesa con su pesado puño. Recuerdo haber visto, siendo niño, cómo saltaban los platos y los cubiertos cuando mi abuelo daba puñetazos contra la mesa. Daba miedo. Pero hasta ahí llegaba él con su temperamento. Nunca iba más allá.

No estoy seguro de que mi abuelo haya hecho mal uso de su autoridad golpeando la mesa con el puño. Si Dios no le ha dicho que dé un puñetazo en la mesa, pero usted lo hace de todas formas, podría estar haciendo mal uso de su autoridad. Debemos tener el cuidado de reaccionar en las formas que Dios nos dice que lo hagamos en nuestras relaciones con los demás. Se puede hacer mal uso de la autoridad.

Un tipo de autoridad que podemos usar mal es la que tenemos como padres. Cuando un padre se enfrenta a un adolescente fuera de control que actúa con beligerancia y rebeldía hacia sus padres, es asombroso oír las amenazas que se le pueden ocurrir como reacción. Pero es muy probable que si comenzamos a usar palabras fuertes y a gritar para hacer ver nuestro punto de vista, abusemos de nuestra autoridad como padres. Alzar la voz sirve muy poco para alzar nuestro nivel de autoridad en una situación así.

Un día le pedí a uno de mis pastores asociados que llamara a la casa de una familia que no había estado asistiendo a la iglesia durante varias semanas. Cuando llamó, le dijeron: "No, no hay ningún problema; estamos bien. Todo está bien". Después colgaron el teléfono. Sin embargo, su hijo pequeño había apretado el botón de la bocina del teléfono, y la línea telefónica no se desconectó.

El pastor asociado no podía creer lo que estaba oyendo. Por la línea telefónica llegaban insultos, gritos y maldiciones, procedentes de un hogar supuestamente cristiano. Lo que oyó lo dejó petrificado.

Más tarde me diría: "Me hablaron muy bien. Yo pensaba que todo estaba realmente bien, hasta el momento en que pensaron que habían colgado el teléfono. Entonces comenzaron a volar palabras agresivas de parte a parte".

Amigo, hay una línea que sale de su casa y que está continuamente abierta. El cielo está oyendo todas sus palabras. En el hogar debe haber una autoridad de siervo. En la familia de Dios no hay lugar para los gritos, la furia y las amenazas vanas. Le debemos hablar a la situación, y dejar de golpearla.

Cuando un hombre guía a los demás, pero le duele permanentemente el corazón, no hay paz. Es muy difícil que seamos líderes eficaces si tenemos arrebatos de cólera. Es una ofensa tan seria, que Pablo nos dice: "Y manifiestas son las obras de la carne... pleitos... iras, contiendas... y cosas semejantes a estas; acerca de las cuales os amonesto, como ya os lo he dicho antes, que los que practican tales cosas no heredarán el reino de Dios" (Gálatas 5:19-21).

Yo solía pensar en que, aunque Dios se enojaba seriamente con alguien que cometiera adulterio, un arranque de ira ocasional aquí y allá no significaba nada para Él. Sin embargo, no es ése el caso. Dios quiere que su pueblo manifieste la mansedumbre de Jesucristo. La ira de Moisés lo llevó a la desobediencia, y Dios no le permitió entrar en la Tierra Prometida. No permita que sus arranques de ira impidan que llegue al destino que Dios tiene para su vida.

La frustración es algo corriente entre algunos cristianos. Tal vez se deba a que la gente piensa que por medio de la frustración y la ira puede lograr mayores resultados. Hace años, a un joven que había ido a Argentina en un viaje misionero le preguntaron: "¿Por qué está tan serio. Usted parece enojado todo el tiempo".

Su respuesta fue: "Porque cuando estoy serio y enojado, me parece que aprendo mejor".

Por un tiempo, los gritos y las amenazas parecen funcionar. Cuando funcionan, tal vez desarrollemos la tendencia a seguir con ellos para continuar obteniendo resultados. Sin embargo, nuestra ira y la justicia de Dios no pueden andar juntas:

> Porque la ira del hombre no obra la justicia de Dios.
>
> —Santiago 1:20

En ocasiones, todos hemos sido tentados a usar mal la autoridad que hemos recibido. La Biblia nos enseña que el momento de golpear no es nunca aquél en que estamos enojados. Ése es el momento de hablar con cuidado, según nos dirija Dios. Él le indicó a Moisés que le hablara a la roca; no que la golpeara.

Estamos viviendo en la era de la gracia de Dios. Debemos hablar la palabra del Señor, que es la vara de corrección más fuerte de todas.

2. Moisés ministró movido por su frustración, no por obediencia.

El servicio realizado por Moisés se podría llamar un "servicio lleno de resentimiento". Fue hecho en medio de toda la frustración que tenía acumulada. En lugar de ver la promesa de Dios que decía "Voy a hacer brotar agua de la peña", sólo vio el problema.

Somos nosotros los que decidimos si vemos el problema, o la promesa. O nos centramos en nuestro problema, o nos centramos en sus promesas. No podemos evitar algunos de nuestros problemas, pero si nos centramos en las promesas de Dios para nuestra vida, Él nos va a hablar al corazón para darnos una palabra *rema*. Va a ser una palabra de esperanza, una palabra que nos capacite para abrazar la promesa de Dios y seguir siendo fieles. Cuando nos centramos en las promesas de Dios, aprendemos a confiar más en Él, y no tendremos que perder el control. Si perdemos ese control, es porque hemos perdido la confianza.

3. Moisés perdió la nueva oportunidad al volverse hacia el pasado.

Cuando Jesús visitó Jerusalén, expresó su pesar porque el pueblo de la ciudad no había sabido ver el tiempo de la visitación de Dios para ellos. En el Nuevo Testamento hay por lo menos dos palabras para hablar del tiempo. Una es *jrónos*; la otra es *kairós*. El *jrónos* es el tiempo que medimos por medio del calendario o del reloj. El *kairós* es el "momento de Dios", un momento concreto en el que Dios interviene en nuestra vida.

La oportunidad que se le presentó a Moisés cuando el pueblo reclamaba el agua, era una oportunidad que Dios le estaba dando para que manifestar el carácter divino ante su pueblo. Pero Moisés no comprendió la función de aquel *kairós*; sólo vio la oportunidad como un *jrónos*.

Podemos ver otra oportunidad para decidir entre un *kairós* y un simple *jrónos* en la historia del paralítico que estaba junto a la piscina de Betesda, en el Nuevo Testamento. (Vea Juan 5). La Biblia nos dice que un ángel descendía de vez en cuando para agitar las aguas de la piscina. Cuando eso sucedía, el primero que entraba al agua quedaba sanado. Así que el paralítico estaba allí, junto a la piscina, no esperando el *jrónos*, sino el *kairós*—el momento en que se agitaran las aguas—para poder entrar en el agua y quedar sano.

Puesto que el paralítico no podía saltar por sí mismo al agua, nunca llegaba primero cuando el ángel la agitaba. Cuando Jesús lo vio allí tendido, y supo que no había nadie que lo metiera al agua, le hizo esta pregunta: "¿Quieres ser sano?" Básicamente, le estaba diciendo: "¿Estás esperando sólo un *jrónos*, o estás listo para que se produzca un *kairós* en tu vida?" Entonces, lo sanó Él directamente.

Creo que muchos de nosotros hemos estado esperando un *kairós*, alguna presencia angélica que traiga una bendición a nuestro hogar, que traiga el milagro que estamos esperando, que traiga la fortaleza necesaria para seguir adelante o para traer a nuestros hijos descarriados de vuelta a casa. Aunque hayamos esperado mucho tiempo, hay un *kairós* de Dios en el cual Jesús viene a visitarnos. Si no nos perdemos el momento de Su visitación, Él realizará milagros en medio de nosotros.

En el *kairós* de la vida de Moisés, cuando él debía hablarle a la roca, se volvió selectivo en su obediencia y perdió la oportunidad. Le habló al pueblo e hizo varias de las cosas que el Señor le había indicado que hiciera. No obstante, perdió la oportunidad de hablarle a la roca, y de esa manera honrar a Dios con una nueva clase de milagro (sin mencionar su obediencia). Terminó golpeándola con ira.

Algunas veces, cuando estamos enojados, tendemos a volvernos al pasado. A lo mejor usted va caminando por la vida cristiana, las cosas le van bien, pero entonces descubre que, como ha ido acumulando frustración e ira, tiene tendencia a regresar al estado de cosas anterior. Algunos de nosotros crecemos con mucha lentitud en las cosas de Dios, pero Él sigue dándole forma a nuestro carácter, y ayudándonos a controlar nuestra ira. Si queremos ir con mayor rapidez, necesitamos abandonar la ira para abrazar la mansedumbre.

En esa vía rápida se encuentra el altar del Señor, el lugar donde nos entregamos a él al ciento por ciento. Allí, en ese altar, renovamos nuestra consagración a Dios y a su pueblo. Allí es donde decimos: "Ya no voy a tener más arrebatos de cólera".

No seremos capaces de cumplir esa promesa con nuestras propias fuerzas; necesitamos que el poder de Dios descienda sobre nosotros. Ese poder desciende cuando Él sabe que lo vamos a usar de la forma correcta. Entonces envía sobre nosotros su bautismo de fuego y santidad. Nos da la fortaleza que necesitamos para el camino.

Moisés no usó la unción y el poder de Dios de la forma debida. Recurrió a la forma antigua de resolver las cosas: el uso de la ira. Sin embargo, este mismo hombre se había convertido en un hombre pacífico. Usted se puede parecer a Moisés, y sin embargo, seguir albergando dentro un carácter violento. No obstante, creo que será transformado. El fuego de Dios nos cambia el carácter. Si usted ha generado división o luchas en sus experiencias en la vida, yo creo que Dios le va a dar gracia para convertirse en embajador de la paz. Usted se podría convertir en un *fabricante de redes*; una persona que une a la gente, en lugar de separarla.

Jesús les dijo a los fariseos: "¿Por qué también vosotros quebrantáis el mandamiento de Dios por vuestra tradición?... Hipócritas..." (Mateo 15:3, 7). La gente tiende a regresar a sus tradiciones, haciendo las cosas como las hacía antes. Uno de los problemas que impiden que algunos negocios se desarrollen y crezcan es la mentalidad de los que dicen: "Siempre se ha hecho así. No queremos cambiar". El avivamiento del pasado se puede convertir en nuestra rebelión del presente.

4. Moisés hizo una mala representación de Dios ante el pueblo.

El Señor se había mostrado como santo frente al pueblo. Siempre había sido fiel. Estaba comprometido con Israel. Estaba demostrando que era fiel y justo. Que aunque nosotros seamos infieles, Él permanece fiel.

Pero Moisés no actuó así. La Biblia dice que no confió en Dios lo suficiente. No lo honró. Su conducta trajo descrédito a la integridad de Dios en medio de su pueblo. No siga este ejemplo de Moisés. ¿Es usted una persona sumamente frustrada, con un temperamento agresivo? ¿Son las respuestas que usted da a las personas, tan hirientes que cortan el alma a aquéllos a quienes habla? Si es así, es muy probable que esté desacreditando a Dios frente a su pueblo. Al actuar movido por la ira y la frustración, está representando indebidamente a Jesús ante los paganos.

Conozco un hombre de Dios que comenzó muchas iglesias y predicó en muchas naciones. Tenía pasión por alcanzar a las almas y un celo contagioso por la pureza. Sin embargo, este hombre también tenía la tendencia de enojarse seriamente con los pastores a los que estaba adiestrando en el ministerio. Los trataba como niños descarriados, y muchas veces los reprendía en público. Finalmente, estos pastores decidieron apartarse de la autoridad de este hombre, y se fueron en busca de una nueva cobertura espiritual. Él terminó perdiendo su ministerio como consecuencia de su actitud beligerante. La frustración surge de la confianza incompleta. Nos frustramos cuando decimos: "No creo que Dios pueda cambiar a estos pastores que yo he preparado. No creo que Dios tenga poder suficiente para superar las debilidades de ellos. No tengo esperanza alguna con esta gente". Esto puede suceder en los negocios, en la familia, en una célula e incluso en su matrimonio. La falta de confianza desata la ira.

Si es éste su problema, confiésele al Señor su ira y su frustración, y arrepiéntase. Tal vez le haya estado haciendo frente a su ira durante mucho tiempo. Quizás hasta tenga ganas de decir: "La he confesado y me he arrepentido un centenar de veces. Sencillamente, eso no funciona conmigo". Entonces, arrepiéntase por la centésimo primera vez, pero ahora reciba el bautismo de santidad.

La forma correcta de reaccionar

Hubo un tiempo en que Moisés reaccionaba de otra forma cuando se enfrentaba a las riñas y quejas del pueblo de Israel. Vemos un gran contraste entre su reacción en Números 20 y su reacción anterior en Éxodo 17:

> Y altercó el pueblo con Moisés, y dijeron: Danos agua para que bebamos. Y Moisés les dijo: ¿Por qué altercáis conmigo? ¿Por qué tentáis a Jehová?
>
> Así que el pueblo tuvo allí sed, y murmuró contra Moisés, y dijo: ¿Por qué nos hiciste subir de Egipto para matarnos de sed a nosotros, a nuestros hijos y a nuestros ganados?
>
> Entonces clamó Moisés a Jehová, diciendo: ¿Qué haré con este pueblo? De aquí a un poco me apedrearán. Y Jehová dijo a Moisés: Pasa delante del pueblo, y toma contigo de los ancianos de Israel; y toma también en tu mano tu vara con que golpeaste el río, y ve. He aquí que yo estaré delante de ti allí sobre la peña en Horeb; y golpearás la peña, y saldrán de ella aguas, y beberá el pueblo.
>
> Y Moisés lo hizo así en presencia de los ancianos de Israel. Y llamó el nombre de aquel lugar Masah y Meriba, por la rencilla de los hijos de Israel, y porque tentaron a Jehová, diciendo: ¿Está, pues, Jehová entre nosotros, o no?
>
> —Éxodo 17:2-7

En este primer incidente en que el pueblo de Israel necesitó agua y se quejó, el pueblo desconfió del Señor, pero Moisés no. Para él, aquello no era problema. Pero se convertiría en problema para Moisés cuando sucediera de nuevo en Números 20. Moisés había comenzado a albergar la ira y la frustración producidas por la presión constante; las quejas y lamentaciones del pueblo que acaudillaba. Su ánimo estaba a punto de sufrir un colapso.

¿Se halla usted también a punto de un colapso similar? ¿Hay alguna situación que aparece una y otra vez en su vida, y ha creado en usted tanta ira y frustración, que no sabe cómo manejarlas? ¿Ha comenzado a tomar las cosas personalmente?

Dos de mis hijos tuvieron una pelea hace poco. Aunque el nuestro es un hogar cristiano, en ocasiones se presentan conflictos. Ellos son muy jóvenes, y estamos adiestrándolos en los caminos del Señor. Estaban compitiendo airadamente sobre una cuestión de poca importancia. Yo comencé a corregir al mayor, que tenía doce años. Noté que estaba tan enojado, que no se podía dominar. Yo no me sentí asustado ante su carne, sino ante mi carnalidad.

En aquel momento, se trataba de una lucha entre padre e hijo por el poder. Sentí que el Espíritu me frenaba, como si me estuviera preguntando: "¿Papá, qué estás haciendo? ¿Por qué te estás metiendo en esto de una manera tan personal?"

De inmediato me serené y le dije: "Hijo, no voy a pelear contigo. Me desilusiona ver la forma en que estás haciendo las cosas en estos momentos". De hecho, me retiré. Pronto vi el buen efecto que tuvo mi retirada en mi hijo. Su ira comenzó a disminuir.

Pocos minutos más tarde vino a mi cuarto para pedirme perdón. Entonces, fue donde estaba su hermano menor y le pidió perdón a él. Hasta nos hizo té a sus dos hermanos y a mí, y los cuatro tuvimos una reunión de reconciliación. Quisiera poder decirle que cada vez que surge una situación tensa, manejo las cosas de la misma forma. Lamentablemente, eso no es cierto. Pero me deleito en recordar los momentos en que me domino y soy capaz de convertir una batalla en potencia, en una oportunidad para sentar un ejemplo ante mis hijos.

Moisés nos dejó en Éxodo 17 un buen ejemplo sobre la forma de enfrentarse a las quejas. No se tomó las cosas personalmente. Le dijo al pueblo: "¿Por qué tentáis *a Jehová*?" (Éxodo 17:2, cursiva del autor). No se enojó amargamente contra el pueblo. Le pidió a Dios instrucciones concretas sobre la forma de tratarlo, y después siguió esas indicaciones, una por una.

Cuando comience a orar acerca de las cosas que lo están frustrando, el Espíritu Santo le pondrá ciertas indicaciones en el corazón. Le va a hablar con claridad. Ésta es una de las realidades del cristianismo: Dios nos puede hablar, y nosotros podemos oír su voz. Va a haber un tiempo de instrucción por parte de Dios. El Espíritu Santo nos habla con amor y nos muestra el camino a seguir. Necesitamos seguir el ejemplo de Moisés en Éxodo 17, y no su ejemplo en Números 20. Si le respondemos al Señor y seguimos una por una sus instrucciones... si tenemos el cuidado de seguir todo lo que Dios ya nos ha hablado al corazón... veremos una grandiosa liberación en nuestra vida. Veremos resultados poderosos.

Si usted siente en su corazón esa maravillosa sensación de convicción que procede del Espíritu Santo, no la evite; recíbala. Es parte de la misericordia de Dios hacia nuestra vida. Dios ve el resentimiento que tenemos en el corazón. Si la mención del nombre de una cierta persona, o el recuerdo de una situación penosa, le produce dolor, entonces usted necesita sanidad en su corazón.

Una oración de arrepentimiento

Señor, te doy gracias por las advertencias que hay en tu Palabra. Por todo el tiempo que quieras, por todo el tiempo que me indiques, voy a soportar la situación frustrante que hay en mi vida. No me voy a convertir en una persona violenta. Quiero ser siervo tuyo. Quiero ser una persona mansa. Quiero cambiar con tu ayuda.

Espíritu Santo, te invito a hablarme e instruirme sobre la forma en que debo reaccionar ante esta situación. Señor, saca la frustración residual de mi corazón. Ayúdame a no tomar este problema personalmente. Te pido que me ayudes a cambiar mi manera de reaccionar ante las frustraciones. En el nombre de Jesús, amén.

5

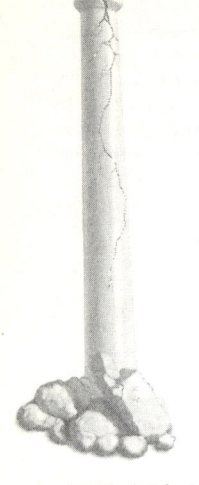

La transgresión de Elías: La desilusión

Habían *invitado* a Dereck para que fuera el orador en una conferencia cristiana. El organizador de la conferencia, que lo había oído hablar en otro lugar, había declarado en público que lo había invitado para que fuera el orador de la conferencia, porque el Espíritu Santo le había dicho que lo hiciera. Dereck aceptó la invitación y se preparó alegremente para la conferencia con oración y ayuno.

Sin embargo, antes de que tuviera lugar la conferencia, Dereck y el organizador tuvieron una conversación que puso a éste en su contra. A causa de esa tensión, el organizador comenzó a hacer pequeñas cosas cuyo fin era socavar la credibilidad de Dereck como conferenciante. Habló con el pastor de la conferencia para expresarle su preocupación por las diferencias doctrinales que Dereck podría tener con su iglesia. También comenzó a decirles chismes a los ancianos de la congregación, escondiendo su maledicencia bajo un tono espiritual, y con el fin de regar suspicacias acerca de las diferencias doctrinales que pudieran existir.

Cuando por fin llegó el momento de la conferencia, Dereck, que había sabido lo que estaba pasando, no estaba seguro de si debía presentarse en las reuniones. No obstante, fue y el Espíritu Santo se manifestó de una forma poderosa. Hubo docenas de personas tocadas y transformadas por la verdad que enseñó y por el ministerio del Espíritu Santo. Después de la conferencia, varias personas hablaron con él para decirle cuánta razón tenía en su mensaje. Hasta le escribieron cartas para darle las gracias por su ministerio.

A pesar de todo aquello, Dereck no podía dejar de preguntarse qué estarían pensando el pastor, los ancianos y los demás líderes acerca de él, a causa de los chismes esparcidos por el organizador de la conferencia. Decidió que nunca iba a volver a ministrar en aquel lugar. Su ministerio en aquella conferencia habría debido ser el comienzo de un gigantesco cambio y tiempo de victoria por lo que Dios acababa de hacer por medio de su vida y ministerio. Pero lo habían opacado sus propias dudas y su vergüenza, causadas por sus problemas con el organizador.

El síndrome post-avivamiento

Fácilmente se le podría dar a esta transgresión el nombre de "La transgresión favorita de los siervos escogidos del Señor". Les sucede a muchos, y lo exhorto a aprender con gran cuidado las lecciones que veremos en este ejemplo tomado de la vida de Elías.

Esta transgresión tuvo lugar en la vida de Elías, inmediatamente después de su gloriosa victoria en el monte Carmelo, donde había hecho descender fuego del cielo hasta el altar de Dios, humillando a los profetas de Baal, quienes no pudieron hacer que les respondiera su dios pagano. Como consecuencia de su sobrenatural victoria, Elías había ordenado matar a más de cuatrocientos cincuenta profetas de Baal. (Vea 1 Reyes 18). Ciertamente había llegado a un punto cimero dentro de su ministerio. Había sido una experiencia de avivamiento.

Pero las cimas del avivamiento suelen ser seguidas por hondos valles. Apenas Elías había logrado su victoria en el monte Carmelo, lo encontramos huyendo a Horeb para salvar la vida.

> Acab dio a Jezabel la nueva de todo lo que Elías había hecho, y de cómo había matado a espada a todos los profetas. Entonces envió Jezabel a Elías un mensajero, diciendo: Así me hagan los dioses, y aun me añadan, si mañana a estas horas yo no he puesto tu persona como la de uno de ellos.
>
> —1 Reyes 19:1-2

Jezabel, la malvada esposa del rey Acab, había amenazado a Elías con quitarle la vida por haber tenido esta victoria contra sus profetas idólatras. Juró que al día siguiente Elías estaría muerto. Aunque el profeta acababa de salir de lo que nosotros habríamos llamado un "avivamiento", entró en un síndrome post-avivamiento al recibir las amenazas de la reina Jezabel.

Este pecado puede llevar la derrota a la vida de los siervos de Dios, incluso después de haber estado en avivamiento. Elías se había enfrentado a toda una nación de paganos y había logrado una gran victoria. Cuando demostró que el altar pagano de Baal era impotente y no respondía, aunque cuatrocientos cincuenta profetas habían estado vociferando y diciendo insensateces durante medio día, Elías había hecho caer el fuego del cielo sobre el altar del Dios viviente en cuestión de minutos. La Biblia nos dice que los que habían estado observando habían caído postrados ante Dios al ver lo sucedido. Habían comenzado a clamar a gritos: "¡Jehová es el Dios, Jehová es el Dios!" (18:39). Toda la nación había cambiado de religión en cuestión de media hora. Israel se arrepintió del culto idolátrico a Baal y volvió a la adoración del Dios verdadero en una sola tarde. Había sido una gloriosa victoria, pero se acercaba una sutil derrota.

Una transgresión tanto para fuertes como para débiles

Elías era un hombre de Dios fuerte. Resolvió su disputa teológica religiosa matando a todos los profetas de Baal. No recomiendo que se use ese método hoy. En la era del Nuevo Testamento, hay otras formas de aplicar el mensaje, pero en los tiempos del Antiguo Testamento, ésas eran las órdenes de Dios. Elías, moviéndose en el poder del Dios omnipotente, deshizo la maldición religiosa que había en Israel.

Sin embargo, después de derrotar al paganismo, cayó en una profunda depresión. La desilusión puede afectar al hombre o mujer de Dios fuerte, tanto como a la persona débil. Es algo que tiene el poder de empequeñecer ante nuestros ojos todo lo que hayamos hecho en el pasado. No importa la cantidad de éxitos espirituales que haya tenido, porque la desilusión hace que vea la vida a través de un cristal sombrío, negativo, oscuro. Cuando logra infiltrarse, no importa lo que usted o su iglesia estén haciendo, porque se va a sentir triste, y se va a considerar derrotado. La desilusión nos hace sentir como si no tuviéramos razón alguna para seguir adelante.

Esto es lo que le sucedió a Elías. El poderoso profeta guerrero de Dios, que ha derrotado a cuatrocientos cincuenta profetas de Baal en el monte Carmelo, recibe ahora las amenazas de una mujer poderosa, y se asusta tanto como para salir corriendo para salvar la vida.

"Todo lo que quiero es morirme"

Cuando Elías huyó de las amenazas de la reina Jezabel, se dirigió al sur, al desierto cercano a Beerseba. Cuando llegó a Beerseba, que se hallaba en Judá, dejó allí a su criado pero él "se fue por el desierto un día de camino" (19:4). Llegó hasta un enebro, se sentó debajo de él y oró para pedir la muerte. "Dijo: Basta ya, oh Jehová" (v. 4). Tal vez usted haya pensado lo mismo en algún momento. Tal vez esté diciendo como Elías: "Basta ya; no soporto más. Se me acabaron las fuerzas. No estoy listo para enfrentar el futuro. Me voy a retirar de todo esto de una forma callada, humilde y muy evangélica". Tal vez no esté haciendo escándalo ni gritando. Tal vez no tenga ya fuerzas para gritar, pero siente que ha llegado al final de su entusiasmo, su fe y su valor.

Aquel hombre de Dios había matado a los profetas de Baal. Cuando oró a su Dios, descendió el fuego y consumió el altar. Entonces, después de una sequía proclamada por él que duró tres años, oró y llegó la lluvia. Por medio del poderoso ministerio de Elías, regresó a Israel la bendición del Señor, pero Elías perdió de vista todo lo que Dios había realizado en su vida y a través de ella, y se quiso morir. Hasta pareció tener tendencias suicidas.

En muchas ciudades donde vamos, hallamos cristianos que piensan en morirse. Tal vez esta misma mañana, o anoche antes de dormirse, usted quiso estar muerto. Posiblemente tuviera la esperanza de que habría una forma honorable de morir con rapidez y salirse de su vida. El Espíritu Santo puede transformar esta forma negativa de pensar. Jesús vino para que tuviéramos vida en abundancia. El espíritu de muerte y de suicidio no viene de Dios.

Algún día terminará nuestra vida en la tierra, pero sólo Dios conoce el día y la hora. No somos nosotros quienes escogemos el momento. Dios nunca nos da el derecho a quitarnos la vida, porque le pertenece a Él.

Jesús no vino a nuestra vida para hacernos pensar en terminar con ella. Lo que Él dijo fue: "yo he venido para que [ustedes] tengan vida, y para que *la tengan en abundancia*" (Juan 10:10, cursiva del autor). Si en estos momentos está usted experimentando pensamientos de desesperanza hasta el punto de pensar en el suicidio, o alguna vez le ha sucedido, tengo una buena noticia para usted. Jesucristo lo va a liberar de esos pensamientos.

Una cultura de muerte

Alguien definió nuestra cultura presente, no como una cultura de espectáculos o de tecnología, sino como una cultura de muerte. Es una cultura llena de música rock, películas, videos y libros en los que se glorifican el suicidio y la muerte. Esto no es plan de Dios, sino la naturaleza misma del infierno.

En una ocasión estábamos en Alemania y una madre preocupada me trajo un CD que había estado escuchando su hijo. Ella no hablaba ni comprendía inglés, así que no sabía qué decía el CD. Pero me dijo que su hijo había estado pasando por muchos problemas emocionales y de conducta. Cuando leí la letra de aquella música, no fue misterio alguno para mí saber por qué tenía problemas. Una de las canciones que había en aquella grabación llegaba a decir: "Tienes que decidir si vas a vivir, o te vas a suicidar".

Cuando leí aquello, descendió sobre mí la ira de Dios. ¿Qué clase de mente demoníaca pudo haber hecho una canción como aquella para adolescentes? ¿Por qué se tienen que preocupar los adolescentes sobre tomar una decisión así? La mente de nuestros adolescentes debe estar llena de decisiones acerca de los deportes en los que van a participar, el instrumento que van a tocar en la orquesta de la escuela y por cuál puesto de comida rápida pasar con el auto de camino al estadio; no acerca de si se deben suicidar o no. Su mente debe estar llena de decisiones acerca de la carrera que van a estudiar y de cómo pueden ayudar más en la iglesia, o llevar a Cristo a un amigo. Ésa es la voluntad de Dios para nuestros hijos.

Como sucedía en tiempos de Elías, hoy hay un fuerte espíritu satánico que oprime a la gente llevándola a desear la muerte. Por el contrario, nuestro deseo debería ser trabajar fuertemente por el Reino de Dios mientras estamos aquí en esta tierra.

Cuando Elías dejó a su criado en Beerseba y viajó solo hacia el desierto sin provisiones, al parecer no tenía planes de regresar.

> Y él se fue por el desierto un día de camino, y vino y se sentó debajo de un enebro; y deseando morirse, dijo: Basta ya, oh Jehová, quítame la vida, pues no soy yo mejor que mis padres. Echándose debajo del enebro, se quedó dormido; y he aquí luego un ángel le tocó, y le dijo: Levántate, come. Entonces él miró, y he aquí a su cabecera una torta cocida sobre las ascuas, y una vasija de agua; y comió y bebió, y volvió a dormirse.
>
> — 1 REYES 19:4-6

¡Qué bondadosa es la misericordia de Dios! Hasta le hace llegar comida rápida al profeta. Elías comió y bebió, y después se acostó de nuevo, porque estaba agotado. La depresión y la desesperanza pueden agotarlo a uno. Nuestras actividades y exigencias diarias ponen una increíble tensión física sobre nuestra vida. Hoy en día son muchas las personas que saben lo que es estar agotado. Tanto si

La desilusión

es por causa de los negocios, de Jesús o de la familia, hay muchas personas para las cuales el agotamiento y el letargo son una forma de vida.

Cuando nos trasladamos a los Estados Unidos, para mí se convirtieron realmente en una tierra de oportunidades. Durante mis primeros días en este país, se me presentaron tantas oportunidades de ministrar, que me di cuenta de que me podía agotar en ella con más rapidez que en ningún otro lugar del mundo.

Hoy en día, en todo el mundo, con los fenómenos de la Internet y la red mundial, aun después de trabajar once horas, uno se puede pasar otro par de horas respondiendo sus mensajes del correo electrónico. En tiempos de Elías, al menos uno se podía quedar profundamente dormido al caer el sol, pero hoy la electricidad nos ha alargado el día. Nuestra vida parece estar cada vez más ocupada. Como Elías, nos agotamos tanto, que nos quedamos dormidos. Toda esta clase de agotamiento es especialmente frecuente entre los ministros de hoy.

Elías había estado sirviendo a Dios de todo corazón, pero estaba exhausto. Cuando el ángel le llevó alimento y agua para refrescarlo, comió y bebió, y se volvió a acostar.

> Y volviendo el ángel de Jehová la segunda vez, lo tocó, diciendo: Levántate y come, porque largo camino te resta. Se levantó, pues, y comió y bebió; y fortalecido con aquella comida caminó cuarenta días y cuarenta noches hasta Horeb, el monte de Dios. Y allí se metió en una cueva, donde pasó la noche. Y vino a él palabra de Jehová, el cual le dijo: ¿Qué haces aquí, Elías?
>
> —1 Reyes 19:7-9

Elías le contestó al Señor. De hecho, le contestó de la misma forma por lo menos dos veces.

> El respondió: He sentido un vivo celo por Jehová Dios de los ejércitos; porque los hijos de Israel han dejado tu pacto, han derribado tus altares, y han matado a espada a tus profetas; y sólo yo he quedado, y me buscan para quitarme la vida.
>
> —Versículo 10 (vea el versículo 14)

Me parece que Elías debe haber estado oyendo las noticias en el canal que no debía. Todo lo que le dijo al Señor ambas veces era negativo. Sólo se había quedado con las malas noticias, y ni siquiera mencionó las buenas.

Como respuesta, el Señor le dijo: "Sal fuera, y ponte en el monte delante de Jehová", porque Él estaba a punto de pasar. Mientras estaba allí, sintió un fuerte viento, un terremoto y un fuego, pero Dios no estaba en ninguna de aquellas poderosas manifestaciones, sino que llegó en un silbo apacible y delicado.

No estaba listo para el fuego

Al principio de mi ministerio de llevar el fuego de Dios a las naciones, estaba ansioso de orar por todo el mundo. Oraba y oraba, imponiéndoles manos literalmente a miles de personas. Sin embargo, en unas cuantas ocasiones, sentía que me quitaban la mano de encima de alguien por quien tenía la intención de orar. Era como si el Señor no me permitiera orar por ciertas personas. Me sentía preocupado. Volvía al cuarto del hotel y decía: "¿Señor, qué sucedió? ¿Por qué no pude orar por esa persona hoy?"

El Señor me llevó a comprender que hay personas que no están listas para el fuego. Si descendía sobre ellas, lo perderían con rapidez, o tal vez las destruyera, porque tenían el corazón lleno de desilusión, amargura y resentimiento. Esas personas querían más poder, pero no habían cambiado la composición básica de su corazón.

Una vez entendido esto, cuando el Señor parece estar deteniendo mi espíritu a fin de que no ore para que Su fuego caiga sobre ciertas personas, en lugar de hacerlo, oro primero para que les sea aplicado al alma el bálsamo de Galaad. Le pido al Señor que descienda sobre ellas con la unción, con su aceite sanador para curar el corazón y las heridas de esas personas. Sé que una vez que el Señor las haya sanado, recibirán su fuego y lo conservarán.

Recuerde la forma en que Dios le ministró a Elías en aquella hora de gran necesidad para él. En lugar de hablar a través del viento, del terremoto o del fuego, llegó a él como una suave brisa. Si usted está luchando con la desilusión, y ha quedado encerrado en una actitud melancólica y negativa, deje que la suave brisa de Dios le envuelva el alma. Si sufre de depresión crónica, permita que el silbo apacible de la Palabra de Dios llegue hasta usted para sanarlo.

Cuando Elías oyó el silbo apacible de Dios, se cubrió el rostro con el manto, salió de la oscuridad de su cueva y se puso de pie a la entrada. Entonces oyó de nuevo aquel silbo apacible, que le preguntaba: "¿Qué haces aquí, Elías?" En ese momento, respondió tal como lo había hecho antes:

LA DESILUSIÓN

> El respondió: He sentido un vivo celo por Jehová Dios de los ejércitos; porque los hijos de Israel han dejado tu pacto, han derribado tus altares, y han matado a espada a tus profetas; y sólo yo he quedado, y me buscan para quitarme la vida.
>
> —1 REYES 19:14

Aunque Dios había estado ministrando milagrosamente a Elías en sus necesidades más íntimas, el profeta no había entendido a su Dios. Pensaba que tenía que seguir preocupándose, que tenía que seguir triste, porque todo iba mal. Se consideraba con derecho a estar deprimido y desilusionado. Pero esta vez Dios tenía nuevas órdenes para él:

> Y le dijo Jehová: Ve, vuélvete por tu camino, por el desierto de Damasco; y llegarás, y ungirás a Hazael por rey de Siria.
>
> —1 REYES 19:15

Elías se hallaba a punto de ver que lo mejor aún estaba por venir. Básicamente, el Señor le estaba diciendo: "Tú has comenzado una revolución religiosa en tu nación. Ahora te estoy enviando para que termines tu trabajo, pero con un cambio político". Ésa es la obra del avivamiento. Un avivamiento no está completo mientras no afectemos a las leyes y los líderes del gobierno de la nación.

El avivamiento en el ámbito político

Juan Wesley, el fundador del movimiento de avivamiento llamado metodismo, comenzó a predicarles a los mineros en la Inglaterra del siglo XVIII. La historia nos dice que los mineros acudían para oírle hablar con el rostro aún negro por el polvo de carbón. Pero a medida que su predicación iba trayendo convicción a sus corazones, las lágrimas corrían por el rostro, dejando surcos blancos. Pero Wesley no detuvo allí su trabajo. Su predicación y enseñanza terminaron logrando entrada en el parlamento inglés. Las leyes comenzaron a cambiar. Su influencia fue precursora de la liberación de los esclavos. Ésa es la influencia de la predicación de avivamiento.

Dios quiere terminar la obra que comenzó en nuestra vida. Su obra en nosotros produce más que un simple cambio religioso en nuestro corazón; más que una bendición de domingo. Su obra afecta a todos los aspectos de nuestra vida. El poder de Dios, su gozo y su santidad nos tienen que afectar desde el lunes hasta el domingo.

Dios estaba a punto de terminar la obra que había comenzado en la vida de Elías. Tal vez él pensara que todo había terminado. Es posible que se sintiera tan desilusionado, que quisiera renunciar a todo. A lo mejor hasta se quería morir, pero el Señor le estaba diciendo: "Tengo más trabajo para ti. No va a depender de tus fuerzas. Yo ya he calculado todo lo que necesitas. Es hora de que unjas a tu sucesor; es hora de adiestrar a alguien para que esté junto a ti".

Es importante que recordemos que la obra de Dios se va a realizar, con nosotros o sin nosotros. Si entramos a la cueva de la desilusión y la desesperanza, y nos negamos a salir de ella cuando Dios interviene en nuestra vida, Él puede reemplazarnos más pronto de lo que nos imaginamos, a causa de nuestra obstinada desilusión. Recuerdo haber oído a mi padre predicar este mensaje cuando yo sólo era un niño. Desde entonces, he mantenido la mente centrada en el hecho de que no me puedo desanimar o desilusionar demasiado. No quiero que Dios me quite del ministerio para poner a otro en mi lugar. Quiero continuar lo que el Señor me llamó a hacer, hasta que Él haya terminado conmigo.

Si Elías se hubiera resistido a salir de la cueva para escuchar la voz de Dios, habría podido perder su unción. Pero como respondió cuando Dios le susurró delicadamente, Dios le permitió ungir a otro que lo ayudara con su trabajo. Este ayudante terminaría heredando su ministerio, y recibiría una doble porción de su unción.

Las características de la desilusión

¿Puede reconocer el comienzo de la desilusión y la desesperanza? ¿Puede separar las frustraciones y los desafíos diarios de su vida de la devastadora parálisis de la desilusión? Hay siete características que se pueden encontrar en las personas que han cruzado el umbral de la desilusión. Estos puntos le van a ayudar a identificar si es usted una de ellas.

1. La persona desilusionada teme.

Elías no tenía razón alguna para pensar siquiera en la muerte. Al fin y al cabo, era un hombre que nunca tendría ni siquiera un funeral, porque sería arrebatado al cielo por un carro de fuego. Sin embargo, debido a su desilusión, estaba huyendo para salvar la vida.

Hace algunos años, por puro agotamiento, pasé por un grave

problema físico. Un médico de mi congregación me recetó exactamente la terapia que yo tenía miedo que me recetara: un alejamiento de siete días de mi ministerio, unido a un descanso total. Mi esposa, mis hijos y yo nos fuimos a una granja a descansar. Durante aquellos días, un pastor que es un buen amigo, me telefoneó y me preguntó: "¿Tienes miedo?"

Aunque él no tenía forma de saberlo, en aquellos momentos me sentía acorralado por numerosos temores, así que le respondí afirmativamente.

"Quiero que sepas que Satanás te está atacando en el mismo aspecto en el que Dios dispuso que fueras más fuerte", me respondió. En otras palabras, me estaba diciendo que tendría una fortaleza y una resistencia increíbles en el futuro, y que Satanás había venido a intimidarme en ese aspecto. Aquella frase me ayudó a sanar como ningún otro remedio lo habría podido hacer.

Elías fue atacado en el aspecto en el que Dios le iba a dar el don de su unción especial. Uno de los dones que Dios tenía destinados para Elías era el hecho de que no iba a morir. No tendría funeral, sino que iba a ser arrebatado al cielo. Así que Satanás lo intimidó con la amenaza de hacer que lo mataran.

Muchos de los temores que tenemos son totalmente infundados. No tienen base alguna. Satanás es partidario del aborto: trata de apartar de nosotros los dones que Dios nos quiere dar.

La Agencia de Protección del Ambiente, que actúa para limitar la cantidad de toxinas lanzadas al aire, publicó hace poco un artículo en el que se afirma que algunas personas tienen dentro de su hogar o del edificio de su oficina, más contaminación que la que hay fuera. Algunos de los contaminantes que se suelen hallar en los hogares y las oficinas son carcinógenos (lo que significa que pueden producir cáncer). Otros pueden agravar problemas médicos preexistentes, como el asma o las enfermedades del corazón[1].

En realidad, el problema de la contaminación interior ha empeorado en años recientes, debido a los esfuerzos por hacer que las casas y las oficinas sean más eficientes en el uso de la energía. Esto se debe en parte a que ahora hemos aprendido a aislar los edificios de una forma tan completa, que no reciben aire fresco del exterior. Esto sería bueno, si el aire capturado dentro fuera tan puro como el del montaña, pero no suele serlo. Suele ser viciado y cada vez más tóxico. Yo soy una de esas personas a las que les gusta dormir con las ventanas abiertas. Prefiero correr el riesgo con el aire de fuera. A mi esposa le gusta cerrar las ventanas. Nos refinamos mutuamente.

Hay estudios que indican que la población en general está expuesta a niveles excepcionalmente altos de sustancias carcinógenas en los hogares. Hay agencias que enseñan acerca de estas sustancias y qué hacer con respecto a ellas. Yo no soy una autoridad en contaminación del aire, pero cuando leí el artículo de la Agencia de Protección del Ambiente, pensé: *Esto se parece a la Iglesia. Algunos de los contaminantes que tenemos en el corazón, en nuestros pensamientos e imaginación—todos dentro de las cuatro paredes de nuestras iglesias-, parecen estar causándonos más problemas que toda la perversidad del mundo exterior.*

Cuando Jezabel le mandó a decir a Elías: "Te voy a matar", él no manifestó los síntomas de una "contaminación exterior", sino los de una "contaminación interior". El problema estaba en su propia *desilusión interior,* formada por sus pensamientos erróneos. Aunque Dios ya había dispuesto que él no iba a morir, esta contaminación interna amenazaba con destruir su alma y acabar con su vida. Necesitaba ser liberado de la contaminación que le producía el miedo. Necesitaba respirar aire fresco; el aire del espíritu y la unción de Dios.

Como hizo con Elías, el Señor nos está llamando también a nosotros a purificar nuestro corazón y nuestra mente, para que quedemos libres del temor.

2. La persona desilusionada decide cuándo ya no soporta más.

No fue Dios quien le dijo a Elías: "Ya has soportado bastante. Te voy a dar un descanso. Te voy a llevar ahora mismo al cielo". Fue Elías mismo quien tomó esa decisión, y le dijo a Dios que había llegado a su límite. Así es como opera la desilusión: fija límites falsos. Hace que le digamos a Dios cuándo vamos a dejar de ministrar y de servirle. Impide que le preguntemos a Dios si debemos seguir adelante, y que busquemos en Él su poder para continuar.

Mientras viajaba por Asia, leí un artículo sobre la gente de Hong Kong, en el que se informaba que la costumbre de apretar las mandíbulas y rechinar los dientes va en aumento en ese territorio. El tenso estilo de vida que es corriente entre los habitantes de Hong Kong se ha cobrado un alto precio en su salud dental. Los que rechinan los dientes, ni siquiera lo saben, porque muchas veces lo hacen cuando están dormidos.

Hay personas que sufren estrés y se hallan tan tensas y llenas de ansiedad que no pueden descansar, ni siquiera de noche. Aunque *duerman* ocho horas cada noche, su sueño es tan inquieto, que se levantan por la mañana tan cansados como cuando se fueron a la cama. El estrés es un factor que está afectando a casi toda la población de los Estados Unidos y del mundo entero. Algunas veces nos cansamos tanto de nuestra vida llena de estrés, que le decimos al Señor: "Ya basta".

Piense en esto: Tal vez usted ya ha tenido suficiente estrés, pero no ha servido a Dios lo suficiente. Él tiene una agenda para cada uno de nosotros. Dios tiene un plan para mí, y tiene otro para usted. Tiene un glorioso calendario para que nosotros lo sigamos. Pero creamos un problema cuando decidimos dejar de seguirlo. Esto nunca es voluntad de Dios. Usted no es el dueño de su vida; por tanto, no le puede decir a Dios cuándo ha terminado.

Le pido a Dios que su fuego descienda sobre su vida, y que usted pueda decir: "Señor, nunca voy a parar. Sé que tal vez llore, tal vez sea débil, pero con la fortaleza de Jesús en mi vida, nunca voy a parar".

3. La persona desilusionada proclama que no ha habido progreso alguno.

Los que viven desilusionados dicen enseguida que no hay avivamiento en su iglesia, y que no se siente la presencia del Señor en esta o aquella reunión. Parecen ansiosos por acabar con todo, cuando Dios aún no ha acabado con ellos.

Recuerdo un pastor que vino a mi iglesia de La Plata cuando estábamos pastoreando allí. Había oído hablar de que el Señor nos había visitado, y de las señales y prodigios y el poder de convicción del Espíritu Santo que había caído sobre la congregación. Oramos por él mientras estaba allí. Pero cuando salía por la puerta de nuestra iglesia, un ujier lo oyó decirle a uno de sus ayudantes: "Aquí no está pasando nada. Al fin y al cabo, ¿para qué vine?"

Pocas semanas después oí el resto de la historia. Cuando este pastor regresó a su propia congregación, no sabía que había recibido el fuego de Dios cuando oramos por él. Pensaba que el fuego de Dios se manifestaría por medio de alguna gran explosión de emociones, y no había sentido nada. Sin embargo, cuando abrió la Biblia para predicar, la presencia de Dios invadió la reunión, y comenzó un nuevo mover de Dios. Aquel hombre aprendió que el fuego de la santidad no es una emoción; no es un sentimiento, sino que es una obra soberana del Espíritu Santo en nuestra vida.

Cuando nos hallamos bajo el síndrome de la desilusión, tenemos tendencia a proclamar que no hay progreso en el Cuerpo de Cristo. Leí una encuesta reciente de Gallup acerca de las personas que no asisten a las iglesias en los Estados Unidos. Los resultados de esta encuesta se podrían interpretar como una causa de desilusión, o como un desafío para que trabajemos más por Jesucristo. La encuesta informaba que aproximadamente dos de cada cinco adultos, el cuarenta y cuatro por ciento de la población de los Estados Unidos, son considerados hoy como personas que no asisten a la iglesia. Este porcentaje ha cambiado poco en las últimas dos décadas.

¿Cuál debemos reaccionar ante una información como ésta? ¿Nos debemos sentir desilusionados, listos para echarlo todo a rodar, y decir: "En los Estados Unidos no va a cambiar nada nunca"? Eso no es lo que me hace pensar esta encuesta. A mí, que procedo de un país en vías de desarrollo, me hace exclamar: "¿Quiere usted decir que *sólo* el cuarenta y cuatro por ciento no va aún a la iglesia? Gracias a Dios por el otro cincuenta y seis por ciento que sí va".

Pintemos un cuadro más sombrío aún sobre Estados Unidos hoy. George Barna, del Grupo Barna de Investigación, informa que del cincuenta y seis por ciento que va a la iglesia, sólo el veintiocho por ciento son cristianos nacidos de nuevo. La primera vez que vi estas cifras, dejé de lado mi informe durante meses, porque no lo quería ver. Entonces me di cuenta de que todo lo que esto hacía era indicarnos el desafío que hoy afronta la Iglesia. Sí, hay trabajo que hacer en los Estados Unidos. Necesitamos predicar la proclamación divina de avivamiento en toda la nación. Necesitamos alcanzar al mundo entero con el mensaje de Jesucristo. A partir de estadísticas como éstas, no es difícil ver por qué los que viven desilusionados proclaman que no estamos progresando.

Pienso en mi propia nación, Argentina, que ha pasado por varias oleadas del poder de Dios. Este poder era tan fuerte en algunas de nuestras reuniones de avivamiento del pasado, que cualquiera pensaría que había ido al cielo y regresado. Sin embargo, hay gente—incluso líderes de las iglesias—en mi nación que han estado malgastando tinta para escribir artículos en los que afirman que nunca se ha producido avivamiento alguno en Argentina.

Tal vez no hubiera avivamiento donde ellos vivían. Como Elías, están diciendo: "Yo he sido muy celoso del gran poder del Señor. Soy el único que quedo. No hay ni un solo justo más". Este tipo de gente es la que hace sentirse deprimidos a los demás. Hablan de manera negativa; en realidad, les encanta proclamar la muerte del avivamiento. En lugar de exaltar lo que el Espíritu Santo *ha hecho,* señalan lo que *aún no ha hecho.* Este tipo de gente siempre halla faltas y dice que no se ha hecho progreso alguno.

Tal vez usted haya tenido un callado desacuerdo con el Señor. No es abiertamente rebelde al respecto, no le está gritando a Dios, ni tampoco a sus líderes, pero en su corazón, está sufriendo de desilusión. Tal vez se haya retirado. Como Elías, ha tomado consigo sus dones, su tiempo, sus recursos, su resistencia—todo cuanto tiene—y se ha retirado a una cueva, sólo para sentir lástima de sí mismo.

Tal vez tenga sus razones. Es posible que esa razón no sea que haya una Jezabel diciéndole que lo va a matar mañana, pero sí podría ser un líder de la iglesia que lo ha ofendido. Tal vez su cónyuge lo ha dejado para irse con otro. O ha logrado superar el dolor y la tristeza, pero no ha podido escapar a la desilusión que le ha invadido el alma. Es posible que esté clamando a Dios diciéndole: "Si tú hubieras estado realmente allí, las cosas habrían sido diferentes. Lo que he aprendido, es que no puedo tener una confianza absoluta en ti".

¿Confía usted en Dios en cuanto a su salvación, y nada más? ¿Su desilusión está impidiendo que participe emocionalmente en las cosas de su iglesia, porque la última vez que lo hizo, las cosas no fueron bien? La gente se resiste a pasar al siguiente ministerio que le asignen cuando no comprende lo que sucedió en el último. Debemos resistir el arrastre de la desilusión, que nos induce a formar parte de la "audiencia pasiva" que se encuentra en muchas iglesias.

La transgresión de la desilusión puede atacar a un cristiano que haya servido a Dios durante treinta, cuarenta o incluso cincuenta años en la iglesia. Se puede disfrazar de queja piadosa y tomar el aspecto de algo santo, pero todo lo que significa es que esa persona está desilusionada con Dios.

4. La persona desilusionada se deja agotar por la tristeza.

Hay una tristeza emocional que puede ser tan intensa y problemática, que agote por completo el cuerpo. Elías estaba tan cansado físicamente, que se acostó dos veces. El ángel tuvo que acercársele dos veces, y cada vez lo despertó para darle comida. La depresión es una enfermedad importante en muchas naciones. ¿Sabía usted que la depresión puede llegar a debilitar su sistema inmunológico y hacerlo más susceptible ante las enfermedades? También lleva a la gente a confiar en medicamentos que no son saludables.

5. La persona desilusionada se retrae y se esconde.

Algunas personas deprimidas se esconden en sus adicciones; otras comen en exceso, o no comen lo suficiente. Hay quienes se entierran en los espectáculos y la televisión, porque necesitan llenar las veinticuatro horas de su día, pero lo hacen con cosas que están fuera de la voluntad de Dios. La desilusión causa que hagan algo—lo que sea—para mantener distraída la mente, con el fin de esquivar la realidad un día tras otro. Es trágico que muchos pastores—que han sido llamados a sanar a los oprimidos—hayan sido alcanzados también por este síndrome.

6. La persona desilusionada confunde su desilusión con el celo religioso.

Hay personas tan engañadas y confundidas, que piensan que le están haciendo un favor a Dios con su negatividad. Creen que se encuentran heridos, amargados, resentidos y aislados, porque todos los demás están equivocados. Creen que ellos son los únicos que están en lo cierto. Desarrollan un complejo de mártires. Cada vez que me siento tentado a pensar que soy muy espiritual, y los demás no, sé que me encuentro en una trampa. Es peligroso andar por ese camino, y pronto vendrán los problemas. Dios nos está llamando a salirnos de ese camino, porque es un callejón sin salida.

La mayoría de la gente que ve la televisión, recorre todos los canales. Eso es lo que yo mismo hago. Si estoy viendo televisión, quiero ver al mismo tiempo todo lo que hay. Vivimos en una era de alternativas, pero es también una era de inquietud. Hay quienes "recorren" las iglesias de la misma forma que recorren los canales de su televisor. Sólo con "apretar un botón" (o dar vuelta a la llave del encendido de su auto), cambian de iglesia. Tal vez digan: "No me gusta el programa de este mes", así que cambian. Y siguen cambiando, sin nunca conectarse. No están interesados en nada.

Con frecuencia, la gente desilusionada forma parte del grupo conocido como "cambiaiglesias". Tienden a ser personas inquietas, y piensan que están protegiendo su celo religioso. Algunas veces, hasta llegan a pensar que Dios los ha enviado a una iglesia determinada para que corrijan al pastor. Pero no echan raíces en ninguna, porque ninguna iglesia es lo suficientemente espiritual para ellos.

7. La persona desilusionada no concibe la conclusión del plan de Dios, ignorando el hecho de que lo mejor está aún por venir.

Elías no sabía que Dios estaba a punto de usarlo para concluir la obra que había dispuesto que él hiciera. Estaba a punto de ungir a Hazael y Jehú como reyes sobre sus naciones. También debía ungir a Eliseo como su sucesor. Probablemente, ésta sería la obra más grande y duradera que él haría para Dios y para su Reino. A Satanás le encanta sacar a los cristianos de la carrera, sobre todo si lo logra hacerlo durante el último tramo que precede a la mayor de las victorias. Necesitamos permanecer vigilantes ante las intrigas del enemigo, y orar para que Dios nos proteja y guarde hasta que se haya realizado por completo el plan que Él tiene para nosotros.

Si usted ha llegado a creer que tiene el derecho de aislarse, o de dejar de confiar en Dios (o en sus pastores o líderes espirituales), tal vez sufra de lo que yo llamo *trauma religioso*. Le pido al Señor que usted llegue ante Él para poner su trauma a los pies de la cruz de Jesús. Que esté dispuesto a cambiar su desilusión por la esperanza, la fe y el poder.

Rompa los moldes antiguos

Si ha vivido mucho tiempo en la desilusión, va a tener que cambiar la forma en que ve la realidad que le rodea, y reacciona ante ella. En Lucas 22 hallamos algunos principios que nos muestran la forma de proceder:

> Y saliendo, se fue, como solía, al monte de los Olivos; y sus discípulos también le siguieron. Cuando llegó a aquel lugar, les dijo: Orad que no entréis en tentación. Y él se apartó de ellos a distancia como de un tiro de piedra; y puesto de rodillas oró, diciendo: Padre, si quieres, pasa de mí esta copa; pero no se haga mi voluntad, sino la tuya. Y se le apareció un ángel del cielo para fortalecerle. Y estando en agonía, oraba más intensamente; y era su sudor como grandes gotas de sangre que caían hasta la tierra. Cuando se levantó de la oración, y vino a sus discípulos, los halló durmiendo a causa de la tristeza.
>
> —Lucas 22:39-45

Veamos más de cerca los principios que se nos revelan en estos versículos.

Debemos rendirnos por completo a la voluntad de Dios (v. 42).

Debemos aprender a confiar en Dios, aunque no comprendamos todo lo que esté sucediendo. ¿Está usted dispuesto a renunciar a su ira y amargura contra Dios por cosas que lo han hecho sufrir o sentirse frustrado por no poder ver todo el cuadro tal como Él lo ve? Nosotros no podemos ver como ve Dios.

Salomón, el hombre más sabio que haya existido jamás, dijo lo siguiente en Eclesiastés 3:11: "Todo lo hizo hermoso en su tiempo; y ha puesto eternidad en el corazón de ellos, sin que alcance el hombre a entender la obra que ha hecho Dios desde el principio hasta el fin".

La Biblia nos enseña que los caminos de Dios son perfectos. Sin embargo, con cuánta facilidad le echamos la culpa a Él cuando las cosas no marchan bien. Si alguien cometió un error, no fue Dios, sino el hombre. Romanos 3:4 enseña: "Sea Dios veraz, y todo hombre mentiroso". En otras palabras, Dios está en lo cierto; nosotros estamos equivocados.

Mientras oraba la noche antes de ser crucificado, Jesús expresó un deseo distinto al de su Padre cuando dijo: "Padre, si quieres, pasa de mí esta copa; pero no se haga mi voluntad, sino la tuya" (Lucas 22:42). Tómese un momento para entregarle a Dios todo lo que tiene. Déselo todo y Él le dará a usted algo nuevo.

No se rinda ante la tristeza (v. 44).

Lucas 22:44 dice: "Y estando en agonía, oraba más intensamente". Jesús estaba triste, pero no amargado. No estaba desilusionado. No se escondió en una cueva. Estaba dispuesto a desfilar por las calles con su cruz a cuestas, y que después lo crucificaran en una colina. Nosotros debemos seguir su ejemplo. No nos rindamos ante la tristeza.

Observe que los discípulos se durmieron, agotados por la tristeza. En la iglesia hay gente que está dormida, al menos espiritualmente, porque está agotada a causa de su tristeza. Hay algunas cosas que nosotros no podemos resolver solos, pero sí podemos acudir a Jesús con nuestra tristeza. Él es el que lleva nuestras cargas. Esto es lo que nos enseña su Palabra:

> Venid a mí todos los que estáis trabajados y cargados, y yo os haré descansar. Llevad mi yugo sobre vosotros, y aprended de mí, que soy manso y humilde de corazón; y hallaréis descanso para vuestras almas; porque mi yugo es fácil, y ligera mi carga.
>
> —Mateo 11:28-30

Jesús lo va a abrazar, y le va a dar un nuevo corazón y una nueva manera de pensar. La Palabra de Dios también nos enseña que somos "transformados por medio de la renovación de nuestro entendimiento" (Romanos 12:2). Jesús nos va a ayudar a pensar y actuar de manera diferente.

Ore, para no caer en tentación.

Si se encuentra desilusionado, es probable que caiga en otras clases de pecado. Ore para no caer en tentación. Estoy haciendo un llamado urgente a los que han tomado el camino de la desilusión. Necesitan regresar. Una de las advertencias más fuertes que contiene la Biblia es ésta: "Mirad bien, no sea que alguno deje de alcanzar la gracia de Dios; que brotando alguna raíz de amargura, os estorbe, y por ella muchos sean contaminados" (Hebreos 12:15). La amargura descontrolada puede echar a perder su vida cristiana.

Dígale a su alma lo que debe hacer.

No deje que sea su alma la que le diga lo que hay que hacer. El salmista sabía que podemos ejercer autoridad sobre nuestras caprichosas emociones:

> ¿Por qué te abates, oh alma mía,
> Y por qué te turbas dentro de mí?
> Espera en Dios; porque aún he de alabarle,
> Salvación mía y Dios mío.
>
> —SALMO 43:5

El salmista le estaba hablando a su propia alma. No estaba loco. Simplemente, sabía que tenía autoridad para darle órdenes.

Si seguimos abrazados a nuestra desilusión, nos sentiremos continuamente como víctimas. Tal vez hasta sintamos la necesidad de que Dios nos preste más atención. Algunos quieren conseguir que Dios les tenga lástima, a fuerza de sentirla ellos mismos. Hasta es posible que usted espere que Dios se emocione y acuda a ayudarlo.

Le puedo decir por experiencia que Dios no funciona así. Cada vez que tengo un berrinche espiritual, o me siento víctima, no consigo nada. Ahora ya sé cómo son las cosas, así que ya ni intento esa táctica. Ni una vez ha aceptado Él mi invitación a participar en mis sesiones de lástima por mí mismo. Ya no trato de impresionar el corazón de Dios con mi mentalidad de víctima. Lo que hago es tratar de alcanzar a Dios con mi fe.

¿Y usted? ¿Quiere alcanzar a Dios?

Una oración de arrepentimiento

Padre, gracias porque desenredas nuestros pensamientos y te llevas la confusión por medio de tu Palabra. Gracias, Padre, porque estás mostrando el camino que hay por delante, y sacando de nuestra vida los complejos de inferioridad y los temores.

Señor Dios todopoderoso, en el nombre de Jesús te pedimos que vengas a libertarnos de la desilusión. Para ti no hay nada imposible. Te pedimos una poderosa visitación de tu Espíritu para que nos transforme. Reemplaza la desilusión con la esperanza.

Envía ángeles que nos ayuden. Gracias porque nos proteges del enemigo. Danos discernimiento respecto a nuestros propios pensamientos. Libéranos de los pensamientos que no vengan de ti, y purifícanos. En el nombre de Jesús, amén.

6
La transgresión de Josué: El pecado de presuposición

Una *iglesia* que yo conozco pasaba mucho tiempo orando y buscando a Dios como congregación. Varias veces habían recibido palabra del Señor, en la que se les indicaba que iba a llegar un avivamiento a su región. Tenían toda la esperanza de que ellos formarían parte de la gran cosecha cuando llegara. Los momentos de adoración en aquella iglesia eran maravillosos, pero la iglesia no parecía progresar nunca. La puerta de entrada era como una puerta giratoria; parecía que cuando entraba una familia nueva, una o dos se marchaban.

Después de varios años de este ciclo, se descubrió que el pastor había estado involucrado en actividades sexuales ilícitas a lo largo de los años. Aquella sorpresa fue devastadora para toda la congregación. Al principio no lo podían creer. Aquel siervo del Señor había predicado desde el púlpito durante treinta años. Cuando lo confrontaron y le preguntaron: "¿Cómo es posible que usted siguiera predicando todas las semanas, cuando sabía que estaba llevando una vida de pecado?", su respuesta fue inolvidable. Dijo: "Todas las semanas me arrepentía y le pedía a Dios que me perdonara antes de volver a predicar".

Su transgresión hirió a la congregación. Muchos miembros se fueron a otra Iglesia, aunque el pastor ya se había marchado. La congregación no podía creer que Dios hubiera dejado a una persona en el púlpito durante tantos años, sin poner al descubierto su pecado. Hubo quienes dejaron de asistir a la iglesia.

Las transgresiones son pecados o debilidades que tarde o temprano nos sacan de la senda cristiana, trayendo la derrota y el desastre a nuestra vida. La transgresión de presunción se produce cuando creemos que hemos oído a Dios, pero no hemos escudriñado nuestro corazón ni seguido sus mandatos. La presunción espiritual consiste en actuar a partir de la palabra *rema* de Dios, al mismo tiempo que olvidamos su palabra *logos*. La palabra *rema* nos imparte instrucciones concretas de parte de Dios. Puede tratarse de una profecía o una palabra de conocimiento. Muchas personas se pasan la vida buscando esta clase de conocimiento espiritual, y de todas formas, fracasan en la vida. Desarrollan sensibilidad hacia las palabras destinadas a guiarlos, pero lo hacen a expensas del aprendizaje y la aplicación de la Palabra de Dios, la palabra *logos*.

Josué recibió una palabra *rema* que le dijo: "Ve y toma la tierra". Pero descuidó la palabra *logos*, la ley de santidad establecida por Dios muchos años antes.

Cuando nos movemos sobre la base de presunciones, nuestra vida y nuestro ministerio no marchan de la forma que nos habíamos imaginado. Algunos cristianos están profundamente heridos, por haber pensado que oían y comprendían a Dios. Pero, las cosas salieron distintas a lo que esperaban, y sienten que nunca se van a recuperar.

Las señales de la presuposición

Es posible reconocer cuando nos estamos basando en presuposiciones. La observación de un ejemplo tomado de la vida de Josué nos permitirá aprender unos importantes principios que revelan los síntomas de la presuposición. Aprenda a identificar estos síntomas en su propia vida.

Sentir desolación cuando las cosas no van como se esperaba

Inmediatamente después de su gloriosa victoria sobre la ciudad de Jericó, Josué llevó a los israelitas a otra batalla con sus enemigos, esta vez con consecuencias desastrosas.

> Estaba, pues, Jehová con Josué, y su nombre se divulgó por toda la tierra. Pero los hijos de Israel cometieron una prevaricación en cuanto al anatema; porque Acán hijo de Carmi, hijo de Zabdi, hijo de Zera, de la tribu de Judá, tomó del anatema; y la ira de Jehová se encendió contra los hijos de Israel. Después Josué envió hombres desde Jericó a Hai, que estaba junto a Bet-avén hacia el oriente de Bet-el; y les habló diciendo: Subid y reconoced la tierra. Y ellos subieron y reconocieron a Hai.
>
> Y volviendo a Josué, le dijeron: No suba todo el pueblo, sino suban como dos mil o tres mil hombres, y

tomarán a Hai; no fatigues a todo el pueblo yendo allí, porque son pocos. Y subieron allá del pueblo como tres mil hombres, los cuales huyeron delante de los de Hai. Y los de Hai mataron de ellos a unos treinta y seis hombres, y los siguieron desde la puerta hasta Sebarim, y los derrotaron en la bajada; *por lo cual el corazón del pueblo desfalleció y vino a ser como agua.*

—Josué 6:27 –7:5, cursiva del autor

Cuando los israelitas se vieron derrotados por sus enemigos, no lo consideraron como una simple pérdida momentánea, sino que perdieron la seguridad con respecto al futuro. Se habían quebrantado sus sentimientos de confianza y de esperanza. Hay cristianos que sufrieron una derrota, y no saben cómo superarlo, por lo que su corazón desfallece y se ha enfriado respecto a Dios. Él usa las derrotas para enseñarnos lecciones nuevas, no para destruirnos. Superemos el golpe inicial de la derrota, aprovechemos la dura experiencia y sigamos adelante en el plan de Dios.

Experimentar perplejidad, en lugar de comprender los propósitos

Si se siente perplejo ante las situaciones que enfrenta, es posible que usted se esté basando en presuposiciones. Tal vez trate de comprender a Dios, y lo que Él está haciendo en su vida, pero no puede discernir cuáles son sus propósitos en la situación en la que usted se encuentra. Por tanto, no sabe qué hacer, está perplejo.

> Entonces Josué rompió sus vestidos, y se postró en tierra sobre su rostro delante del arca de Jehová hasta caer la tarde, él y los ancianos de Israel; y echaron polvo sobre sus cabezas.
>
> —Josué 7:6

Hoy en día hallamos muchos miembros del Cuerpo de Cristo en un estado de perplejidad. Hay iglesias y familias que sufren por situaciones que no comprenden. Están estancados en la etapa del "porqué" de su pesar. Si usted se halla en esa etapa, tal vez se esté haciendo preguntas como las siguientes:

- "¿Por qué confié en el pastor durante tanto tiempo?"
- "¿Por qué fui tan ingenuo?"
- "¿Por qué creí tanto a Dios? Mira los resultados."
- "¿Por qué puse tanto esfuerzo en nuestra iglesia?"

- "¿Por qué creí realmente que los dones del Espíritu iban a funcionar en mi vida?"
- "¿Por qué tenía ese sueño tan loco de que Dios me iba a usar?"
- "¿Por qué malgasté tanto tiempo orando para que esa persona se sanara?"
- "¿Por qué no me dediqué a mis asuntos y tomé responsabilidades seculares?"

Es muy probable que a Josué le estuvieran pasando por la mente algunas de estas preguntas cuando se postró ante el Señor aquel día. Estaba totalmente perplejo. No podía comprender por qué el Señor había llevado a Israel a la batalla, sólo para que se enfrentara con la derrota.

Lamentar haber seguido a Dios a un nivel más alto

La gente paralizada por un giro de los acontecimientos distinto al que suponía, se pregunta con frecuencia por qué antes se arriesgó a seguir adelante. Josué le expresa su sentimiento al Señor:

> Y Josué dijo: ¡Ah, Señor Jehová! ¿Por qué hiciste pasar a este pueblo el Jordán, para entregarnos en las manos de los amorreos, para que nos destruyan? ¡Ojalá nos hubiéramos quedado al otro lado del Jordán!
>
> —Josué 7:7

No era sólo Josué el que añoraba "el otro lado del Jordán"; toda la nación de Israel estaba pensando lo mismo. Algunos pastores han buscado la renovación para su congregación sin haber obtenido resultados, y se hallan en esta etapa de perplejidad. Tal vez digan: "Si nos hubiéramos olvidado de esta hambre de Dios, este fuego de la santidad, este empujar y luchar por las cosas nuevas de Dios... ¿Por qué no nos quedamos con los cultos de siempre?"

La Iglesia de hoy tiene ante sí la gran tentación de liquidar la visión de un avivamiento y las oraciones fervientes, para acomodarse al statu quo. Los que ceden ante esta tentación se sienten felices de hacer un trato con el diablo. Básicamente, le están diciendo: "Si tú no me molestas, yo no te molesto a ti. Hagamos las paces. Tú eres un enemigo demasiado fuerte. Yo me voy a dedicar a lo mío, y tú a lo tuyo". Con frecuencia, se cede ante esta tentación a causa de la perplejidad con respecto a las acciones de Dios.

Cuando la gente pasa por una crisis de fe, se pregunta qué está haciendo Dios. Sin duda, creían que era Dios el que los llevaba a moverse en una cierta dirección, o a hacer algo concreto. No obstante, después de haber tomado ese camino, las cosas no parecen funcionar. Esto es lo que llamamos *traumas religiosos:* situaciones que suceden en la Iglesia, y que quedan sin resolver en nuestra mente y corazón.

Los cristianos que sufren los efectos del trauma religioso, aún asisten a la iglesia, aún participan en la Santa Cena y hacen una gran cantidad de cosas "religiosas". Pero cuando llega el momento de dar un paso de fe a fin de hacer algo grande para su Dios, se paran en seco. Una voz interior les dice: "Espera un momento; recuerda la derrota de Hai. Recuerda que no tuviste la menor idea de la razón por la que perdiste, pero perdiste. No vas a perder otra vez". Entonces, esta voz lastimera paraliza a la persona y le impide alcanzar una nueva victoria.

Abandone el hábito de presuponer

¿Reconoció algunos síntomas del hábito de presuponer como presentes en su propia vida? ¿Siente que ya no es capaz de comprender los propósitos de Dios en lo que Él está haciendo en su vida? ¿Ha perdido su propio propósito, o no tiene dirección alguna en cuanto a seguir adelante con Dios?

Podemos dar algunos pasos para alejarnos del hábito de presuponer en lugar de acrecentarlo. Uselos para recuperar el sentido de su vida. Cuando usted los dé, Dios le brindará una revelación fresca de sus propósitos y su destino para usted.

Resuelva sus derrotas anteriores.

Antes de poder acabar con nuestra perplejidad, necesitamos resolver nuestras derrotas anteriores. Siga el ejemplo de Josué. Acuda al Señor y permanezca ante Él todo el tiempo que haga falta para escucharlo. Pregúntele qué salió torcido. Pídale que lo ayude y le enseñe. Dígale que quiere aprender. No podrá cambiar la situación del pasado, pero ciertamente sí puede cambiar su mentalidad, y la forma en que va a funcionar en el futuro.

Josué atravesaba un síndrome post-avivamiento. Inmediatamente antes de la derrota sufrida en Hai, los israelitas habían obtenido una victoria sobrenatural con la caída de Jericó. Israel había derrotado a la ciudad fortificada que habría podido impedirle tomar posesión de la Tierra Prometida. Sus enemigos estaban aterrados. Como consecuencia del plan soberano de Dios y de sus indicaciones, los muros se derrumbaron de forma milagrosa.

Habían conquistado lo inconquistable. Josué se tiene que haber sentido muy seguro y esperanzado con respecto a su futuro.

No importa la cantidad de victorias que usted haya tenido en el pasado, ni cuántas personas haya llevado al Señor. No importa siquiera la cantidad de milagros gloriosos que haya visto al Señor realizar por medio de usted. Si usted tiene una experiencia como la de Hai—una derrota sin explicación—, lo va a perseguir. Lo va a inmovilizar. Si su pastor dice: "Muy bien, hermanos, es hora de pasar a la próxima etapa", usted no va a ser capaz de dar un paso al frente. Tendrá en el corazón una sensación enfermiza. Tal vez diga: "Ya lo he intentado antes". Así que esté alerta, porque su renuencia se puede convertir en transgresión.

Proteja la honra de Dios.

Cuando nos enfrentamos con situaciones que no comprendemos, no es sólo nuestro nombre el que está en juego, sino también la honra de Dios Todopoderoso. Si nosotros fallamos ante los que nos rodean, ante sus ojos es Dios el que falla. La única imagen de Jesús que pueden ver muchos creyentes es la que ven cuando lo miran a usted y miran a su familia. ¿Qué ven cuando lo miran a usted? A Josué le preocupaban otras cosas más que su propia imagen de líder:

> Ay, Señor! ¿qué diré, ya que Israel ha vuelto la espalda delante de sus enemigos? Porque los cananeos y todos los moradores de la tierra oirán, y nos rodearán, y borrarán nuestro nombre de sobre la tierra; y entonces, ¿qué harás tú a tu grande nombre?
>
> —Josué 7:8-9

A Josué no le preocupaba solamente el futuro de Israel; también le preocupaba la reputación de Dios. Aunque seguía enredado en presuposiciones, actuó correctamente al expresar su preocupación por la honra de Dios. Hizo la pregunta adecuada: "Entonces, ¿qué harás tú a tu grande nombre?"

¿Cómo reacciona usted en los momentos en que no comprende los caminos de Dios? Si usted pierde la fe y la fortaleza, el cristianismo le puede parecer un fracaso. Nuestra reacción ante situaciones que no comprendemos es muy importante. No proteja sólo su propia reputación, sino también la honra de Dios, por encima de todo.

Sea leal.

La lealtad es de vital importancia para evitar presuposiciones.

Pensemos en el caso de la lealtad del personal de una iglesia hacia su pastor. Demasiadas veces hemos visto a miembros del personal de una iglesia preocupados por su propia honra y reputación, y no por las de su pastor. Ocasionalmente, algún miembro de una congregación acusa al pastor de actuar mal, o de pervertir la doctrina. (Nunca falta alguien sentado en algún banco, que decide que su ministerio es corregir al pastor).

Es muy extraño que este tipo de persona vaya directamente al pastor con sus acusaciones. Lo más frecuente es que propague su preocupación por medio del chisme. El chisme desacredita a las personas sin darles la oportunidad de defenderse.

Cuando se comienza a propagar un chisme en medio de una congregación, los colaboradores del pastor tienen dos opciones inmediatas. Una es reaccionar a la defensiva, preocupándose por la forma en que ese chisme los presenta a ellos, en lugar de levantarse en defensa del pastor. Si eligen tomarlo como ofensa personal, por encima de la lealtad debida al pastor, habrán escogido convertirse en parte del problema. Si deciden seguir propagando el chisme, lo que harán será ampliar el círculo del conflicto. Esto puede llegar al punto de que decidan oponerse al pastor.

La otra opción que tienen esos colaboradores es comprender que parte de su papel consiste en *cubrir las espaldas* del pastor, en lugar de clavarle un cuchillo en ellas. Tal vez sea cierto que el pastor está equivocado, pero la situación no se resolverá con chismes y hablando a sus espaldas. Sólo habrá una solución cuando haya un diálogo cara a cara. Aquí entra en juego una cuestión de lealtad. La primera reacción de un miembro del personal de la iglesia debe ser preocuparse por la honra del pastor—y la honra de Dios—, más que por la suya propia.

Hermano, necesitamos proteger la honra de Dios en esta nación, y también ante los que nos rodean. A veces, parecería que todo lo que tocamos se convierte en un desastre y un fracaso. Pero nuestra preocupación debe extenderse más allá de nosotros mismos. Es la honra de Dios la que está en juego. Nuestra reacción ante las crisis no debe ser tal que traicione a Dios.

Persuada a Dios para que proteja su propia honra.

Moisés dijo muchas veces en su oración: "¿Qué van a decir los egipcios si tú destruyes a Israel? ¿Qué va a pensar la gente si tú permites que fracasemos y toda esta gente muere en el desierto?" Así nos ayudó a ver cómo se hace para persuadir a Dios de que proteja su propia honra. Le estaba diciendo: "Aunque levantes una nueva generación por medio de mí, ¿qué van a decir esos paganos egipcios acerca de todo este pueblo que se marchó de Egipto y después murió? Señor, no los extermines".

Moisés se puso en la brecha entre Dios y el pueblo de Israel. Así nos presenta una hermosa imagen del ministerio de intercesión. Dios estaba listo para acabar con Israel a causa de su continua desobediencia. Pero gracias a que Moisés intercedió por el pueblo ante Él, lo salvó de la destrucción.

En Génesis 18 vemos a Abraham, otro ejemplo de intercesor. Cuando Dios le habló de sus intenciones de destruir las ciudades de Sodoma y Gomorra por sus grandes pecados, él le suplicó de inmediato que tuviera misericordia. "¿Destruirás también al justo con el impío? Quizá haya cincuenta justos dentro de la ciudad: ¿destruirás también y no perdonarás al lugar por amor a los cincuenta justos que estén dentro de él?" (Génesis 18:23-24).

Así fue como Dios se aplacó, y aceptó perdonar a aquellas ciudades si encontraba cincuenta justos viviendo en ellas. Pero aquello no fue suficiente para Abraham, el intercesor. Volvió a interceder por ellas ante el Señor: "Quizá faltarán de cincuenta justos cinco... Quizá se hallarán allí cuarenta... Quizá se hallarán allí treinta... Quizá se hallarán allí veinte..." (vv. 27-31).

Aun después de aceptar Dios que perdonaría a las ciudades a causa de veinte justos, Abraham siguió intercediendo por ellas: "No se enoje ahora mi Señor, si hablare solamente una vez: quizá se hallarán allí diez" (v. 32).

La intercesión de Abraham persuadió a Dios para que protegiera su propia honra. En respuesta a sus súplicas, dijo: "No la destruiré... por amor a los diez" (v. 32). La clase de oración que vemos en Abraham, Moisés y Josué muestra que nos debe interesar la honra de Dios.

Acepte el hecho de que la santidad debe preceder a toda victoria genuina.

No hay oportunidad de ganar cuando hay pecado en el campamento, aunque la batalla sea de Dios. Yo creo que si, como Cuerpo de Cristo, no estamos prosperando y viendo un avivamiento en la tierra, es porque la Iglesia aún no se ha enfrentado a todo su pecado. Tal vez se trate de un pequeño porcentaje del total, pero aun el porcentaje más pequeño puede producir la derrota. Vemos esto ilustrado en la derrota sufrida por Israel en Hai:

EL PECADO DE PRESUPOSICIÓN

> Y Jehová dijo a Josué: Levántate; ¿por qué te postras así sobre tu rostro? Israel ha pecado, y aun han quebrantado mi pacto que yo les mandé; y también han tomado del anatema, y hasta han hurtado, han mentido, y aun lo han guardado entre sus enseres.
>
> —JOSUÉ 7:10-11

Hay algunas transgresiones que hemos llegado a aceptar como normales. Pero ha llegado la hora de separar el mal del bien. Ya no podemos seguir aceptando el pecado en el campamento. Tal vez el Señor le esté diciendo a la Iglesia: "No es hora de ablandarse, lamentarse ni quejarse. No es hora de sentirse como víctimas, ni sufrir complejos de inferioridad. Israel ha pecado. Ha violado mi pacto, que yo le ordené que guardara. Ha tomado algunas de las cosas que debía destruir, ha robado, mentido y ha integrado estas cosas en su estilo de vida diario como normales. Por eso mi pueblo no tiene poder para enfrentarse a sus enemigos".

Josué, que era el caudillo del pueblo, no comprendía por qué el Señor les había permitido a sus enemigos que derrotaran a su ejército. No estaba cubriendo sus propios pecados. Personalmente, sólo estaba haciendo lo que el Señor le había ordenado que hiciera. No estaba viviendo en adulterio; no le había robado su dinero a nadie. No andaba en orgías ni borracheras. Sin embargo, no estaba experimentando victoria, sino derrota.

Es posible que usted se halle en la misma posición que Josué. Está haciendo lo que debe, pero está fracasando. Tal vez Dios le haya dado claramente la luz verde para que siga adelante en lo que sabe que es la voluntad de Él para su vida. Sin embargo, su iglesia, su familia, su comunidad pueden estar fracasando. ¿Por qué? Una de las explicaciones posibles es lo que le sucedió a Josué: tal vez haya pecado en el campamento. La desobediencia le abre la puerta a la destrucción.

Destruya aquellas cosas que deben ser destruidas.

En otras palabras, Israel era débil en cuanto a librarse del pecado, porque no destruyó las trampas de pecado que había en medio de él. Su debilidad y su codicia lo hicieron digno de destrucción.

Dios no permanece con quienes no destruyen aquellas cosas de su vida que están destinadas a la destrucción. Él dice: "No voy a seguir contigo, a menos que destruyas los ídolos que te quedan".

He visto cristianos de los cuales el Señor parece haber retirado su mano. Vemos esto y preguntamos: "¿Dónde está la bendición?

¿Dónde está el temor de Dios?"

Este estado no aparece en un instante. Algunas veces hacen falta años para apagar al Espíritu. Tal vez hagan falta años para contaminar la mente o llenar los ojos de codicia. Pero todo comienza—y termina—con la gratificación de la carne por encima del Espíritu de Dios. Si seguimos alimentando a la carne, llegaremos a un punto en el que el Señor nos dirá: "No voy a seguir contigo, a menos que destruyas cuanto haya junto a ti que deba ser destruido".

Oí decir a una señora cristiana que en algún momento de su vida de casada le había sido infiel a su esposo manteniendo una aventura extramatrimonial. Uno de los regalos que había recibido en aquellos tiempos era un collar de oro que le había obsequiado su amante. Terminó rompiendo aquella relación inmoral, pero decidió quedarse con la cadena de oro. Al fin y al cabo, era valiosa.

Así que esta señora cristiana asistía a la iglesia todas las semanas con su esposo y sus dos hijos, llevando la cadena de oro. Un domingo, durante un llamado al altar, el Espíritu Santo le comenzó a traer convicción con respecto a aquel recuerdo del pecado que traía alrededor del cuello. Se adelantó hasta el altar y lo dejó allí como ofrenda al Señor por el pecado. Dios le había pedido que se librara de algo que había en su vida, que Él había destinado a la destrucción.

Éste es el grito de Dios a su Iglesia hoy. No culpe a Dios de sus fracasos, diciendo: "Señor, ¿qué has hecho con nosotros? ¿Por qué no tenemos más éxito? ¿Por qué tenemos tantos traumas en nuestro pasado?" Recuerde en primer lugar que Dios exige santidad de su pueblo. Sin santidad, nadie verá al Señor.

Conságrese.

La solución que Dios ofreció para aquel momento de derrota de los israelitas fue que el pueblo se consagrara. De ninguna manera podrían ganar la batalla que había en su vida, si primero no habían identificado y desechado sus propios ídolos personales:

> Levántate, santifica al pueblo, y di: Santificaos para mañana; porque Jehová el Dios de Israel dice así: Anatema hay en medio de ti, Israel; no podrás hacer frente a tus enemigos, hasta que hayáis quitado el anatema de en medio de vosotros.
>
> —Josué 7:13

El mismo día que tenía que ministrar en una conferencia en Sydney, Australia, en un lugar del centro de la ciudad se celebraba un carnaval para homosexuales y lesbianas. Era una gran reunión, con miles de personas.

También acudieron muchas personas a nuestra reunión cristiana, entre ellas algunos funcionarios del gobierno, que se sentaron en la primera fila. Estos funcionarios me dijeron que el año anterior se había presentado esta misma situación en un día. Durante nuestra reunión, un año más tarde, el Señor les dio una fuerte palabra profética. Los exhorté a escribirla. La profecía decía: "Lo que está sucediendo en las calles de su ciudad esta noche, es abominación para mí [en referencia al desfile de homosexuales]. Pero es mayor abominación ante mí el pecado de mi pueblo, que ha permitido que brote un árbol de injusticia en su ciudad".

El Señor le estaba diciendo a su pueblo que le preocupaban más las transgresiones de su pueblo, que las de los homosexuales. La profecía decía a continuación: "Este árbol de injusticia está creciendo. Ha crecido tanto, que ya no se puede cortar con un hacha; se ha hecho tan grande, que no se puede cortar con una sierra. La única forma de echar abajo el árbol de injusticia que hay en su ciudad, es matarlo de hambre, negándole los nutrientes con los que se alimenta: los pecados de mi pueblo".

Podríamos aplicar esta palabra a la Iglesia de muchas ciudades del mundo. La injusticia que hay en nuestras ciudades es tan fuerte, que parece como si nada la pudiera mover; como si nada fuera a cambiar. Esto se debe a que hay injusticia y pecado en la Iglesia.

No estoy lanzando una acusación de pecado contra ninguna iglesia en particular. Estoy diciendo que el Cuerpo de Cristo no es aún tan puro como Jesús quiere que sea. Espero con ansias el tiempo en que ya no tengamos que predicar santidad en las iglesias. Un tiempo en que digan: "No necesitamos ya predicadores de santidad dentro de las iglesias". Espero con ansias el día en que nuestro clamor por la santidad necesite dirigirse sólo a los que se hallan en las calles y en los estadios; a los que nunca han oído el Evangelio.

Espero con ansias el tiempo en que les tengamos que predicar a los no creyentes, porque la Iglesia ya ha oído y obedecido. La Biblia dice que el Señor está preparando a su novia, que es la Iglesia. Esa novia va a llevar un vestido sin mancha ni arruga. El Espíritu Santo está limpiando las pocas manchas de pecado que quedan en la Iglesia. Prepárese usted mismo, quitando de su vida las manchas de pecado.

Mantenerse unidos contra el enemigo.

En La Plata, Argentina, mi ciudad natal, vivimos un maravilloso avivamiento que ha hecho historia. El evangelista Carlos Annacondia llegó a la ciudad en 1984 para celebrar una cruzada al aire libre, y terminó quedándose por seis meses. Más de cincuenta mil personas aceptaron a Cristo durante ese tiempo. Desde allí, el avivamiento se extendió a muchas ciudades de Argentina. Se dice que más de dos millones de personas han aceptado a Jesús durante los últimos quince años como consecuencia de ese avivamiento. Se producían milagros genuinos, uno tras otro. Centenares de personas eran sanadas o liberadas de la opresión demoníaca, y miles recibían la salvación. Muchas iglesias pasaron de una pequeña congregación de pocas docenas de personas, a varios centenares de miembros.

Pero a medida que progresaba este maravilloso avivamiento, comenzó a suceder otra cosa. Cuando Dios se mueve en medio de nosotros, o cambiamos, o regresamos a donde estábamos antes de experimentar el avivamiento. Algunos de los pastores de Argentina decidieron regresar a sus formas antiguas de hacer las cosas. Estaban satisfechos con trabajar para sus propias iglesias, olvidando las necesidades de su ciudad. Se olvidaron de la unidad, se olvidaron de la visión y se dedicaron a hacer crecer su propio ministerio y su propia iglesia en medio del aislamiento. En una ciudad las cosas llegaron a tal punto, que unos pocos pastores comenzaron a criticar a otros ministerios por la radio, usando los micrófonos para difamarlos.

¿Por qué sucedió esto? Porque permitieron el pecado en la iglesia y se descuidaron. Se ha dicho que para que abunde el mal, todo lo que tienen que hacer los justos es *no hacer nada*. Hemos visto el efecto espiritual en las ciudades de Argentina. Ahora hay más gente adicta a las drogas que nunca antes. El crimen ha ido en aumento. Hay quienes son capaces de matar a alguien por tres dólares. Roban el dinero, y después le pegan un tiro a la persona en la cabeza. La inseguridad y la inestabilidad abundan por todas partes. En el momento en que escribo este libro, nuestras ciudades parecen una zona de guerra a causa del colapso económico.

Yo creo que se debe a que vino una visitación del Señor, pero nosotros no buscamos cuidadosamente su santidad en nuestra vida y nuestras relaciones. Permitimos que un árbol de injusticia creciera en nuestras ciudades. Muchos pastores, yo mismo entre ellos, alcanzamos un punto en el que clamamos: "Señor, ¿por qué hiciste que este pueblo cruzara el Jordán para después entregarnos en las manos de los amorreos, para que nos destruyan?"

Los avivamientos, las bendiciones y las consignas del pasado pueden llevarnos a la destrucción, si no buscamos hoy la santidad y la pureza. Los contraataques del enemigo pueden ser más fuertes y furiosos que nunca.

No obstante, me siento lleno de esperanza. Hemos regresado a La Plata, donde reunimos a la ciudad en unos "Encuentros de transformación". En septiembre de 2000 llenamos un estadio deportivo con más de seis mil personas. Cuando volvimos al año siguiente, por vez primera en la historia de la ciudad de La Plata, pudimos celebrar una reunión unida en el gran estadio de fútbol. No estaban presentes todas las iglesias de la ciudad, pero esta historia aún se está escribiendo.

Revelación, no lamentación

Cuando las cosas se ponen realmente difíciles en su familia, o en su matrimonio, usted necesita pedirle al Señor que le explique por qué todo está fallando. Pídale que le revele dónde comenzó a torcerse todo. Pídale que le diga qué debe hacer a continuación. Las lamentaciones no van a mejorar las cosas. Si su matrimonio va cuesta abajo, no lo salvará lamentando el pasado. Usted necesita revelación. Necesita que Dios le hable al corazón.

Si se halla en una situación en la que está a punto de abandonar su iglesia, su profesión, su ministerio, su vida de oración o cualquier otro aspecto saludable de su vida, lo que usted necesita es revelación. Necesita que el Espíritu Santo le hable al corazón y le dé una palabra de esperanza.

El pecado de Acán era la causa del problema que sufría la nación entera. Al violar el pacto del Señor, había hecho caer en desgracia a todo Israel.

> Os acercaréis, pues, mañana por vuestras tribus; y la tribu que Jehová tomare, se acercará por sus familias; y la familia que Jehová tomare, se acercará por sus casas; y la casa que Jehová tomare, se acercará por los varones; y el que fuere sorprendido en el anatema, será quemado, él y todo lo que tiene, por cuanto ha quebrantado el pacto de Jehová, y ha cometido maldad en Israel.
>
> —JOSUÉ 7:14-15

> Y Acán respondió a Josué diciendo: Verdaderamente yo he pecado contra Jehová el Dios de Israel, y así y así he hecho. Pues vi entre los despojos un manto babilónico

> muy bueno, y doscientos siclos de plata, y un lingote de oro de peso de cincuenta siclos, lo cual codicié y tomé; y he aquí que está escondido bajo tierra en medio de mi tienda, y el dinero debajo de ello.
>
> —Josué 7:20-21

Allí estaba la explicación de su derrota. Tenga presente este principio: Cuando algo va mal, Dios nunca está equivocado.

Nosotros creemos en el carácter de Dios. Él es perfecto en todos sus caminos. Si algo anda mal en mi vida, me atrevo a decir que ha sido algo malo que yo hice, ya fuera por mis malas tendencias, por mi carne, o por mi necia ignorancia.

Josué cometió el pecado de presunción, porque supuso erróneamente que iba a ganar la batalla, como ya habían vencido en la ciudad de Jericó, pero sin haber hecho un inventario espiritual. Sólo había un problema, que había cambiado la ecuación: esta vez había pecado en el campamento.

Josué daba por sentadas demasiadas cosas. Tenga cuidado con el tipo de fe o creencia que dice: "Si lo digo muchas veces, si repito algo cien veces, Dios va a tener que hacerlo, y va a suceder a mi manera". No podemos manipular a Dios para que haga las cosas "a nuestra manera". Nuestras oraciones deben estar en sintonía con la voluntad de Dios; de lo contrario Él no las va a oír. Yo creo en esta verdad: Si confesamos y proclamamos la Palabra del Señor y su voluntad, sucederá. Pero si persistimos en nuestra obstinación, tratando de manipular al cielo a favor de nuestra agenda egoísta, entonces vamos camino al desengaño.

Arrepiéntase y cumpla su misión

Observe lo que sucedió después en este relato. Los israelitas se arrepintieron, arreglaron el problema de su pecado, regresaron y tomaron por completo la ciudad de Hai, con una gran victoria. Después de haber resuelto su presunción, pudieron poseer aquella tierra.

El Señor está esperando que usted invada su ciudad con el Evangelio. Está esperando que usted proclame la victoria en su hogar. Pero si hay pecado en su corazón, responsabilícese por él y purifique ese corazón. Después, vuelva al campo de batalla. No tenemos derecho a descalificarnos por los fallos del pasado.

No se desilusione a causa de los errores que haya cometido. Hay quienes ya no pueden confiar en el Señor como antes. Algunos están desilusionados del Señor, ya no pueden confiar en

El como antes. Algunos que solían estar ardiendo por Dios, en la actualidad se ven tan cautelosos, tan precavidos. Tal vez hayan cometido un error absurdo en el pasado, pero ahora dicen: "Ya no voy a seguir confiando en el Espíritu Santo". Se han dejado atrapar por un espíritu de temor. Libérese de él. Confíe de nuevo en Dios. Sea como el niño que confía plenamente en su padre.

Necesitamos volver a la sencillez de nuestra fe y decir: "Dios mío, si lo hiciste en el pasado, lo puedes volver a hacer. Si nos ayudaste a tomar Jericó, nos puedes ayudar a tomar Hai. No es imposible". Dios quiere levantar hombres como Elías, que digan a quienes los rodean: "Vengan conmigo; el Dios que responda con el fuego será el Dios verdadero". Necesitamos gente que desafíe, que se atreva a creer.

Cuando estaba en la escuela secundaria, me hice amigo de un joven llamado Marcelo. Parecía pagano, loco e impío. Recuerdo haberle dicho a otro amigo mientras Marcelo caminaba cerca de nosotros: "Aquél nunca va a ser cristiano".

Cuando dirigí la Marcha por Jesús en La Plata, años después de la primera visita de Carlos Annacondia, me detuve a contemplar la multitud de más de seis mil personas que llenaban por completo la plaza. Observé que en la plataforma había alguien que estaba grabando en video la reunión. Se parecía a Marcelo, el amigo que yo había dicho que nunca se convertiría. Después de la reunión, vino a saludarme. Para mi gran sorpresa, era Marcelo.

Había sido milagrosamente salvo. Renovamos nuestra amistad, y él comenzó a asistir a mi iglesia. Al cabo de poco tiempo, se convirtió en uno de los líderes de la congregación. Aún asiste a esa congregación que yo pastoreaba, aunque nosotros pasamos a otro lugar. Yo me había dado por vencido con Marcelo cuando estábamos en secundaria, pero Dios me sorprendió, salvándolo y afirmándolo como consagrado obrero cristiano.

Tal vez usted esté como Josué después de su primera gran victoria; no puede ver el futuro y le está preguntando a Dios por qué lo ha llevado hasta ese punto. Tal vez se esté preguntando si su vida estaba destinada al fracaso. Dios tiene un maravilloso plan para su vida. Con su ayuda, usted va a poder alcanzar ciudades, almas, su familia e incluso su matrimonio para Él.

Echarle la culpa a Dios, y querer alejarnos de su voluntad cuando pasamos por un fracaso, no es sólo un pequeño error inocente. Es una transgresión. Si Josué no se hubiera arrepentido y purificado el campamento, Israel habría sido barrido. Necesitamos corrección y perdón para mantenernos firmes contra nuestros enemigos.

Si se siente frustrado, Dios quiere darle gozo. Yo creo que el Señor le va a impartir revelación al corazón, y usted va a tener respuestas del cielo con un nuevo sentido de orientación. Va a comprender mejor su pasado, y va a tener más fe para el futuro. Podrá superar su humillante experiencia en Hai con el fin de conquistar terreno para el Reino de Dios.

Una oración de arrepentimiento

Padre, perdónanos por echarte la culpa cuando no comprendemos la razón de nuestro fracaso. Purifica tu Iglesia de los vicios espirituales y de los fallos morales. Libéranos, Señor. Te pedimos una transformación. Somos como Josué, que tratamos de hacer tu voluntad, pero nuestras buenas intenciones no bastan. Te rogamos, Señor, que pongas al descubierto los ídolos que tenemos escondidos en nuestra vida. Ayúdanos a purificar nuestro campamento y sacar de él aquellas cosas que han sido destinadas a la destrucción. Haznos eficaces para tu Reino.

Señor, te prometo fidelidad. Cuando no comprenda tus caminos o mis circunstancias, te prometo, Señor, que voy a defender tu honra, sabiendo que tú eres veraz y todo hombre mentiroso. Aunque no me sanes cada vez que te lo pida, voy a decir como Job: "Aunque él me matare, en él esperaré". Me someto a tu soberanía sobre mi vida. En el nombre de Jesús, amén.

7

La transgresión del rey Saúl: Cuando la insensatez se vuelve pecado

El *título* con el que comenzaba una circular sobre el cuidado de la dentadura que recibí hace poco de un dentista amigo mío decía: "Cuide sus dientes, o aténgase a las consecuencias". Pensé en tanta gente que desafía esta *ley* de la buena higiene bucal, pensando: *Tal vez el tiempo cure por completo mi dolor de muelas*. Y así, en lugar de ir a su dentista, esperan y esperan, hasta que una noche bien tarde, el dolor se vuelve tan intenso, que no lo pueden posponer.

Podemos decir, por analogía: "Cuide su alma, o aténgase a las consecuencias". Si no estamos dispuestos a sacar a la luz las transgresiones que están presentes en la Iglesia hoy, aunque frecuentemente no las vemos ni reconocemos, terminaremos sufriendo sus dolorosas consecuencias. Por eso hay tantos caídos en el campo de la moral. No hemos estado dispuestos a enfrentarnos con el pecado. Por eso hay tantos cristianos bienintencionados que terminan en un desastre espiritual.

En mi escuela bíblica había un profesor que solía decir: "La esencia del pecado es la estupidez". Un diccionario describe la palabra *insensatez* como "la falta o manifestación de falta de sentido o juicio común; estupidez". Examinemos cómo la insensatez llevó a la ruina espiritual a uno de los personajes centrales de la Biblia.

La santidad y la insensatez nunca pueden ir juntas

A la transgresión del rey Saúl la podríamos llamar *el pecado de insensatez*. Sin duda, tanto usted como yo hemos visto a unas cuantas personas derrumbarse espiritualmente por falta de pasión. Pero hemos visto muchas más derrumbarse espiritualmente por falta de sabiduría. No hay santidad donde hay insensatez; ambas cosas nunca van juntas. Si usted quiere ser santo, pero disfruta de su insensatez, llegará el momento en que va a tener que escoger una de las dos cosas.

Antes de ver el ejemplo de insensatez que nos presenta la vida de Saúl, le quiero mostrar a partir de mi propia vida la forma en que opera el principio de insensatez. Recuerdo muy bien cómo me sentía cuando cumplí diecinueve años. Ya estaba predicando, enseñando y dirigiendo en la iglesia. Era el presidente de la organización de los Exploradores del Rey (un grupo cristiano similar a los Boy Scouts) en Argentina, y me sentía muy maduro.

Estaba seguro de que era muy importante que me casara pronto. Al fin y al cabo, no quería llegar a los veintiuno sin haberme casado. Así que, como era hombre de oración, comencé a orar para que esa joven tan especial que iba a ser mi esposa, apareciera en mi vida. Puesto que me sentía algo presionado a apresurarme en esto, decidí que la joven tan agradable que había conocido en la escuela bíblica podría ser la que esperaba. Después de orar, me sentí bien con respecto a ella, y pensé: "Bueno, Señor, ciertamente me has respondido con rapidez en esta ocasión".

Nos hicimos amigos, y comenzamos a salir juntos casi enseguida. ¿Para qué esperar? Yo había tenido la revelación. Pero unos pocos meses más tarde, me di cuenta de que no me convendría que aquella joven llegara a ser mi esposa. Así que comencé a quejarme al Señor: "Señor, tú trajiste esa joven a mi vida", le decía. "Pero no me gusta. Con todo, si tú quieres que me case con ella, me casaré". Me sentía como un mártir. Estaba perplejo. Como mi propio concepto erróneo acerca de la voluntad de Dios para mi vida me tenía atado, me había apresurado neciamente. Aprendí que cuando uno se apresura, no oye bien a Dios. Un día decidí que rompería esa relación de inmediato. Pero como no podía entender con claridad la voluntad de Dios en la situación, estuve mucho tiempo después lleno de dudas y confusiones, y pensaba: *Tal vez no haya hecho la voluntad de Dios. Quizá Él nunca me vuelva a usar.*

Otro ejemplo. Cuando era joven, se me hacía muy difícil esperar a que mi padre se tomara dos minutos, que a mí me parecían eternos, para darme instrucciones claras. Lo escuchaba, pero seguía caminando. Por último, mi padre me tenía que decir: "Hijo, espera. Déjame hablarte, y después te puedes ir".

Hay gente que se precipita y se siente tensa con respecto a la

Cuando la insensatez se vuelve pecado

voluntad de Dios. Hay quienes viven en un cierto grado de confusión espiritual continua. Otros se confunden tanto, que se enojan con Dios. En Proverbios 19:3 leemos: "La insensatez del hombre tuerce su camino, y luego contra Jehová se irrita su corazón". Muchos de los desacuerdos y las frustraciones que tenemos con Dios son provocados por nuestro propio apresuramiento, nuestra ansiedad, nuestras interpretaciones incorrectas de la voluntad de Dios y nuestra propia insensatez.

Mientras terminaba mis estudios en la escuela bíblica, también estaba trabajando para un hombre que me había autorizado a contratar a alguien para que me ayudara en mi tarea. Contraté a un joven del sur de California que parecía ser un candidato perfecto. Pero unos pocos días más tarde, mi jefe me dijo: "Tienes que despedir a este hombre".

Como cristiano, me pareció que no debía hacerlo. Le pedí a mi jefe que me diera primero un poco más de tiempo. Le aseguré que el joven era buena persona, y que algún día haría un trabajo excelente. Pero mi jefe (que también era cristiano), me respondió: "Pero, ¿es que no lo ves? No tiene ganas de trabajar. No quiere aprender". Traté de adiestrar al joven durante varias semanas, pero él se negaba a cooperara. Operaba de acuerdo con la *ley del mínimo esfuerzo*. Finalmente, semanas más tarde, lo tuve que despedir.

Perdí mucho tiempo, pero aprendí una lección muy valiosa. En mi corazón, había idealizado a esa persona, y no había estado dispuesto a ver la realidad. Tal vez usted esté pensando: *¿Qué tiene que ver esa historia con el cuidado del alma o sus consecuencias? ¿Qué tiene que ver con el avivamiento?*

Tiene mucho que ver. Muchos de nuestros avivamiento son desacreditados a causa de la insensatez que hay en los corazones de las personas. Gran parte de la obra de Dios es reducida al mínimo, porque su pueblo no sabe pastorear ese avivamiento. Una sucesión de decisiones poco sabias desacredita el avivamiento y acaba haciéndolo morir.

En 1 Samuel 13 vemos un ejemplo de lo que *no* se debe hacer, tomado de la vida de Saúl. Aunque es un pasaje bíblico largo, vale la pena volverlo a leer en su totalidad.

> Había ya reinado Saúl un año; y cuando hubo reinado dos años sobre Israel, escogió luego a tres mil hombres de Israel, de los cuales estaban con Saúl dos mil en Micmas y en el monte de Bet-el, y mil estaban con Jonatán en Gabaa de Benjamín; y envió al resto del pueblo cada uno a sus tiendas. Y Jonatán atacó a la guarnición de los filisteos que

había en el collado, y lo oyeron los filisteos. E hizo Saúl tocar trompeta por todo el país, diciendo: Oigan los hebreos. Y todo Israel oyó que se decía: Saúl ha atacado a la guarnición de los filisteos; y también que Israel se había hecho abominable a los filisteos. Y se juntó el pueblo en pos de Saúl en Gilgal.

Entonces los filisteos se juntaron para pelear contra Israel, treinta mil carros, seis mil hombres de a caballo, y pueblo numeroso como la arena que está a la orilla del mar; y subieron y acamparon en Micmas, al oriente de Betavén. Cuando los hombres de Israel vieron que estaban en estrecho fosos, en peñascos, en rocas y en cisternas. Y algunos de los hebreos pasaron el Jordán a la tierra de Gad y de Galaad; pero Saúl permanecía aún en Gilgal, y todo el pueblo iba tras él temblando.

Y él esperó siete días, conforme al plazo que Samuel había dicho; pero Samuel no venía a Gilgal, y el pueblo se le desertaba. Entonces dijo Saúl: Traedme holocausto y ofrendas de paz. Y ofreció el holocausto. Y cuando él acababa de ofrecer el holocausto, he aquí Samuel que venía; y Saúl salió a recibirle, para saludarle. Entonces Samuel dijo: ¿Qué has hecho? Y Saúl respondió: Porque vi que el pueblo se me desertaba, y que tú no venías dentro del plazo señalado, y que los filisteos estaban reunidos en Micmas, me dije: Ahora descenderán los filisteos contra mí a Gilgal, y yo no he implorado el favor de Jehová. *Me esforcé*, pues, y ofrecí holocausto.

Entonces Samuel dijo a Saúl: *Locamente has hecho*; no guardaste el mandamiento de Jehová tu Dios que él te había ordenado; pues ahora Jehová hubiera confirmado tu reino sobre Israel para siempre. Mas ahora tu reino no será duradero. Jehová se ha buscado un varón conforme a su corazón, al cual Jehová ha designado para que sea príncipe sobre su pueblo, por cuanto tú no has guardado lo que Jehová te mandó.

— 1 Samuel 13:1-14, cursiva del autor

Las características de una persona de conducta insensata

Samuel reprendió a Saúl por su irreflexiva decisión de ofrecer el sacrificio. En este ejemplo podemos aprender a identificar las características de las personas que se manejan insensatamente. Quiera Dios vacunarnos hoy contra cuanto quede de insensatez en nuestra vida. Vivamos sabia y justamente por el resto de nuestra vida.

La persona insensata actúa fuera de contexto.

Hace algún tiempo, un amigo mío que también se graduó en el Seminario teológico Fuller, en California, viajó en avión hasta nuestra ciudad y vino a mi casa para visitarme. Tenía muchas preguntas acerca del bautismo de santidad que yo había recibido en 1997. "Sergio", comenzó a decir con cautela, "yo sé que tú recibiste algo que es como un bautismo de santidad, pero te quiero hacer unas cuantas preguntas teológicas. ¿Cuál es el contexto de este bautismo?"

Me di cuenta de que era sincero, así que le comencé a explicar mi experiencia. Como se había especializado en historia de la Iglesia, me hizo preguntas relacionadas con ella. "¿Has visto alguna vez algo semejante?"

"¡Claro que sí!", le dije con entusiasmo.

"¿Qué me dices de la Biblia?", me preguntó. "¿Está en la Biblia?"

"Por supuesto", le respondí de nuevo, "está en la Biblia". Le mencioné varios textos bíblicos sobre el tema. Lo que había parecido que iba a ser una conversación informal de cinco minutos cuando comenzamos, se convirtió en un par de horas. Cuando llevé a mi amigo de vuelta al aeropuerto, ya me estaba preguntando? "¿Quieres orar por mí? Yo quiero recibir el mismo fuego de santidad que tú recibiste".

Este hombre querido había querido asegurarse primero de que la experiencia no era algo fuera de contexto con lo que Dios estaba obrando a través del todo el Cuerpo de Cristo. Una vez hecho esto, estuvo dispuesto a recibirla. Su prudencia era señal de sabiduría, no de incredulidad. Como mi amigo, los de Berea que oyeron al apóstol Pablo predicar en su ciudad fueron a sus casas y escudriñaron las Escrituras para hallar el "contexto" de lo que Pablo estaba predicando (Hechos 17:11).

Sólo un insensato actúa fuera de contexto. Saúl hizo lo que a él le pareció. No ordenó sus pasos según las formas y los propósitos de Dios. Siguió una agenda centrada en él mismo. Podríamos decir que se hizo eco de las palabras de Frank Sinatra: "Lo hice a mi manera". Sencillamente, hizo lo que bien le pareció. Hoy en día hay en las iglesias muchas personas que viven aisladas. Se niegan a recibir la corrección; no buscan consejo. Actúan independientemente, como "Llaneros solitarios".

Saúl no estaba dispuesto a esperar para hacer las cosas como las había dispuesto Dios. Forzó la situación, de manera que sus hombres entraran en batalla. Yo he hecho lo mismo en mi insensatez. Hace años, en una de las reuniones de nuestra junta, estábamos hablando de un tema sobre el cual necesitábamos tomar una decisión. El Dr. C. Peter Wagner era miembro de nuestra junta de directores; un día discutíamos un tema y yo no estaba de acuerdo con él. Por supuesto, el disentir no tiene nada de malo, pero al recordarlo me doy cuenta de lo necio que fui en aquellos momentos.

Tenía ante mí un hombre con muchos años de experiencia en el ministerio, que era un experto en el tema que tratábamos. Yo acababa de salir del seminario, pero estaba tratando de decirle cómo se hacían las cosas. Gracias a Dios, desde entonces he crecido y madurado mucho. Ahora he aprendido a escuchar con más detenimiento la sabiduría de este hombre, y hemos mantenido una relación muy cordial durante todos estos años. Debemos tener mucho cuidado, porque podemos perder la integridad si vivimos aislados y nos apoyamos en nosotros mismos. Vivimos en una generación que tiende a aislar los buenos consejos, poniéndolos donde los encuentre con facilidad, pero sin guardarlos y aplicarlos cuando los necesita.

Un líder cristiano de los Estados Unidos sugirió que se creara un concilio nacional de responsabilidad moral. Sugirió que un grupo de cien líderes se reuniera para trazar una estrategia sobre las formas en que los cristianos pueden rendirse cuentas unos a otros. Yo creo que necesitamos esto en todas las naciones. Son demasiados los fallos y las caídas morales, y esto no es voluntad de Dios. La Biblia no dice: "Mañana pecaréis con toda seguridad". Lo que dice es: "No reine, pues, el pecado en vuestro cuerpo mortal" (Romanos 6:12). Podemos ayudarnos unos a otros a mantener la rectitud, estableciendo redes de responsabilidad recíproca.

Según un buen número de estadísticas nacionales actuales, en los Estados Unidos se están produciendo tantos divorcios entre los miembros de las iglesias, como entre los que no asisten a ellas.[1] Hay algo que no anda bien. Necesitamos ayuda. Necesitamos que una nueva oleada de santificación sacuda a la Iglesia. Lo que nos está destruyendo es nuestra propia insensatez. Necesitamos habituarnos a rendir cuentas; no podemos trabajar aislados.

La persona insensata es inoportuna.

Cuando estábamos recién casados, mi esposa Kathy y yo queríamos servir al Señor. Yo tenía la pasión y la visión de ir a Argentina para fundar una escuela y un orfanato, y establecer un programa de adiestramiento de líderes. De ser posible, quería hacer todo esto en el término de un año. Cuando le di la noticia a mi santa esposa, ella me miró y me dijo: "¡Estás loco!"

Me sentí tan herido, que ni siquiera estaba ya seguro de que mi matrimonio pudiera superar aquel golpe, así que me puse a orar: "Señor", clamé, "soy cristiano evangélico, así que no me puedo divorciar de mi esposa. Pero ella no quiere venir conmigo para cumplir la visión que tú me diste". Lloré y oré; ayuné y esperé. Pronto me di cuenta de que, aunque la visión fuera la correcta, el momento no lo era. Para cumplir la voluntad de Dios, no sólo necesitamos tener luz verde respecto a lo que él quiere hacer, sino también luz verde acerca del *momento* en el cual hacerlo. Necesitamos un sentido estratégico de la oportunidad, para poder obedecerle plenamente.

Más tarde, mi esposa me comenzó a hacer preguntas: "¿Qué clase de escuela quieres fundar?", me dijo. "¿Cómo vas a hacer para llevar adelante el orfanato?" Yo comencé a compartir con ella mi sueño, y no había pasado mucho tiempo cuando me dijo: "¡Tal vez podamos hacerlo!" Entonces, cuando nos lanzamos a cumplir la voluntad de Dios en Argentina, ella me ayudó a fundar el orfanato y la escuela y a realizar el programa de adiestramiento de líderes allí. Hasta el día de hoy, estos ministerios siguen adelante con éxito.

Le doy gracias a Dios por no haberme precipitado. Pude "reclutar" a mi esposa, de manera que conociera el sueño que el Señor me había dado. El sentido de la oportunidad forma parte de nuestra santidad y de nuestro éxito.

Recuerdo un hombre que le dijo a mi padre: "Ya estoy listo para ser pastor principal, así que deme mi independencia". Pero no estaba listo. Al cabo de un año, había destruido la obra comenzada en un lugar prometedor donde mi padre había iniciado una nueva iglesia.

Es muy importante desarrollar un sentido divino de la oportunidad. Necesitamos con urgencia aprender a seguir el calendario de Dios. A veces, la gente se impacienta con los líderes de su iglesia, creyendo que el líder se está moviendo con demasiada lentitud, o demasiada rapidez. Debemos aprender a sincronizarnos dentro de la iglesia, esperándonos unos a otro, y funcionando como un cuerpo. Es posible que Dios le haya dado a usted dones espirituales poderosos. Tal vez crea que todos los demás se están moviendo con demasiada lentitud. Pero corre el riesgo de destruir su propio ministerio por adelantarse a la iglesia... y a Dios.

Si usted está corriendo solo, lo más probable es que se esté alejando de la voluntad de Dios. ¡Regrese! Dios está trayéndonos un avivamiento que va acompañado de humildad, unidad, mansedumbre y respeto mutuo en los ministerios. Tal vez podamos correr con más rapidez que los demás durante el primer año, o por algún tiempo, pero si criticamos a todo el mundo y abandonamos la iglesia, tarde o temprano nos encontraremos metidos en problemas.

En 1 Samuel 13, Saúl precipitó los acontecimientos. Como un niño que saca su camiseta favorita del fondo de la pila porque no se puede tomar el tiempo necesario para ir sacándolas una a una, hizo que toda la pila le cayera encima. Les declaró prematuramente la guerra a los filisteos. Entonces, se sintió aterrado por las consecuencias de su atropellada acción.

Saúl ignoró tanto el *jronos* como el *kairós* de la batalla. Era la insensatez en acción. El *jronos* es el tiempo que podemos observar en un reloj. El *kairós* es el momento oportuno dispuesto por Dios para su intervención específica. Algunas veces, podemos perder de vista a ambos. Podemos dejar de andar juntos en unidad en la iglesia, en nuestro matrimonio o en nuestra familia, y finalmente, cuando llega la visitación del Señor, nos la perdemos por lo desorganizados que estamos. Hay algunos que siempre se adelantan o se atrasan demasiado, pero nunca llegan en el momento de Dios.

Cuando yo tenía nueve años, decidí una tarde que era tan buen nadador, que podía llegar incluso al otro lado de una piscina muy profunda. "Nunca lo he hecho", les dije a mis amigos, "pero lo voy a hacer por vez primera." Por supuesto que capté su atención, y eso me encantaba, aun al precio de arriesgarme así. A unos pocos metros del borde, no pude seguir, y estoy seguro de que me habría ahogado si los salvavidas no me hubieran rescatado. Me sacaron, me oprimieron el estómago para sacarme el agua, y me salvaron.

Hoy en día, muchos líderes de iglesias incurren en este tipo de apresuramiento insensato. Esto es una advertencia para el Cuerpo de Cristo. A menos que andemos en sabiduría y unidad, ni siquiera el avivamiento nos va a ayudar. Nuestras relaciones, nuestra unidad, nuestra responsabilidad mutua, deben estar ya establecidas cuando aparezca el gran poder de Dios. La red ya debe estar remendada. Debemos tener el corazón preparado.

Parte del compromiso con la santidad es un compromiso con el Cuerpo de Cristo. Cuando llegó a mi vida el bautismo de fuego, uno de los primeros cambios que produjo en mí fue un exuberante amor por el Cuerpo de Cristo; un amor que abarcaba a todas las denominaciones. Ese amor me impide precipitarme, y me lleva a tomar el tiempo y el esfuerzo necesarios, por imperfectos que sean, para sincronizarme con el Cuerpo de Cristo—y con Dios.

La persona insensata no sabe fijar límites precisos.

Saúl se impacientó mientras esperaba. Cuando Samuel le preguntó: "¿Qué has hecho?", Saúl le respondió: "Me esforcé... y ofrecí holocausto" (1 Samuel 13:12). Básicamente, le estaba diciendo: "Lo siento, pastor. No pude esperar por usted".

Samuel había sido nombrado por Dios como profeta y sacerdote. Saúl había sido nombrado rey. Saúl cruzó los límites que Dios le había fijado como rey. Tenía un marcado individualismo, lo cual no es en sí mismo malo, pero le impidió esperar el momento correcto. También hizo que cruzara los límites y se saliera de su propio llamado. Esencialmente, decidió que él podía realizar la obra del profeta junto con la suya propia.

Otro rey que sobrepasó sus límites fue Asa. Ansioso por hacer un tratado de paz con Ben-adad, el rey pagano de Aram, tomó el tesoro de oro y plata del templo del Señor como ofrenda pacificadora para el monarca. Después de eso obtuvo varias victorias, pero al final, las consecuencias de su insensata acción lo alcanzaron. En una confrontación con el vidente Hanani, Dios lo reprendió de esta manera:

> Por cuanto te has apoyado en el rey de Siria, y no te apoyaste en Jehová tu Dios, por eso el ejército del rey de Siria ha escapado de tus manos... Porque los ojos de Jehová contemplan toda la tierra, para mostrar su poder a favor de los que tienen corazón perfecto para con él. *Locamente has hecho en esto*; porque de aquí en adelante habrá más guerra contra ti.
>
> —2 Crónicas 16:7, 9, cursiva del autor

Un secreto para mantener el fuego de Dios ardiendo en nuestra vida es no pasarnos de los límites de nuestro propio llamado. Desarrolle la humildad de trabajar dentro de los parámetros de lo que Dios le ha dado a hacer. Hay quienes nunca aprenden a llevar el arca del pacto sin tocarla. Hay consecuencias graves y terribles para quienes toquen esa arca.

La persona insensata ignora la realidad.

Saúl creía que estaba actuando en el nombre del Señor, al iniciar una batalla contra sus enemigos. Sin embargo, no se tomó el tiempo necesario para calcular el tamaño del ejército enemigo, o la cantidad de carros que tenía. La Biblia nos dice que tenían treinta mil carros y seis mil hombres de a caballo (1 Samuel 13:5). Cuando Saúl vio la hueste que venía contra él, se sintió aterrado. Una cosa es tener la fe necesaria para enfrentarse al enemigo, y otra muy distinta es dar por sentado que tenemos la suficiente fuerza para derrotarlo.

Es asombroso cómo el pecado puede cegar a la gente y hacerla llegar a conclusiones ridículas. Conocí a un hombre que tomó la decisión de separarse de su esposa. Hasta afirmaba que Dios le había dicho que lo hiciera, y también le había dicho que no le diera dinero alguno a ella cuando se separaran.

Por supuesto, no hace falta ser un cristiano maduro para discernir que este hombre no había oído a Dios. El Señor nunca le dice a una persona que se divorcie de su esposa ni que no le dé el mantenimiento debido. Pero el pecado de este hombre hizo que viviera en un triste estado de negación.

Hasta el juez le dijo en el tribunal: "Tiene que pagar, o va a meterse en problemas". Pero él siguió creyendo que había oído a Dios. Hasta decidió que su caso era "especial", a pesar de que violaba las Escrituras. Sin embargo, al cabo de unos pocos días supimos que este hombre estaba en la cárcel. La realidad lo golpeó con fuerza, y es de esperar que su sentencia lo hiciera reconocer su insensatez.

Hay un precio que pagar por la insensatez de negar la realidad. Saúl no se limitó a ignorar el tamaño del ejército enemigo, sino que ignoró también la falta de fortaleza de su propio ejército. En 1 Samuel 13:22 se nos dice que condujo a su ejército a la batalla contra un ejército inmenso y poderoso sin las armas adecuadas. Las Escrituras nos dicen: "No se halló espada ni lanza en mano de ninguno del pueblo que estaba con Saúl y con Jonatán".

La persona insensata consume sus propios recursos.

La Biblia dice en Proverbios 20:21: "Tesoro precioso y aceite hay en la casa del sabio; mas el hombre insensato todo lo disipa". Esto parece especialmente adecuado a nuestra cultura, que está tan embebida en sus deudas. Vivimos en tiempos en que nos empujan tanto a endeudarnos, que es difícil dejar de consumir.

En una ocasión prediqué en una iglesia del sur de Argentina donde las personas llevaron sus tarjetas de crédito al altar al final del culto. El pastor me dijo que el Espíritu Santo había iniciado un nuevo movimiento en su iglesia. Muchos de sus miembros estaban atados por las deudas de las tarjetas de crédito, porque eran compradores compulsivos. Si tenían la tarjeta, la tenían que usar. Sus deudas eran tan gigantescas, que no podían sostener la obra del Señor, y terminaban no pudiendo sostener a su propia familia.

Allí comencé a escuchar un testimonio tras otro de matrimonios sanados y fortalecidos. Habían resuelto sus conflictos económicos dejando las compras compulsivas y enfrentándose con decisión a sus deudas.

Algunos expertos en el matrimonio han dicho que el principal motivo de división en el hogar es la economía. Vivimos en días en que tenemos una libertad increíble para escoger lo que compramos. El consumismo se ha convertido en una enfermedad. Usted va a notar cuándo ha caído en él, porque no va a tener dinero para los diezmos, ni le va a sobrar nada para sostener a los misioneros. Somos como el insensato que devora todo lo que tiene.

Juan Wesley les indicaba a los suyos que oraran antes de comprar algo. Admiro la sabiduría de su filosofía sobre el dinero, la que decía: "Gana todo lo que puedas, ahorra todo lo que puedas y da todo lo que puedas". En un momento de su vida, el Señor lo bendijo tanto, que pudo vivir con el diez por ciento, y dar el noventa por ciento para la obra del Señor.

No le hablo así por creerme más espiritual que ninguno. Le hablo con mansedumbre para decirle que esto forma parte de la santidad que Dios quiere llevar a nuestras familias. La integridad económica y fiscal están incluidas en la santidad. Hay quienes se creen santos porque son personas morales. La santidad no es sólo una moralidad correcta, sino también una ética correcta. Es gozar de buen testimonio y dar una buena imagen ante los paganos, para que se acerquen a Cristo.

Si nuestra santidad no invade todos los aspectos de nuestra vida, entonces no somos santos. Hay quienes tal vez piensen que son "casi" santos, pero no basta con una santidad al noventa y ocho por ciento. Todos necesitamos hacer nuestra la santidad de Jesucristo, el Cordero de Dios sin pecado. Necesitamos llevar la santidad a nuestra cuenta de cheques, a nuestra economía, a nuestro matrimonio, a nuestras relaciones, a las películas que vemos y a todos los aspectos de nuestra vida.

Nadie es capaz de detener a una iglesia que hace suyo este tipo de santidad. No hay demonio alguno del infierno que pueda detener a una iglesia totalmente entregada a la santidad de Jesucristo. El avivamiento se tarda, porque la obediencia ha sido retardada primero. Cuando seamos prontos en obedecer, el Señor todopoderoso nos dará fortaleza para comenzar un avivamiento en esta nación.

La persona insensata no tendrá un buen final.

En las plantas hay una hormona que influye sobre su crecimiento. Algunas veces, si la planta tiene una cantidad excesiva de esta hormona, brota demasiado pronto, y crecen las hojas antes de que haya quedado completamente establecido el sistema de raíces. Como consecuencia, las plantas no florecen, y suelen morir antes de llegar a la madurez. En cierto sentido, este ejemplo tomado de la vida vegetal refleja la insensatez dentro de las iglesias.

Observe la presencia de esta enfermedad en el ámbito espiritual. Una iglesia o un ministerio puede ser como una hermosa planta, que debe producir fruto a su tiempo, pero la hormona espiritual de la insensatez hace que la joven planta desarrolle *la enfermedad del crecimiento insensato*. Como consecuencia, brota demasiado pronto. Como aún no tiene un sistema de raíces maduro, esa iglesia o ese ministerio muere antes de llegar a su madurez.

Cuando empieza a crecer, muchas personas elogian al ministro. "¡Vaya! Debe estar realmente ungido. Mira con qué rapidez crece su iglesia." No nos dejemos engañar por el crecimiento rápido. Nos debe preocupar más saber si esa iglesia tiene unos cimientos lo suficientemente fuertes para sostener su crecimiento.

Sansón, Salomón y Saúl murieron antes de llegar a la madurez espiritual. Muchos ministerios han florecido con rapidez para morir después antes de llegar a madurar. Hay cristianos que son como esas plantas, y que están diciendo: "Dios me desilusionó. Por una profecía, o por el consejo de unos amigos, yo creí que iba a triunfar en mi ministerio, pero eso no sucedió".

No permita que la enfermedad del crecimiento insensato lo afecte a usted o a su ministerio. No deje que la planta insensata lo lleve a dar fruto antes de echar raíces. Sintonice con la voluntad de Dios—y sus tiempos oportunos—en cuanto a su llamado. Humíllese ante el Señor y espere a que su sabiduría le enseñe lo que necesita saber.

Recuerdo un apreciado amigo que tuve cuando estaba en la escuela bíblica en Argentina. Todos éramos jóvenes durante aquel primer año de adiestramiento en el ministerio. Yo entré a la escuela bíblica a los diecisiete años. Pensábamos que era aceptable el ser un poco insensato. Pero durante ese primer año, progresamos a través de una experiencia que nos ayudó a madurar.

En cambio, mi amigo no cambió. Manifestó el mismo tipo de superficialidad durante su segundo año en la escuela. El tercer año fue igual. Como Dios le había dado tantos dones, y estaba tan ungido para el ministerio, yo seguía pensando que iba a triunfar. Pero hoy día ni siquiera está en el ministerio, y su vida es un desastre.

Este hombre no era una mala persona. No era inmoral; *sólo era un insensato* que se negó a aprender y crecer. Actuaba movido por impulsos. Durante un tiempo, Dios lo cubrió y bendijo de todas formas, pero después de esto, todo había terminado.

Las señales de la insensatez

Si usted quiere andar en la verdadera santidad bíblica, tiene que decidirse a andar sabiamente. Teniendo en cuenta las mismas acciones que vemos en la historia del rey Saúl, he aquí algunos ejemplos contemporáneos de insensatez:

- *Permanecer en el ministerio, aunque le cueste a uno el alma.* Hay algunos ministros que tienen fallos morales, pero se niegan a someterse a la disciplina y a un proceso de restauración. Siguen ministrando como si nada hubiera sucedido. La sabiduría los llama a confesar sus pecados y buscar la restauración, pero su orgullo no les permite hacerlo.

- *Hacer crecer a su iglesia local, y perder su ciudad.* Hay una imprudente obsesión por el crecimiento de la iglesia local, a expensas de una visión mayor que debe compartir con otras iglesias locales para beneficio de toda la ciudad. La sabiduría nos llama a dejar de lado nuestras agendas personales y de denominación para andar en unidad bíblica, buscando tanto el ministerio local como el de la ciudad.

- *Pelear unos con otros dentro del mismo Reino.* En tiempos de guerra, esto recibe el nombre de "fuego amigo". Hay en el ministerio gente que ataca a otras denominaciones o movimientos, sin averiguar primero la realidad. Con frecuencia, esto brota de la envidia y los celos. En una ocasión, alguien dijo con toda sabiduría: "No critiques lo que Dios ha bendecido". Recuerde que la Palabra de Dios nos dice que tendremos que rendir cuentas por cada palabra necia que digamos. Somos necios e infantiles cuando reñimos y peleamos entre nosotros sobre asuntos doctrinales de menor categoría que nunca nos habrían debido dividir.

- *Negarse a dejar en libertad a un obrero local para que se dedique a un ministerio, porque usted necesita a esa persona para que lo ayude en el suyo.* Generalmente, esto es señal de ambición egoísta. El líder que obra movido por este espíritu egoísta de control nunca va a experimentar en su plenitud la bendición de Dios.

- *Regresar a los hábitos religiosos del pasado.* Hay muchas denominaciones que han explorado la unidad, y la relación con el Espíritu Santo, pero después, por temor o por errores cometidos por los líderes del nuevo movimiento, regresan a sus antiguas prácticas. Esto desacredita la causa del avivamiento y retrasa el avance del Reino de Dios. La sabiduría nos lleva a abandonar las estrategias estériles que ya no tienen sentido alguno para nuestra generación. Hace poco volví a visitar una ciudad del Asia. Pregunté acerca de la situación de varios líderes que había conocido anteriormente. Habían avanzado con el mover de Dios, pero se me dijo que después, "debido a presiones de su denominación", se habían echado atrás y regresado a su formalidad anterior, haciéndose más cerrados aún que antes.

- *Tener la ilusión de convertirnos en alguien que no hemos sido llamados a ser.* No todos hemos sido llamados a ser como Bill Bright o como Martin Luther King, Jr. Pídale a Dios que lo mantenga centrado en la realidad del llamado específico que Él le ha hecho. No trate de ser quien no es. Pídale a Dios que desinfle su ego si está siendo movido por esta clase de orgullo espiritual.

- *Ser un líder que no dirige a nadie por descuido y falta de responsabilidad.* Hay un refrán muy usado, que tiene cierto sentido espiritual: "Se puede llevar a un caballo hasta el agua, pero no se le puede obligar a beber". Tal vez Dios lo haya llamado a llevar a su iglesia hasta un éxito mayor dentro del Reino. Pero si usted descuida su llamado, decidiendo seguir sus propios deseos e ignorar la responsabilidad del liderazgo al que Dios lo ha llamado, no estará guiando a nadie. No se dé por vencido, sólo porque la tarea sea dura. No deje para mañana lo que Dios lo ha llamado a hacer hoy.

- *Vivir en aislamiento con respecto a los demás ministros.* Todos necesitamos padres, mentores y amigos. Si usted no tiene a nadie que permanezca junto a usted, se halla en una posición peligrosa y vulnerable. Dios nos ha puesto en un cuerpo, y nos ha llamado a rendirnos cuentas unos a otros. No se aísle de aquéllos que pueden ser sus "padres" o "mentores" y llevarlo a la madurez. Si está aislado, está actuando con insensatez.

- *Poner en primer lugar los dones del Espíritu y descuidar el fruto.* Algunos cristianos creen que los dones visiblemente poderosos del Espíritu son más importantes que el fruto del Espíritu, que es poderoso internamente. No sea como "metal que resuena, o címbalo que retiñe" (1 Corintios 13:1). Desarrolle las características del liderazgo que se ponen a nuestra disposición por medio del fruto del Espíritu. Valorar más el carisma que el carácter equivale a prepararse para el fracaso y la desilusión.

El camino de la santidad

La Biblia dice que hay un camino de santidad por el cual caminan los justos, pero "no pasará inmundo por él" (Isaías 35:8). El Espíritu Santo llama a los que han cometido actos de insensatez para que se arrepientan y hagan las paces con Dios. Y quiere que la Iglesia entera haga suya la sabiduría de la santidad. En mi propia vida he aprendido que Dios no bendice mi insensatez.

Durante el llamado al altar que se hizo en una gran reunión, tuve la visión de una joven que trataba de matarse. Comencé a describirles a los presentes el arma que la había visto usar. Cuando lo hice, una joven pasó al frente y me dijo: "Ésa soy yo. Tenía planes concretos para suicidarme esta semana". Iba a hacer algo insensato, pero Dios todopoderoso tenía otros planes para ella.

Tal vez usted esté pensando calladamente en divorciarse. Quizá diga: "Mi esposa es buena, pero yo estoy enamorado de otra". Esto es una insensatez, y le puede destruir la vida. Si está a punto de hacer algo insensato, no huya de Dios. Haga una oración de arrepentimiento y ríndase a Él.

Tal vez sus acciones insensatas tengan que ver con las críticas a lo que Dios ha bendecido. ¿Tiene un espíritu de crítica? ¿Les está hallando faltas siempre a otras personas, otras iglesias y otros movimientos? Si es así, acuda al Señor hoy mismo arrepentido. La Iglesia está sufriendo a causa de la tendencia a las divisiones que hay en medio del pueblo de Dios. Las críticas no nos edifican. Criticar es una insensatez. Hay un lugar para la confrontación y la exhortación, pero todo debe ser hecho de acuerdo con Mateo 18, frente a frente con el hermano, y hablando la verdad con amor.

Si usted se ha sentido impulsada a abortar el bebé que lleva en el vientre, acuda al Señor. Él le va a dar un buen consejo.

¿Está tan enojado con su hijo adolescente rebelde, que se siente tentado a responderle con el mismo nivel de gritos, insultos y riñas que él está usando? Llévele su enojo al Señor y pídale que lo llene con el fruto del amor, de manera que pueda reaccionar amorosamente.

Si usted no es persona de palabra; si promete muchas cosas que nunca cumple, acuda hoy al Señor. Yo sé lo que es eso. Algunas veces, nuestras promesas son muy superficiales. He aprendido que cuando no es posible confiar en nuestra palabra, no se trata sólo de una debilidad, sino que se trata de un pecado. Muchas veces me he arrepentido y le he pedido a Dios que me perdone. Quiero que mi *sí* sea sí, y mi *no* sea no. Quiero ser un hombre de palabra.

Haga caso de la advertencia que se nos hace en Efesios 5:17, que dice: "Por tanto, no seáis insensatos, sino entendidos de cuál sea la voluntad del Señor". Si ha caído en la insensatez, y ésta lo ha llevado al pecado, siga estos tres pasos para evitarla en el futuro:

1. *Comprenda que la raíz de la insensatez es el temor a los demás.* Si le preocupa más lo que piense la gente sobre usted, que lo que piensa Dios, va a tomar decisiones insensatas. Aprenda a hacer suyo el temor del Señor.
2. *Reconozca que la insensatez es un pecado, y arrepiéntase.* Pídale al Señor que lo llene del conocimiento de su voluntad. Sumerja a diario su mente en la sabiduría de su Palabra. Aceptar la insensatez no es una debilidad, sino una transgresión.
3. *Ponga en primer lugar la sabiduría.* El libro de Proverbios describe la sabiduría que viene de Dios como "más preciosa que las piedras preciosas". Aprenda a atesorarla. Búsquela y valórela como nunca antes.

Una oración de arrepentimiento

Padre, confieso mis acciones y pensamientos insensatos. Me arrepiento sinceramente. Te pido que mi insensatez no se convierta en un desastre. Perdóname y purifícame. Pero si debo afrontar las consecuencias de mis actos de insensatez, te pido valor para enfrentarme a ellas con humildad y fortaleza. Estoy dispuesto a aprender. Espíritu Santo, haz que arda en mí la pasión por la sabiduría y el rechazo a la insensatez. Señor, tú eres mi sabiduría. Ayúdame a ser sabio en mi caminar diario. Santifícame por completo. En el nombre de Jesús, amén.

8

La transgresión de David: La falta de límites claros

***Sólo** un pedazo de pizza y regreso a la puerta para tomar mi avión,* me dije. Me comí la pizza con rapidez. Cuando volví a la puerta, los asistentes de vuelo me informaron que el avión ya se había marchado. "¡Pero si aún no es la hora de salida!", protesté.

"El avión pudo salir unos pocos minutos antes del momento fijado", fue la respuesta. "Anunciamos por los altavoces que los pasajeros debían permanecer cerca de la puerta de entrada para oír la información sobre el vuelo."

Yo había oído el aviso, pero sinceramente, no lo había tomado en serio. Estaba "esperando lo mejor" mientras me alejaba de la zona cercana a la puerta de entrada para conseguir el pedazo de pizza. Y aquella tarde me pasé horas caminando por el aeropuerto de Dallas y prometiéndome a mí mismo que no lo volvería a hacer. En el ámbito espiritual también hay gente que "espera lo mejor". Pero entonces, le sucede lo peor por no haber fijado límites claros en su vida. Debemos aprender a vivir dentro de los límites fijados por Dios, para triunfar espiritual y moralmente.

Este capítulo es un llamado de advertencia para los cristianos que no hayan aprendido a llevar su vida cristiana en estado de alerta. El hecho de que usted no vea que se le acerca la tentación no lo va a excusar ante Dios. Él nos exige que estemos vigilantes.

Cuando una persona comprende esta transgresión de no fijar unos límites claros, y la evita, esa persona ha tomado dominio sobre su vida, y ya no la va a sacar de control el aumento del pecado alrededor de ella.

Muchas personas creen que el mayor error en el que cayó David fue el pecado de *adulterio,* pero a mí me parece que su peor error fue la *codicia*. David tenía mucho, pero al parecer, lo que ya tenía no le bastaba. Los apetitos sin límites llevan a un alma que podría ser sana, a la tragedia moral. El problema moral es la consecuencia visible, pero la codicia es la causa invisible. David fue reprendido mayormente por su codicia, no por su fallo moral. La Palabra de Dios siempre nos señala hacia la raíz del pecado. Va más allá de la acción incorrecta, poniendo al descubierto las malvadas intenciones que motivan la conducta.

> Porque la palabra de Dios es viva y eficaz, y más cortante que toda espada de dos filos; y penetra hasta partir el alma y el espíritu, las coyunturas y los tuétanos, y discierne los pensamientos y las intenciones del corazón. Y no hay cosa creada que no sea manifiesta en su presencia; antes bien todas las cosas están desnudas y abiertas a los ojos de aquel a quien tenemos que dar cuenta.
>
> —Hebreos 4:12, 13

Se ha descrito la *codicia* como "el intenso deseo de tener lo que no deberíamos tener". La codicia se presenta cuando vamos más allá de la línea del contentamiento. Con frecuencia, no reconocemos que la codicia no es un pecado menor. Es una de las transgresiones que producen la desintegración de la sociedad. "No codiciarás..." es uno de los límites fijados por el Señor para conservar el orden social y la civilización. Gran parte de los crímenes que se cometen en las calles de nuestras naciones brotan de la codicia y la avaricia. La esclavitud económica de millones de personas tiene por causa la codicia. La Biblia nos dice que el amor al dinero (otra forma de codicia) es la raíz de todos los males (1 Timoteo 6:10).

El suelo fértil de un corazón codicioso

Jesús dijo que esas apetencias son inmundicia interna. Al dirigirse a los líderes religiosos de su tiempo, quienes evitaban los llamados *pecados espectaculares,* los condenó por lo que tenían escondido en el corazón:

> ¡Ay de vosotros, escribas y fariseos, hipócritas! porque limpiáis lo de fuera del vaso y del plato, pero por dentro estáis llenos de robo y de injusticia. ¡Fariseo ciego! Limpia primero lo de dentro del vaso y del plato, para que también lo de fuera sea limpio.
>
> —Mateo 23:25-26

Los pecados del espíritu, los del alma y los del cuerpo tienen consecuencias todos. Pero los que impulsan a todos ellos son los pecados del espíritu, como la codicia y el orgullo. Invisibles muchas veces, estos pecados se esconden en el interior de la persona y la infectan toda con su sucia enfermedad. El primer paso en la purificación es un cambio de corazón: "Limpia primero lo de dentro del vaso". Entonces, una vez limpio lo de dentro, de una manera casi natural, lo de fuera también va a quedar limpio.

Hoy hay muchas tiendas que permanecen abiertas todo el día y toda la noche, los siete días de la semana. La vida moderna, sobre todo en la ciudad, crea la necesidad de que siempre haya tiendas disponibles. Algunos negocios han hallado que este horario de veinticuatro horas permite operar de manera más eficaz, al dar tiempo para un mantenimiento, una limpieza y una organización mejores de las que existirían si el negocio se cerrara durante un tiempo todos los días.

En la ciudad donde vivimos, mi esposa y yo sabemos cuáles son las tiendas que están abiertas las veinticuatro horas. Sabemos que tarde o temprano vamos a necesitar sus servicios. En ocasiones, a Kathy incluso le agrada comprar a altas horas de la noche, cuando los niños están acostados y no hay gran presión para volver pronto a casa. Durante esas horas tranquilas en las tiendas, tiene todo el tiempo que quiera para buscar buenos precios en las cosas que usa la familia.

El Espíritu Santo está buscando gente que esté disponible 24-7; que tenga la puerta de su corazón abierta constantemente a su obra santificadora. Estas personas, tanto si están descansando, como si están trabajando, corriendo o detenidas, se hallan constantemente en su presencia. La luz de su corazón nunca se apaga, ni de día ni de noche. Siempre están puros, o se están purificando. Éste es el tipo de gente que va a conquistar el mundo para Cristo.

¿Quiere ser un cristiano lleno del Espíritu 24-7? Para serlo, debe aprender a evitar cinco errores que podemos ver en la vida de David, quien obviamente había resuelto que no necesitaba andar en santidad a toda hora del día y de la noche.

Los pasos de David hacia el desastre

La codicia del corazón de David, de la que tal vez por aquel entonces no se había dado cuenta, lo hizo dar una serie de pasos equivocados.

1. Quedarse en casa en tiempos de guerra

Aconteció al año siguiente, en el tiempo que salen los

reyes a la guerra, que David envió a Joab, y con él a sus
siervos y a todo Israel, y destruyeron a los amonitas, y
sitiaron a Rabá; pero David se quedó en Jerusalén.

—2 SAMUEL 11:1

El Eclesiastés nos dice que hay tiempo para la guerra y tiempo para la paz (Eclesiastés 3:8). David estaba viviendo en tiempos de guerra, pero confiaba en sus victorias del pasado y en su ejército, y permitió que sus hombres salieran a luchar sin él. No supo darse cuenta de que ser líder exige ser diligente. Su lugar estaba con sus hombres en la batalla. Lo mismo sucede con nosotros hoy. Nuestra gente necesita que estemos cerca en los tiempos de batalla. Y, por sorprendente que parezca, también nosotros necesitamos estar cerca de ellos.

Oigo hablar de muchos hombres cristianos de hoy que se dejan enredar en la trampa de la pornografía en la Internet. Esto se ha convertido en una epidemia tal, que se han creado ministerios con el único objetivo de ofrecer libertad de esta plaga de adicción sexual. Aunque me siento agradecido por la existencia de estos ministerios, me pregunto si estos hombres habrían caído en la pornografía, de haberse hallado en el campo de batalla. Si hubieran estado batallando con el diablo, caminando espiritualmente alertas y ganando gente para Cristo, tal vez no habrían tenido tiempo o interés para ponerse a mirar pornografía. Necesitamos con toda urgencia darnos cuenta de que hemos sido llamados al campo de batalla.

2. Hacer mal uso de su tiempo libre

Y sucedió un día, al caer la tarde, que se levantó David de
su lecho y se paseaba sobre el terrado de la casa real.

—2 SAMUEL 11:2

He estado leyendo artículos de periódicos y revistas acerca del ataque terrorista del 11 de septiembre a Nueva York. Todos los artículos que he leído coinciden en afirmar que desde este ataque, los Estados Unidos ha tenido que buscar nuevas formas de fortalecer sus defensas nacionales. No basta con aumentar las medidas de seguridad en los grandes aeropuertos solamente. Nuestros líderes nacionales han tenido que crear planes para proteger nuestros depósitos de agua, plantas nucleares y provisiones de alimentos. El presidente Bush le ha pedido al pueblo estadounidense que se mantenga alerta. Un funcionario del gobierno le llamó a ese estado de alerta "El programa Ojos-bien-abiertos".

A David le habría aprovechado mucho instituir también un

"Programa Ojos-bien-abiertos" en su propio reino. En lugar de unirse a sus hombres en el campo de batalla, se había permitido tomarse un tiempo libre, y estaba haciendo mal uso de él. Había mezclado un *sano relajamiento* con una *venenosa codicia*. No estaba alerta. Había demostrado lo cierto que es el viejo refrán: "La ociosidad es la madre de todos los vicios".

Si usted se ha tomado con seriedad lo de ser "santo porque Él es santo", es importante que se preocupe de su forma de pasar sus horas de diversión. Hágase estas preguntas:

Este tipo de diversión, ¿refresca o contamina?

- ¿Sigo un código moral distinto cuando llega la hora de divertirme?
- ¿Rechazo la indecencia en la vida real, pero disfruto de ella cuando es ficción?
- ¿He desarrollado una disonancia entre mis valores mentales y los valores que guían mis acciones?

Debemos buscar unas diversiones de las que no nos tengamos que arrepentir. Nuestra familia—o cada uno de nosotros—puede tener una diversión sana en la que ría, cante, disfrute de la compañía y dé honra a Dios por su forma de divertirse.

Las diversiones malsanas van en aumento, incluso entre los cristianos. Un obrero cristiano me dijo: "Yo sólo voy a los lugares de pornografía cuando estoy muy cansado". La obscenidad no es una forma sana de relajarse. Si la diversión sana no lo satisface, tal vez haya en su alma un punto de codicia que lo esté empujando en la dirección indebida.

Aquí hay un importante principio: Nuestra forma de usar el tiempo libre afecta a nuestro rendimiento en el trabajo. Podemos ver esto en el ejemplo de Nicolino Locche, un famoso boxeador argentino. Era un boxeador tan talentoso, que se podía pasar la noche anterior a una pelea bebiendo y divirtiéndose en los clubes nocturnos, y con todo, ganar al día siguiente.

Era muy rápido con los puños; tan rápido, que desconcertaba a su oponente. Lo enfrentaba con las manos bajas, y cuando el oponente trataba de propinarle un puñetazo en la cara, en una fracción de segundo movía la cabeza y evitaba el golpe, dejando perplejo a su rival, que se ponía a dar puñetazos al aire una y otra vez. Cada vez que esto sucedía, su oponente perdía puntos por no acertar el puñetazo.

Nicolino era un campeón indiscutible, pero poco a poco, la falta de preparación de y de buen estado físico, y el desorden de su estilo de vida, comenzaron a tener consecuencias. Muy pronto, los argentinos comenzaron a ver cómo derrotaban fácil y vergonzosamente a Nicolino. Con el tiempo, no le quedaron reflejos rápidos que lo salvaran. Su carrera terminó en un fracaso. Nicolino era bueno en el cuadrilátero, pero no había sabido manejar bien su tiempo libre. Esto causó su caída.

Cuide con celo su tiempo. Sus momentos de descanso, ¿lo están poniendo en un contacto excesivo con las tentaciones? No baje la guardia, permitiendo que las distracciones y las tentaciones lo lleven a hacer mal uso de su tiempo libre. Su éxito espiritual como cristiano, cónyuge, negociante o líder depende grandemente del grado de sabiduría con que viva cuando no está "en el trabajo".

3. Dejar que los apetitos lo dirijan

David fue progresando en su camino hacia la transgresión. Comenzó por no estar donde habría debido estar. Después, mientras se deleitaba en su tiempo libre al mismo tiempo que sus amigos peleaban en el campo de batalla, se acercó aún más a la transgresión al permitirse ver por un instante a una hermosa mujer que hizo brotar en él el deseo, y después actuar de acuerdo con ese deseo. Vemos esta progresión en dos sucintas oraciones gramaticales:

> Vio desde el terrado a una mujer que se estaba bañando,
> la cual era muy hermosa.
>
> —2 SAMUEL 11:2

Yo crecí en un hogar genuinamente cristiano. Mis padres vivían lo que predicaban. En mi casa nunca ha habido una revista obscena, ni la sugerencia siquiera de un chiste inmoral. Sin embargo, cuando me convertí en un hombre joven, me bombardearon las tentaciones morales, tal vez tanto como a cualquier joven mundano. Aunque las tentaciones son normales, la intensidad de las tentaciones que me presionaban me hizo darme cuenta de que había algo que andaba mal.

Creo que hay dos razones para las tentaciones que enfrenté, y que enfrentan los jóvenes cristianos de ambos sexos en cualquier lugar del mundo.

1. *Los poderes demoníacos no descansan.* Satán y sus huestes de espíritus demoníacos tienen una agenda de prioridades en la que se incluye la labor de tentar a los jóvenes para destruir su moralidad. Es frecuente que estos poderes demoníacos se ceben en los hijos de los ministros.

2. *La pornografía está libremente disponible y visible en las calles de nuestras naciones hoy.* Cuando yo era adolescente, se podía ver pornografía en cualquier lugar de mi país, en especial después de terminada la dictadura militar. Entramos en una tendencia que se calificó como "el destape". Fue un período de tiempo durante el cual surgió una epidemia de divulgación de la inmoralidad, como reacción a la represión de la libertad de palabra que mi país había experimentado bajo la dictadura que había durado muchos años en él.

De niño, siendo aún pequeño, y viviendo en una de las ciudades mayores de la Argentina, mientras iba de camino a la escuela podía ver fotos obscenas en exhibición en los puestos de periódicos que había aproximadamente cada dos calles en mi recorrido. Miles de niños y de jóvenes ven esas mismas imágenes a diario por las calles, no sólo de Argentina, sino de los Estados Unidos y de las demás naciones del mundo. Yo nunca me detuve a contemplar esas imágenes, por curioso que me haya sentido, pero sólo pasarles por al lado y verlas sin darme cuenta, se convertiría con el tiempo en las tentaciones naturales de un joven que me llevarían a una feroz batalla espiritual. Es el fenómeno de la supersexualización, una aberración de nuestra sociedad moderna. Lo que ha sido difícil para nuestros abuelos, va a ser más difícil para nuestros hijos.

Mi reto y autodisciplina diarios consisten en dirigir mis ojos de acuerdo a mis propósitos, en lugar de dirigir mis propósitos de acuerdo a mis ojos. Mi sentido de mi propio destino y de mi deber trascendente gobierna los músculos de mis ojos. Mis propósitos me proporcionan los parámetros para lo que miro y lo que no miro.

Todos y cada uno de mis días, me hallo cumpliendo una misión sublime, tan importante que vale la pena podar de mi vida todo lo malvado o vano. Sólo cuando anhelo una santidad continua, y trabajo por lograrla, me hallo en el camino correcto. Verá: la santidad no es cuestión de *posición*; es cuestión de *dirección*. El lugar hacia donde se dirige su corazón es mucho más importante que el lugar donde se hallan sus pies en estos momentos. Mi corazón se dirige hacia la santidad continua, y mis pies se hallan en algún lugar del camino hacia ese punto de destino. Mi misión diaria consiste en adelantar camino hacia la cruz.

Como yo mismo me he hallado tantas veces muy lejos de ese punto de destino, profundamente atrincherado en una santidad parcial, en lugar de una santidad continua, le puedo decir que hay un fuerte contraste entre esos dos lugares del camino. Avanzar hacia ese punto de destino es algo que lleva a la vida y lo va fortaleciendo a uno a medida que avanza, pero quitar los ojos de ese punto de destino y hacer concesiones en algún lugar del camino es algo que lo debilita a uno y termina derrotándolo.

La búsqueda de la santidad continua guía constantemente nuestro corazón por la senda que Dios nos traza. Mientras más fuerte sea el viento que se levante para tratarnos de desviar de esa senda, más fuertemente nos tendremos que aferrar al timón para seguir moviéndonos por ella. Pídale a Dios que lo haga "santo al minuto". O, para ser más precisos, pídale que lo haga "santo al segundo".

Un día, mientras caminaba por las calles de una ciudad costera de la Argentina con mis tres hijos pequeños, nos topamos de frente con un inmenso cartel donde se veía una mujer muy escasa de ropas. Los vi con los ojos bien abiertos, mientras miraban el cartel que teníamos enfrente. Aproveché la oportunidad para enseñarles el *Principio del segundo segundo*.

"Vean, hijos", les dije, "cuando le dimos la vuelta a la esquina y tropezamos con ese cartel, no pudimos evitar verlo. Ése fue nuestro primer segundo. Sin embargo, cada uno de nosotros pudo escoger entre seguir contemplando la desnudez de esa mujer, o no seguirlo haciendo. Esa decisión se produjo en el *segundo* segundo. Necesitamos aprender a escoger con sabiduría lo que miran nuestros ojos durante el segundo segundo."

4. Hacer mal uso de la autoridad

La progresión de David hacia la transgresión hizo que usara mal de su autoridad real. Cuando sus apetitos lo empujaron a cometer un acto de inmoralidad, usó su autoridad para ordenar que se llevaran a palacio la hermosa mujer que había visto desde su terraza.

> Envió David a preguntar por aquella mujer, y le dijeron: Aquella es Betsabé hija de Eliam, mujer de Urías heteo. Y envió David mensajeros, y la tomó; y vino a él, y él durmió con ella. Luego ella se purificó de su inmundicia, y se volvió a su casa. Y concibió la mujer, y envió a hacerlo saber a David, diciendo: Estoy encinta.
>
> —2 Samuel 11:3-5

Usted y yo no seremos reyes, investidos de autoridad para ordenar que se cumplan todos nuestros deseos. Pero usted tiene en su vida un nivel de autoridad que le permite dirigir los pasos que da cada día. No haga mal uso de su autoridad ni de sus privilegios. No manipule los sucesos y las circunstancias de su vida para echar abajo los límites de la moralidad y la santidad. David no supo poner en su lugar un importante límite en su vida. No siga su ejemplo.

Vivimos en unos tiempos en los que nuestra nación ha reconocido lo importante que es fijar unos límites necesarios para impedir que la maldad y el terror se apoderen de nuestra vida. Cada vez que caminamos por un aeropuerto o visitamos un lugar del gobierno, nos encontramos con esas barreras. Es más importante aún levantar barreras espirituales en nuestra vida para impedir que unos malvados "terroristas" alcancen nuestra alma. Use la autoridad que Dios le ha dado para ordenarles a esas influencias que se mantenga alejadas de usted. No haga mal uso de su autoridad.

5. Cubrir el pecado en lugar de confesarlo

Un día, poco después de haber aprendido a conducir, llevaba a un amigo a un anexo de la iglesia de mi padre en La Plata, Argentina. Estaba a punto de aprender una nueva lección para el camino. En la carretera de La Plata a City Bell la calle estaba sin pavimentar durante cuatro cuadras. En los días de lluvia, toda la calle se volvía como si fuera un camino de chocolate derretido.

En aquella ocasión, nos quedamos atascados en el lodo. Como yo no tenía experiencia traté de salir haciendo lo que había aprendido a hacer: apretando el acelerador. Aquel día aprendí que, una vez que uno está atascado en el lodo, mientras más gira las ruedas, más se hunde en él.

Finalmente, cuando ya la puerta del auto tocaba el lodo, decidimos que era hora de pedir ayuda. Nos habíamos metido en una situación difícil. El auto estaba tan hundido en el lodo, que me preguntaba si lo podríamos sacar. Algunos hombres del vecindario trajeron unas tablas grandes, ladrillos y una pala. Después de mucho esfuerzo, durante el cual las ruedas llenaron de lodo a varias de las personas que empujaban el auto, logramos salir.

De igual forma, muchos creyentes sin experiencia hacen lo mismo cuando se atascan en el lodo espiritual del pecado. Siguen apretando el acelerador, tratando de seguir adelante como de costumbre. No se dan cuenta de que es hora de pedir ayuda.

He observado esta misma forma de conducta en varias naciones. Si un predicador famoso cae en inmoralidad, los líderes le piden que "se ausente" por un año o así, para demostrar sometimiento y restaurarse. En muchos casos, la respuesta es la misma: "No me puedo permitir apartarme del ministerio durante tanto tiempo. No estoy dispuesto a someterme al proceso de restauración". La consecuencia es que esta persona no se aparta temporalmente del ministerio y así, termina destruyéndolo por completo.

David decidió cometer un tercer pecado. Primero lujuria, después adulterio y por último, asesinato. Con cada pecado, se iba hundiendo cada vez más en el lodo.

> Venida la mañana, escribió David a Joab una carta, la cual envió por mano de Urías. Y escribió en la carta, diciendo: Poned a Urías al frente, en lo más recio de la batalla, y retiraos de él, para que sea herido y muera.
>
> —2 SAMUEL 11:14-15

El pecado no confesado desata una terrible progresión de acciones pecaminosas. La multitud de pecados acarrea una multitud de consecuencias. Hace falta más pecado para cubrir el existente, y así se pone en marcha una reacción en cadena. Este efecto dominó en el intento por cubrir el pecado concibe un "pecado para muerte". La persona va de una caída en el pecado a una rebelión abierta y un corazón encallecido. Si sigue en este estado por un período de tiempo, su conciencia quedará cauterizada. Una vez que sucede esto, la persona deja de sentirse culpable con respecto a sus pecados. Puede ministrar, orar y exhortar a los demás a la pureza, al mismo tiempo que sigue cometiendo el pecado que condena. El alma de la persona está muerta, y va camino de la condenación eterna. Es un estado sumamente trágico.

Comprenda que caer en pecado es algo grave, pero cubrir el pecado es algo devastador. Si usted se halla atascado en el lodo del pecado, no se hunda más en él. Pida ayuda. Acuda a unos líderes cristianos de confianza y experimentados que le puedan ayudar, diciéndole la verdad con amor hasta que quede totalmente restaurado. Esté dispuesto a someterse a su consejo, y no les esconda ningún aspecto de lo que ha hecho. La sanidad auténtica se halla en una confesión sincera.

Las consecuencias del pecado

A pesar de su progresión de pecado con Betsabé, David seguía teniendo éxito en Israel. Aún tenía gran poder para llevar adelante su reinado. Y Dios lo seguía amando grandemente. En el Nuevo Testamento se lo identifica como "varón conforme al corazón de Dios" (Hechos 13:22). No obstante, su pecado produjo conse-

LA FALTA DE LÍMITES CLAROS

cuencias a las que se tendría que enfrentar a causa de su fallo. En 2 Samuel 11:27 leemos que "esto que David había hecho, fue desagradable ante los ojos de Jehová".

Debemos recordar siempre que si hacemos algo desagradable para el Señor, sufriremos las consecuencias. Cuando yo reconozco que he puesto en desorden mis prioridades, me ayuda mucho recordar una vieja oración que dice:

> *Señor, déjame agradarte: sólo eso.*
> *Si puedo ver tu sonrisa sobre mi vida,*
> *Todo estará bien para mí.*
> *Déjame agradarte.*

He repetido esa oración incontables veces, en mi hogar, mientras voy conduciendo y en las habitaciones de los hoteles. Parece darme perspectiva en cuanto a la vida una y otra vez.

David, el hombre que había sido escogido para reemplazar a Saúl en el trono porque su corazón buscaba a Dios, ahora había hecho algo desagradable para Él. Su ejemplo nos recuerda constantemente la realidad de que nuestra justicia o buena relación con Dios en el pasado no es suficiente. Necesitamos mantener al día esa justicia. Este principio aparece con claridad en los versículos siguientes:

> Y tú, hijo de hombre, di a los hijos de tu pueblo: La justicia del justo no lo librará el día que se rebelare; y la impiedad del impío no le será estorbo el día que se volviere de su impiedad; y el justo no podrá vivir por su justicia el día que pecare. Cuando yo dijere al justo: De cierto vivirás, y él confiado en su justicia hiciere iniquidad, todas sus justicias no serán recordadas, sino que morirá por su iniquidad que hizo. Y cuando yo dijere al impío: De cierto morirás; si él se convirtiere de su pecado, e hiciere según el derecho y la justicia, si el impío restituyere la prenda, devolviere lo que hubiere robado, y caminare en los estatutos de la vida, no haciendo iniquidad, vivirá ciertamente y no morirá. No se le recordará ninguno de sus pecados que había cometido; hizo según el derecho y la justicia; vivirá ciertamente. Luego dirán los hijos de tu pueblo: No es recto el camino del Señor; el camino de ellos es el que no es recto. Cuando el justo se apartare de su justicia, e hiciere iniquidad, morirá por ello.
>
> —EZEQUIEL 33:12-18

Cuando David reconoció su pecado ante Dios, ayunó y le suplicó a Dios que le salvara la vida a su hijo que iba a nacer. Anhelaba con todas sus fuerzas que el niño viviera. Pero Dios ya estaba decidido. Como consecuencia de su fallo, David pasaría por una tragedia: el niño moriría. El pecado de nuestra obstinación tiene consecuencias que muchas veces son irreversibles.

Las consecuencias del pecado de David no se quedaron sólo en la muerte de su hijo. Otra consecuencia con la que se enfrentó fue una grave inmoralidad dentro de su propia familia. Dios le dijo por medio del profeta Natán: "A Urías heteo heriste a espada, y tomaste por mujer a su mujer...Por lo cual ahora no se apartará jamás de tu casa la espada..." (2 Samuel 12:9-10). La inmoralidad se extendería por su propia casa y familia. Poco tiempo después, se convertiría en paria dentro de su propio reino, pasando por una gran vergüenza. Cuando tratamos de cubrir nuestro pecado para evitar la vergüenza, a la larga nos creamos una vergüenza mayor que si lo confesáramos y nos arrepintiéramos de inmediato.

Podemos aprender algunas lecciones importantes a partir del pecado de David. Podremos evitar la transgresión de no fijarnos unos límites que nos protejan de la usurpación del pecado que produce unas consecuencias duraderas, si seguimos estos principios:

- *No suba solo a la terraza.* La mayoría del tiempo, cuando viajo, mi esposa o un miembro de mi equipo viaja conmigo. Este importante paso en mi responsabilidad ante los demás me protege de acusaciones infundadas y me ayuda a permanecer centrado en mi labor. Es mucho más fácil resistirse ante las tentaciones cuando uno está rodeado de amigos que aman a Dios.

- *No permita duchas públicas alrededor de su palacio.* Líbrese de toda la literatura sensual. Haga cuando pueda por evitar las imágenes pornográficas. Luche por la integridad y la ética. Si conoce lugares donde se exhibe pornografía, evítelos. No vaya a lugares donde sabe que siempre es tentado sexualmente.

- *No abandone a su gente en el frente de batalla.* Recuerde la entrega, el sacrificio y la generosidad de los que forman parte de su ministerio. Desarrolle un sentido de lealtad hacia los miembros de su familia y hacia sus amigos y ayudantes en el ministerio o el trabajo. No cometa el mismo error que David, quien traicionó a Urías, un hombre tan noble.

- *No permita que sea la ley la que decida la moral.* En 1 Corintios 6, Pablo dice: "Todas las cosas me son lícitas, mas no todas convienen; todas las cosas me son lícitas, mas yo no me dejaré dominar de ninguna" (v. 12). Sólo porque algo esté permitido por la ley, eso no significa que es lo que se debe hacer. Las normas de Dios para nosotros siempre son más altas que las del mundo.

- *No ame al mundo.* Leemos en la epístola de Santiago: "¿No sabéis que la amistad del mundo es enemistad contra Dios?" (Santiago 4:4). Este versículo no nos exhorta a evitar la amistad con alguien que aún no conozca a Dios. Lo que indica es que necesitamos evitar la aceptación de las normas y los códigos de conducta mundanos. Significa rechazar las actividades impías. Esto incluye la contemplación sensual e incluso los chistes obscenos de doble sentido.

- *No ame las cosas que están en el mundo.* No sólo debemos evitar las formas de conducta y las costumbres del mundo, sino también muchas de las cosas que ofrece el mundo, y que no honran a Dios. Su Palabra nos exhorta diciéndonos: "No améis al mundo, *ni las cosas que están en el mundo.* Si alguno ama al mundo, el amor del Padre no está en él" (1 Juan 2:15).

Estos principios nos ayudarán a evitar las transgresiones. Debemos fijar el límite, establecer con claridad las fronteras. Cuando los hijos de Israel entraron en la Tierra Prometida para poseerla tal como Dios les había prometido, no fijaron las fronteras para mantener al enemigo fuera de su campamento. Aun después de derrotar a los enemigos que los atacaban desde fuera del campamento, tuvieron que batallar con los enemigos con los que habían establecido una relación comprometedora. Ésos eran los enemigos que amenazaban con destruirlos.

Reglas para proteger los ojos

Una de las trampas en las que cayó David funcionó porque él no protegió sus ojos. Se sentó en su terraza y dejó que sus ojos vagaran, de manera que cuando vio a Betsabé, se sintió seducido al contemplarla. Necesitamos fijar con cuidado nuestros límites y protegerlos con diligencia. No permita que el enemigo se le escabulla calladamente en el corazón para robarle las bendiciones y la herencia de Dios. Comience por guardar la puerta de sus ojos, una de las fronteras que más amenazan sus enemigos. Use estas reglas para poner guardia a sus ojos.

Usted no tiene por qué quedársele mirando a nada, sólo porque esté presente.

El cerebro es el que controla a los músculos de los ojos; no son los músculos de los ojos los que lo controlan a él. Así que cuando sus ojos se enfrenten a una imagen que cause en usted una reacción impía, use esos músculos para cerrarlos, o para volver la mirada hacia otra parte. La tentación no se convierte en pecado mientras uno no actúe movido por ella, y contemplar, incluso diez segundos más de lo debido, algo que hace despertar el apetito o la lujuria dentro del espíritu, es el acto que nos hace pecar.

Piense en el ejemplo que tenemos en José, en el Génesis. Cuando la mujer de Potifar se le acercó un día, lo tomó por la manga de su vestido y lo invitó a acostarse con ella, él no se tomó ni el tiempo necesario para decir: "Suéltame la manga". Lo que nos dice la Biblia es esto: "Entonces él dejó su ropa en las manos de ella, y huyó y salió" (Génesis 39:12). ¿Qué cree que habría sucedido si él se hubiera detenido a contemplar lo atractiva que ella era antes de contestarle? Había actuado con decisión y rapidez, tal como debemos actuar nosotros.

Usted no tiene por qué desearlo, sólo porque sea atractivo.

Usted necesita decidir hasta qué nivel lo puede soportar. Todos los años viajo a más de cincuenta lugares distintos para predicar. He descubierto que soporto al máximo la ausencia de casa durante nueve o diez días seguidos. Por eso, con excepción de unos pocos viajes largos estratégicos, yo hago mi calendario siguiendo esta regla. Todo viaje que sea más largo que esto se vuelve más difícil para mí, tanto en lo físico como en lo emocional. He reconocido mis límites y he aprendido a administrar mejor las fuerzas que el Señor me ha dado para ministrar.

Si estoy lejos de casa demasiado tiempo, las tentaciones sexuales y la irritabilidad se pueden volver intensas. Así que sé que debo manejar mis emociones con cuidado, y programar también cuidadosamente mi viaje, a fin de no meterme en alguna situación difícil.

Usted no tiene por qué poseerlo, sólo porque lo pueda poseer.

Tengo un amigo que estaba en un viaje de negocios por Carolina del Norte. Después de la cena, regresó a su hotel para pasar la noche. Cuando estaba a punto de estacionarse, observó que había un librito con cubiertas de rústica en el lugar donde se estaba estacionando. Después de estacionarse, este joven tuvo la extraña sensación de que aquel libro era pornográfico. No lo sabía porque hubiera visto algo en él; en realidad, era una advertencia del Espíritu Santo.

El joven estaba lleno de curiosidad. Se acercó a la acera y recogió el libro. Efectivamente, era una novela sexualmente explícita.

LA FALTA DE LÍMITES CLAROS

Se sintió destrozado. *Me lo podría llevar conmigo y leerlo, y nadie lo sabría nunca*, pensó. *Mi esposa no está aquí, ni tampoco nadie que yo conozca*.

Inicialmente, entró con el libro en el hotel, pero de inmediato la convicción se apoderó de él. Sabía que, aunque aquel libro le había caído en las manos, él no tenía por qué aceptarlo. Así que regresó al estacionamiento y tiró al libro a un basurero.

Usted no tiene por qué aceptarlo, sólo porque esté permitido.

No todas las cosas legales edifican. El aborto ha sido "legal" durante años en los Estados Unidos, pero no es correcto ante los ojos de Dios. En muchos lugares del mundo hemos llamado al altar a los cristianos para que liberen su vida de los "recuerdos" de relaciones pasadas que estaban fuera de la voluntad de Dios. La gente ha traído joyas, cartas de amor y fotos de personas con las que mantenían relaciones promiscuas en el pasado.

Pablo dice en 2 Corintios 5:16: "De manera que nosotros de aquí en adelante a nadie conocemos según la carne; y aun si a Cristo conocimos según la carne, ya no lo conocemos así".

Hace algún tiempo, recibí una agradable nota escrita a mano por una dama cristiana. Era tan halagüeña, que me sentí tentado a guardarla, pero no tenía por ella un interés espiritual, sino cierto tipo de atracción emocional. La rompí y la tiré a la basura. Aunque lo que ella me decía no era inmoral ni explícito, sabía que no era correcto que la conservara.

¿Ha montado usted guardia alrededor de sus ojos? ¿Conoce sus límites? ¿Los ha aceptado? No diga neciamente: "Por fe, rechazo todos los límites". Eso constituye una necedad sin límites. Dios nunca honra las decisiones necias.

Esté preparado para apagar el fuego de la lujuria.

En las puertas de muchos hoteles hay planos donde se indican todas las salidas de cada cuarto y del edificio en caso de una emergencia, como sería un incendio. En los últimos años ha habido una epidemia de "fuegos" morales en la iglesia, y con frecuencia han dejado víctimas tras sí. Estos "fuegos" desacreditan el Evangelio. Muchos de ellos comienzan con la ardiente cerilla de la lujuria. Puede usar los siguientes pasos prácticos para impedir que lo queme el fuego de la lujuria en su vida:

Apréndase de memoria la ruta hacia la salida de emergencia.

En un momento de emergencia, es posible que no haya luces ni sonidos que lo guíen. No obstante, si sabe cómo llegar a la salida, puede correr hacia ella. La velocidad es importante. Ni siquiera importa que abandonemos nuestras pertenencias de valor. Lo importante es que salga huyendo cuando lo ataque la tentación. No importa que se vuelva implacable si está respondiendo a la emergencia.

Si se siente tentado, cancele esa cita tentadora, borre de su base de datos esa dirección en el correo electrónico, auséntese de la próxima conversación inadecuada por la Internet, o cancele el servicio de cable que mete la inmundicia moral en su casa.

Tuve una vez una oficina que tenía vidrios en la puerta, pero alguien había pintado los vidrios para poder estar en privado. Yo le pedí a uno de mis ayudantes que raspara la pintura de los vidrios. De vez en cuando tenía que reunirme con damas que formaban parte del personal. Si alguna vez me acusaban, los miembros de mi personal podrían defenderme, porque les era fácil observar cuanto sucediera en mi oficina. Estos vidrios eran la ruta hacia mi "salida de emergencia".

Si la puerta está caliente, no la abra.

Aprenda a discernir cuándo una relación procede de la voluntad de Dios, o es una de esas que podrían "explotar". Mientras estaba en el colegio bíblico en el Canadá, pasé por mi primer ensayo en caso de incendio. El instructor nos dijo: "Toquen la puerta. Si está caliente, no la abran. El cuarto podría explotar". Necesitamos estar continuamente en guardia. Unas puertas que tal vez hayan sido normales ayer, se podrían convertir en peligrosas si se enciende el fuego de la lujuria detrás de ellas. Tal vez bastaría con abrir una puerta así para meterse en un grave problema.

Tenga a mano una escalera de incendios.

Mi familia vive en una casa de dos pisos. Cuado nos trasladamos a esa casa, yo compré una escalera de incendios, de manera que pudiéramos salir del segundo piso si había un fuego. Practicamos para la posibilidad de incendio con nuestros hijos, y ellos pensaron que era algo muy divertido. A mi esposa y a mí nos pareció un tanto raro arrastrarnos desde nuestra ventana del segundo piso hasta el suelo, pero adquirimos un valioso sentido de seguridad gracias a estas prácticas. Fue un tiempo bien invertido.

De igual manera, si aumentamos las medidas de seguridad en nuestro corazón, podríamos estar salvando una vida, y para toda la eternidad. Yo evito estar solo con una persona del sexo opuesto que no sea de mi familia. Por supuesto, la Biblia no ordena que se haga esto, pero es una norma ética que yo he aceptado por decisión propia, y sigo sin que nadie me obligue. Es una salvaguardia.

Se ha convertido en mi escalera de incendios. No necesito evaluar cada situación cuando surja, para pensar si será adecuada o no. Me limito a aplicar a la práctica este principio personal. Mi escalera de incendios espiritual ha salvaguardado mi vida de unas situaciones que habrían sido como mínimo, confusas.

Consígase una alarma de fuego que funcione.

¿Sabe usted si funcionan las baterías de la alarma de fuego que hay en su casa? Así como comprobamos las alarmas de fuego en nuestros hogares, también debemos comprobar periódicamente nuestras "alarmas de fuego" espirituales. ¿Hacen sonar la alarma los miembros de su junta, su cónyuge o sus amigos íntimos cristianos cuando ven indicios de "humo espiritual" en su vida? ¿A quién le ha dado usted permiso para que se le enfrente? Humíllese. Deje que suene la alarma cada vez que sea necesario. Deles permiso para que lo alerten cuando vean (o huelan) humo en su carácter, sus acciones o sus relaciones.

No espere a que lo ataque la próxima tentación. Cuando comienza el fuego, ya es demasiado tarde para pedir a la tienda una escalera de incendios. Hace falta tenerla lista, instalada, y haber practicado la salida en momentos en que no ha existido emergencia alguna. Una vez que comience el fuego, será demasiado tarde para comprarle baterías a una alarma que no funcionó.

Mi esposa me puede hacer cuanta pregunta quiera sobre mis acciones. Tiene derecho a saber dónde y con quién estoy en cualquier momento. Hace poco le hablé de un estimado hermano que había cometido adulterio. Ella me preguntó: "¿Me lo dirías, si tuvieras un fallo moral?"

"Sí", le dije; "te aseguro que lo haría." Sabía que ese paso en cuanto a rendirle cuentas a mi esposa era la forma en que Dios estaba reforzando mi vida en la dirección correcta; a menos, por supuesto, que yo prefiriera mentirle. Yo me he comprometido con mi esposa a decirle si veo alguna película indecente en un hotel, o tengo algún tipo de conversaciones o acciones incorrectas con una mujer. Al establecer estos importantes límites alrededor de mi vida, con la ayuda de Dios voy a seguir siendo capaz de evitar las transgresiones. Me bastará con pensar en la necesidad de "informar", o de romper mi palabra, para fortalecer mi decisión de mantenerme dentro de unas altas normas morales y éticas.

Combata el fuego con fuego.

Cuando hay un incendio forestal fuera de control, los bomberos suelen quemar una franja de tierra antes de que llegue el fuego destructor, de manera que ese fuego que se aproxima no tenga nada con qué alimentarse, por lo que va a ser menos posible que siga avanzando. De esta forma, podrán mantenerlo controlado.

El fuego de Dios es como ese fuego de control que usan los bomberos. Quema las pasiones carnales, de manera que desaparezcan de nuestra vida, y las para en seco. El fuego de la tentación queda limitado por las franjas carnales que usted ha quemado al someterle a Cristo todas sus pasiones y aspiraciones.

La lujuria es un pecado parasitario. Cabalga sobre una transgresión: la codicia. Es la obsesión por tener lo que no deberíamos tener. El profeta Natán se le enfrentó a David con respecto a la codicia, y no a la lujuria:

> Entonces dijo Natán a David: Tú eres aquel hombre. Así ha dicho Jehová, Dios de Israel: *Yo te ungí por rey sobre Israel*, y te libré de la mano de Saúl, y *te di la casa de tu señor, y las mujeres de tu señor en tu seno; además te di la casa de Israel y de Judá; y si esto fuera poco, te habría añadido mucho más*. ¿Por qué, pues, tuviste en poco la palabra de Jehová, haciendo lo malo delante de sus ojos? A Urías heteo heriste a espada, y tomaste por mujer a su mujer, y a él lo mataste con la espada de los hijos de Amón. Por lo cual ahora no se apartará jamás de tu casa la espada, por cuanto me menospreciaste, y tomaste la mujer de Urías heteo para que fuese tu mujer.
>
> —2 Samuel 12:7-10, cursiva del autor

La maldad mayor de David consistió en robarse la única oveja que aquel pobre tenía: codiciar la mujer de otro hombre. Fue su codicia la que concibió el adulterio y el asesinato. La codicia es lo opuesto al contentamiento. El corazón codicioso no puede decir: "Ya tengo bastante. Gracias, Señor". Las almas codiciosas se hallan en una inquietud constante. La codicia, o ambición egoísta, engendra todo tipo de resultados diabólicos.

> Porque donde hay celos y contención, allí hay perturbación y toda obra perversa.
>
> —Santiago 3:16

Si sigue los principios expuestos en este capítulo, no se va a tener que preocupar por la posibilidad de caer en transgresión a causa de no haber fijado límites. Si esos límites están en su lugar, éstos son los resultados que va a experimentar:

- *Una libertad mayor.* Todo viaje por carretera que haga en su auto es mucho más fácil, si permanece en la carretera y obedece las leyes del tránsito. Si conducimos por las cunetas, por campo abierto o por el traspatio de alguien, nos meteremos en dificultades, y nos van a arrestar. Si usted permanece en el camino de la responsabilidad ante otros y evita las cunetas de la transgresión, va a llevar donde va con mayor rapidez, y va a tener un viaje tranquilo.

- *Un gozo mayor.* Su Espíritu es capaz de elevarse en las alas del gozo cuando usted no tiene la carga de tratar de hallar realización a través de las emociones de los éxitos temporales. Los límites lo capacitan para correr con perseverancia la carrera, y sentir la honra y el gozo de hacerlo.

- *Una fortaleza mayor.* Los límites mantienen las cosas donde deben estar. Las cabras de su vecino no le van a comer sus flores, si usted tiene cercado su patio. Y usted no va a caer en una cuneta a altas horas de la noche, si hay una pared que lo aleje de ella. Con los límites espirituales, usted terminará convirtiéndose en un cristiano estable; en roca sólida. Nada lo derrotará. Los límites van a mantener su vida dentro de la promesa de 1 Juan 2:17: "Y el mundo pasa, y sus deseos; pero el que hace la voluntad de Dios permanece para siempre".

Una oración de arrepentimiento

Señor amado, me arrepiento de todo lo que haya pensado, visto o dicho que sea lujurioso, inmoral e impuro. Renuncio al problema radical de la codicia. Desenmascaro esa codicia en mi corazón y confieso todas mis acciones, palabras o pensamientos que hayan sido motivados por ella. Proclamo que hago contigo el pacto de contentarme con lo que tú me des. Tomo la decisión de llevar una vida controlada bajo la dirección del Espíritu Santo. Te prometo que mantendré a mi alrededor a gente santa que tenga un acceso correctivo a mi vida.

Te ruego que me ayudes a fijar unos límites morales y éticos, de tal forma que "no sea vituperado mi bien". Confío en tu gracia. Camino en mi integridad. Te doy gracias por Jesús, que se ha convertido en mi justicia. Amén.

9

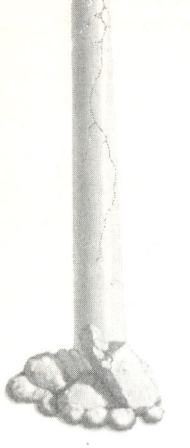

La transgresión de Salomón: Unas distracciones fatales

Una *mañana* temprano se produjo un accidente cerca de mi casa. Un joven que trabajaba en la construcción iba hacia su trabajo cuando se inclinó a recoger su sombrero del piso de su camión. Sin darse cuenta, hizo girar el timón y el vehículo se salió de su carrilera, chocando de frente con otro camión que venía en dirección contraria. Murió al instante.

Cuando leí esto, pensé: *Qué injusta es la vida. Ese hombre no estaba bebiendo, ni trataba de hacer ningún daño a propósito; no estaba en rebelión ni tratando de causarle un desastre a nadie. Bastó una distracción de un instante para que muriera.*

Sin embargo, más peligrosas que una distracción mientras conducimos, son las distracciones que se producen en el Cuerpo de Cristo. Algunas veces, caemos en el hábito de la distracción espiritual. Es muy probable que aquella mañana fatal no fuera la primera vez que el joven que iba en el camión se hubiera distraído conduciendo. Sin duda, muchas otras veces aquellas distracciones habían pasado inadvertidas, pero ésta fue mortal.

Rompen la concentración

El problema de los conductores distraídos es tan serio en los Estados Unidos, que la compañía Shell publicó un folleto a todo color titulado "Distracciones mortales". Yo leí ese folleto para mi propio conocimiento personal, pero debo confesar que lo leí... mientras conducía.

El folleto dice:

> Hay distracciones en cualquier parte. ¿Qué es una distracción? Todo lo que le aparte las manos, los ojos o la

atención del acto de conducir. Puede ser un cartel, los que van con usted en su auto, algo que sucede fuera del auto, o incluso algo tan sencillo como tratar de fijar la velocidad de sus limpia-parabrisas.[1]

Al leer el folleto mi di cuenta del serio peligro que son las distracciones. Hasta cambiar la estación de radio o marcar un número en un teléfono celular son cosas que pueden distraer al conductor. Estas mismas advertencias acerca de las distracciones se aplican a nuestro caminar espiritual.

Las distracciones espirituales pueden ser tan destructoras—o más—para nuestra vida espiritual. La vida del rey Salomón es un excelente ejemplo de lo peligrosas que son las distracciones:

> Y cuando Salomón era ya viejo, sus mujeres inclinaron su corazón tras dioses ajenos, y su corazón no era perfecto con Jehová su Dios, como el corazón de su padre David.
>
> —1 Reyes 11:4

Salomón pasó por unas distracciones espirituales mortales. Esas distracciones comenzaron cuando era joven, físicamente fuerte, y su ministerio y su reino eran aún poderosos. La unción de Dios era fuerte en su vida siendo joven. La sabiduría divina era tan evidente, que venía gente de otras naciones para aprender de él. No sólo era rey, sino también educador y maestro. Tenía tanto potencial recibido de Dios, porque había sido dotado con una increíble sabiduría celestial.

Tuvo dos visitaciones del Señor, quien le dio revelación, sabiduría y salud. Su éxito fue asombroso, pero por haberse dejado desviar, terminó en un desastre espiritual.

Satanás puede destruir la vida del cristiano, no sólo por medio del pecado, sino también por medio de las distracciones. Cuando nos distraemos, ya no podemos centrarnos en lo que Dios nos está llamando a hacer. A medida que siguen las distracciones, el proceso nos va agotando. Las distracciones socavan la fortaleza de muchos ministerios y de los siervos de Dios. Al principio apenas se notan, pero pueden terminar por destruirnos.

Haga caso de esta advertencia acerca del peligro de las distracciones. Si le prestamos atención a esta advertencia, la protección y la fortaleza de Dios estarán a nuestra disposición en la vida.

Los pasos hacia la distracción

Hay algunas luces de advertencia a las que tenemos que prestar atención para evitar el peligro de las distracciones. Vemos en la vida de Salomón que su desviación fue un proceso:

Salomón unió su alma a mujeres idólatras.

Esta distracción tocaba sus apetitos lujuriosos y sus emociones. Atacaba los sentimientos naturales y normales que Dios pone en el corazón de todos los seres humanos. Los sentimientos de amor y atracción al sexo opuesto, y el deseo de matrimonio, son cosas que Dios nos ha puesto en el corazón, pero a Salomón lo distrajeron notablemente.

Salomón estaba atado a sus sentimientos, como vemos en las Escrituras:

> Pero el rey Salomón amó, además de la hija de Faraón, a muchas mujeres extranjeras; a las de Moab, a las de Amón, a las de Edom, a las de Sidón, y a las heteas; gentes de las cuales Jehová había dicho a los hijos de Israel: No os llegaréis a ellas, ni ellas se llegarán a vosotros; porque ciertamente harán inclinar vuestros corazones tras sus dioses. A éstas, pues, se juntó Salomón con amor. Y tuvo setecientas mujeres reinas y trescientas concubinas; y sus mujeres desviaron su corazón.
>
> —1 Reyes 11:1-3

Mucha gente piensa que el problema de Salomón fue el adulterio. No es así. Sin que nos pongamos a discutir aquí sobre la validez de su harén y de su poligamia, la cuestión más profunda es que cometió la infidelidad máxima: la idolatría. Siguió dioses extranjeros por tratar de complacer a sus esposas extranjeras. Yo creo que ésta es la cuestión que la mayor parte de la gente no capta cuando lee este pasaje. Lo pasan de largo, pensando: *No me puedo comparar con el rey Salomón; yo nunca tendré un harén, ni me haré polígamo.* Pero todos, o al menos la mayoría de nosotros, nos podemos relacionar con los peligros de la codicia, la lujuria y las pasiones internas, y todos ellos comienzan por un descuido inicial de las indicaciones concretas que Dios nos ha hecho.

Hace poco, un creyente de Europa me dijo que a causa de la Internet se había distraído y no había hecho las cosas de Dios. Terminó haciendo contacto a través de ella con una mujer que había sido novia suya años atrás. Aparentemente, no había nada de malo en eso. Comenzaron a conversar de vez en cuando. Pero después de unas cuantas semanas, su corazón se sintió enredado con ella. "La cosa ha llegado a tal punto", me dijo, "que ahora estoy más enamorado de esa mujer, que de mi esposa". El hombre estaba destruido.

Mientras orábamos juntos acerca de este asunto, yo le mencioné que había notado que este apego no era sólo un enredo emocional. Sentía que en aquella situación estaba presente una influencia demoníaca que quería destruir su ministerio. "¿Se da cuenta de que esto no es sólo emocional?", le pregunté. "Hay brujas trabajando contra usted para destruir su matrimonio." Después le aconsejé: "No se limite a sentirse culpable. Eso no lo va a ayudar. Entréguele esa relación al Señor. Dese cuenta de que en estos momentos está metido en una guerra espiritual". Eso fue lo que hizo mientras orábamos juntos.

Muchos cristianos luchan con enredos emocionales, cosas en las que es muy fácil meterse. Muchas personas que no son ni malas ni rebeldes, se enredan con facilidad en una relación que se halla fuera de la voluntad de Dios. En el temor del Señor le digo que si usted se ha enredado en una amistad o relación que sabe que se halla fuera de la voluntad de Dios, necesita entregarle esa relación a Dios hoy.

Tal vez se sienta tan emocionalmente atado a esa relación, que le parezca que va a sufrir un colapso emocional, o incluso morir, si la rompe. Pero le aseguro que el Señor le va a dar poder y autoridad para librarse de las cosas que lo están distrayendo. Si su noviazgo lo está alejando de las cosas de Dios, usted necesita cambiar esa relación. Si observa que día tras día, y semana tras semana, está cada vez menos interesado en las cosas de Dios, y que tiene más interés en las pasiones desordenadas, necesita entregarle ese noviazgo a Dios, y hoy mismo. Cuando renunciamos a las emociones que están impidiendo que estemos más cerca de Él, Dios nos da milagrosamente la liberación que necesitamos de esas ataduras.

Si se ha dejado distraer, o ha permitido que su alma se enrede en un romance o una atracción que se halla fuera de la voluntad de Dios, hoy mismo es el día adecuado para entregarle su confusión al Señor. Si da el primer paso por fe, Dios lo ayudará a dar los demás. Dé ese primer paso, orando con estas palabras:

Señor, te presento esta relación. Quiero que mi corazón quede libre. En mis propias fuerzas, no la puedo cortar por completo, pero con tu fortaleza y tu poder en mi vida, lo voy a hacer.

Todo lo que el Señor quiere de nosotros es una rendición total.

Entonces, nos dará la fortaleza que necesitamos para terminar la liberación. Usted está destinado a ser emocionalmente libre.

Salomón se dejó dominar por la idolatría.

Se hacen muchas advertencias acerca de los "pecados de nuestra juventud". Sin embargo, ahora quiero tomarme un momento para hacerles unas advertencias a los de edad mediana, acerca de los pecados de la vejez. He observado que algunos ministros y algunos creyentes se han vuelto agresivos, amargados, resentidos o inmorales en sus últimos años. Estas personas terminan perdiendo la pasión por Dios que tenían en su juventud.

Recuerdo a un siervo del Señor en Argentina que, unos pocos años antes de morir, comenzó con la obsesión de perseguir a otros creyentes. Escribía cartas acerca de otro siervo de Dios, y se las enviaba a otros ministerios del país, en lugar de enfrentársele cara a cara a su consiervo.

Yo observé este proceso. Me llamó la atención. Tal vez, como en el caso del rey Ezequías, le habría sido mejor morir joven, antes de dañar permanentemente su testimonio en la vejez. (Vea 2 Reyes 18-19). Hay una oración que yo siempre le dirijo al Señor: "Señor, o me permites honrarte, o te pido que me lleves contigo. No dejes que me convierta en piedra de tropiezo para otros, ni que desacredite tu nombre". Si el Señor tarda, tengo planes de envejecer. Pero quiero llegar a esa edad con un corazón que aún sea sensible ante el Espíritu Santo; un corazón lleno de pasión por Dios y amor por mi prójimo.

Creo que la razón por la que algunas personas se vuelven agresivas al envejecer, es porque han permitido que crezcan raíces de legalismo y crítica en su corazón. Esas raíces nunca han sido arrancadas. Cuando por fin envejecen, están tan agotados y distraídos, que se convierten en una influencia negativa para los demás. Algunas cosas, si no se las corrige a tiempo, empeoran, y entre ellas están las raíces peligrosas que se habrían debido arrancar años atrás.

Una noche, no hace mucho, unos amigos de la familia se fueron a acostar en su casa como todas las noches. Sin embargo, mientras dormían, su casa se estaba llenando de monóxido de carbono, sin que ellos se dieran cuenta. Uno de ellos se despertó en medio de la noche con un ruido y, con las últimas fuerzas que le quedaban, pudo despertar a los demás y arrastrarlos fuera de la casa, justamente a tiempo para salvarles la vida. Es triste que algunos cristianos ni siquiera se den cuenta de que se hallan en un peligro espiritual tan grande, a causa de su pecado. En el pecado hay una peligrosa progresión gradual. He hablado con mayor profundidad sobre esto en mi libro *El fuego de Su santidad*[2] (Vea el capítulo "La dinámica de la tentación").

Salomón permitió que las raíces de idolatría crecieran en su vida durante muchos años, antes de que lo dominaran. Las raíces de sensualidad, legalismo o crítica también pueden crecer inadvertidas durante muchos años. Necesitamos escudriñar continuamente nuestro corazón, pidiéndole discernimiento al Espíritu Santo para que nos ayude a detectar aquellos pecados que estén escondidos de nosotros. Necesitamos la purificación que va más allá de nuestra lista de cosas conocidas que podrían ir mal en nuestra vida. Necesitamos la purificación que viene por medio de la santidad de Jesús en nuestra vida.

Salomón se convirtió en experto en obediencia parcial.

Salomón no siguió al Señor totalmente, pero *sí* lo siguió parcialmente.

> Porque Salomón siguió a Astoret, diosa de los sidonios, y a Milcom, ídolo abominable de los amonitas. E hizo Salomón lo malo ante los ojos de Jehová, y no siguió cumplidamente a Jehová como David su padre.
>
> —1 Reyes 11:5-6

Sé lo que es eso. Hasta 1997, cuando el Señor me bautizó con su santidad, yo seguía sus caminos lo mejor que sabía, pero sólo se trataba de una obediencia parcial. Yo vivía de la forma que había aprendido a vivir, y pensaba que ésa era la medida por la que me tenía que guiar. Pensaba que mi mejor esfuerzo era todo lo que podía hacer. Pero cuando me llegó al corazón una revelación de la santidad de Jesús, supe que el Señor estaba llamando a mi corazón a ser totalmente puro y consagrado. Dios no permitiría ni un dos por ciento siquiera de pensamientos impíos. Su llamado es el mismo para todos los creyentes. Él quiere que nuestro corazón sea totalmente puro y esté totalmente consagrado a su voluntad.

Salomón usó sus dones para Dios... y también para el diablo.

Dios le había dado a Salomón los dones de sabiduría, administración y construcción. Sabía ser líder del pueblo. Podía reunir recursos para realizar grandes cosas. Pero los mismos dones que usó para edificar el templo, fueron los que usó también para edificar una casa para los dioses extranjeros.

> Entonces edificó Salomón un lugar alto a Quemos, ídolo abominable de Moab, en el monte que está enfrente de Jerusalén, y a Moloc, ídolo abominable de los hijos de Amón. Así hizo para todas sus mujeres extranjeras, las cuales quemaban incienso y ofrecían sacrificios a sus dioses.
>
> —1 Reyes 11:7-8

El enemigo toma cautivos nuestros dones cuando nosotros estamos distraídos. Cuando nos hallamos amarrados por enredos emocionales, tarde o temprano, nos guste o no nos guste, vamos a estar edificando cosas para Satanás, y no para Dios. El Señor está presente para ayudarnos, y quiere purificar nuestros pensamientos y las motivaciones de nuestro corazón, pero necesitamos estar advertidos de lo peligroso que es dejarse distraer. Es trágico que el mismo hombre que Dios usó para edificar el templo de Jerusalén construyera más tarde una infraestructura para que los poderes demoníacos establecieran su control en Israel.

Salomón siguió adelante con un éxito parcial, aunque había perdido la unción.

¿Por qué siguió teniendo éxito Salomón? Esto es desconcertante. Hoy en día hay gente que hace cosas que causan en ellos una pérdida de su carácter, o incluso los convierten en inmorales, y sin embargo, aún pueden estar "sirviendo a Dios" y haciendo algo importante con una cierta medida de éxito. ¿Cómo es posible?

La Biblia nos ayuda a comprender cómo fue posible que Salomón siguiera teniendo éxito. Leamos:

> Y tomando Ahías la capa nueva que tenía sobre sí, la rompió en doce pedazos, y dijo a Jeroboam: Toma para ti los diez pedazos; porque así dijo Jehová Dios de Israel: He aquí que yo rompo el reino de la mano de Salomón, y a ti te daré diez tribus; y él tendrá una tribu por amor a David mi siervo, y por amor a Jerusalén, ciudad que yo he elegido de todas las tribus de Israel.
>
> —1 Reyes 11:30-32

Aunque Salomón ya no era bendecido, se hallaba aún bajo la bendición de su padre David. Estaba disfrutando los beneficios a corto plazo de una unción prestada.

Cuando terminó su reinado es cuando notamos el desastre que trajeron consigo sus distracciones. Algunas veces no vemos un desastre inmediato en nuestra vida como consecuencia de nuestra carnalidad, nuestro flirteo y nuestras pasiones erradas. Pero tal vez estemos iniciando una influencia muy negativa sobre la próxima generación. Es posible que cosechemos lágrimas, a menos que nos arrepintamos. Nuestro pecado tendrá consecuencias. Las Escrituras dicen con toda claridad: "Sabed que vuestro pecado os alcanzará" (Números 32:23).

Yo siempre me recuerdo a mí mismo que todo lo que haga con los ojos va a afectar algún día a los ojos de mis hijos. Este principio me mantiene alejado de la lujuria y me ayuda a mantener puros mis ojos. Hoy en día es muy fácil caer en la lujuria; la pornografía invade nuestra sala de estar, sin que tengamos que comprar nada. Por eso es tan importante que me recuerde a mí mismo continuamente el efecto que puedo llegar a tener en la vida de mis hijos. Si me dejo distraer en mis pensamientos, y éstos no son puros ante el Señor, es posible que vea el efecto en mi matrimonio y en mis hijos. Las tensiones pueden surgir dentro de mi familia, o incluso una opresión demoníaca que invada mi hogar. Yo no quiero abrir ventana alguna a este tipo de opresión. Estoy seguro de que usted tampoco quiere ver que suceda esto en su hogar. Por esta razón, necesitamos mantener pura nuestra mente.

Esté consciente del principio del adulterio emocional. Es lo que sucede cuando un hombre dice: "Quisiera estar casado con otra". Esto se presenta cuando una persona quisiera estar unida al cónyuge de otra. Aunque nunca haya habido una relación, ni un diálogo sobre el tema, si la persona ha alimentado en su mente este pensamiento, entonces su corazón ya se ha vuelto infiel y desleal a su cónyuge.

Todas las semanas nos enfrentamos a centenares de tentaciones. Esas tentaciones seguirán llegando, pero si tenemos una fuerte pasión por Dios, no necesitaremos permitir que uno solo de nuestros pensamientos tome una dirección errónea.

Yo he recibido un bautismo de fuego, y no renunciaría a él por nada. Sin embargo, permítame decirle que no hay bautismo, visitación ni experiencia alguna con el Señor que exima a la persona de las tentaciones. Mientras vivamos aquí en el planeta tierra, tendremos tentaciones.

Pero también le digo que es posible desarrollar una disciplina divina, ungida, para mantenerse centrado en Jesucristo, además de una disposición al arrepentimiento inmediato. Si usted tiene esta disciplina, no caerá. He pasado por momentos—en los aeropuertos, en los aviones, en cualquier parte—en que me he dado cuenta de que me he detenido demasiado tiempo en un pensamiento que no era santo. Un segundo no habría tenido nada de malo; sólo lo habría calificado de *tentación*. Pero cuando permito que mis pensamientos permanezcan dos... tres... o quince segundos, ha pasado demasiado tiempo. Así que allí mismo, dondequiera que haya estado en el momento, he tomado la decisión de arrodillarme y arrepentirme. "Señor", clamo, "te he estado traicionando durante quince segundos. Perdóname y purifícame".

Tal vez usted piense que este tipo de disciplina es un yugo que usted no puede llevar. No, amigo; lo que no podemos llevar es una mezcla mortal de santidad y pecado. Eso es un cóctel asesino.

Salomón fue preparado para el éxito, pero terminó en el desastre. Comenzó su reinado con una unción divina sobre su vida. Hasta había recibido la bendición de dos visitaciones del Señor (1 Reyes 11:9). También había recibido promesas de Él, pero esas promesas quedaron anuladas a causa de sus distracciones.

> Y dijo Jehová a Salomón: Por cuanto ha habido esto en ti, y no has guardado mi pacto y mis estatutos que yo te mandé, romperé de ti el reino, y lo entregaré a tu siervo.
>
> —1 Reyes 11:11

Aunque durante su reinado hubo paz en Israel, fue también durante su reinado cuando Dios comenzó a levantar a los que serían los enemigos de Israel. Las victorias de la generación anterior se convirtieron en la persecución de la generación siguiente.

Cuando nosotros nos distraemos, Satanás reagrupa sus fuerzas. Las viejas tentaciones regresan con más fuerza. Cuando no llenamos nuestro corazón con la voluntad de Dios y el poder del Espíritu Santo, permitiendo que se quede vacío, los demonios vuelven a llegar en un número mayor que el anterior. La tentación se vuelve más fuerte que la que nos había oprimido originalmente. Vienen a desalentarnos y destruirnos.

Las distracciones que hay que evitar

Veamos más de cerca algunas de las distracciones que tenemos que aprender a evitar para llegar a ser todo lo que Dios quiere que seamos. No permita que ninguna de estas cosas impida que se concentre en su entrega a Cristo.

La distracción del consumismo

Mientras estaba en el sur de Argentina, hablé en una iglesia que estaba haciendo una clase extraña de ayuno: estaban ayunando de las tarjetas de crédito. Varias personas testificaron acerca de la forma en que habían quedado libres de deudas mientras ayunaban. Esta obra espontánea del Espíritu Santo quebrantó la distracción del consumismo, que crea el afán de comprar.

El "ruido" de los medios de comunicación
Apague ese ruido para poder oír el "silbo apacible de Dios". Todo sonido continuo que nos entre por los oídos nos puede distraer de la voz de Dios, que surge de lo más profundo de nuestro espíritu; y esto, aunque se trate de ruidos "cristianos". No permita que las películas, la televisión, los programas de entrevistas o los de noticias se conviertan en sustitutos de la comunión con Dios.

El trabajo para Dios hecho con desánimo
La Palabra de Dios nos aconseja: "Y todo lo que hagáis, hacedlo de corazón, como para el Señor y no para los hombres" (Colosenses 3:23). No se deje distraer por su propia impaciencia o falta de entusiasmo por las cosas de Dios. Trabaje para Él con todo el corazón.

El desacuerdo constante con la visión de la iglesia
Si usted está criticando continuamente la dirección que lleva su iglesia, o tratando de hacerla perfecta, se está distrayendo. Billy Graham dijo en una ocasión: "Si alguna vez encuentra usted la iglesia perfecta, no se haga miembro, porque la echaría a perder". Es contraproducente trabajar *contra* el Cuerpo de Cristo; tome la decisión de trabajar *con él*.

No tener metas en la vida
Decídase ahora mismo a fijar unas metas santas para su vida y para su familia. Si sus metas están en sintonía con la voluntad de Dios para su vida y para su familia, Él va a honrar muchas de esas metas, y lo va a ayudar a alcanzarlas. Sin metas, se va a distraer con facilidad.

La presencia de pasiones inmorales en su vida
La Biblia condena toda clase de impureza mental; no sólo los actos abiertos de adulterio y fornicación. Todos los tipos de fantasía lasciva están fuera de la voluntad de Dios. Jesús habla muy claro sobre esto. Si un hombre desea a una mujer, en su corazón ya ha cometido adulterio.

La esperanza de un reconocimiento
No se deje distraer de la obra del Señor por estar esperando recibir reconocimiento y honra. Ese momento tal vez no llegue nunca. Aunque los demás no reconozcan sus esfuerzos, ¿está dis-

puesto a trabajar para el Señor y servirle de todas formas?

Las características de los que no se dejan distraer

El siervo de Dios que evita la transgresión de la distracción tiene un sentido claro de dirección. A continuación le presento algunas de las características de las personas que evitan las distracciones:

- Tienen un constante anhelo de ser como Jesús.
- Tienen pasión por las almas perdidas.
- Se puede confiar en ellos, gracias a su capacidad para mantenerse en la senda recta.
- Aman a todo el Cuerpo de Cristo.
- Son eficaces en su trabajo para Dios.
- Tienen un sentido de dignidad, incluso cuando hacen pequeñas tareas para Dios.

¿Tiene usted las características de éstos que no se dejan distraer? ¿Tiene un santo amor por el pueblo de Dios, y por las almas perdidas? Sus oraciones, ¿unen a la gente, en lugar de separarla? ¿Se siente bien sirviendo a Dios, tanto si su ministerio es grande e importante ante los ojos de los hombres, como si sólo es un ministerio pequeño?

Jesús es nuestro ejemplo. Él era un hombre comprometido. Era un hombre con dirección en su vida. En Lucas 9:51 leemos: "Cuando se cumplió el tiempo en que él había de ser recibido arriba, afirmó su rostro para ir a Jerusalén". No permitía que lo distrajeran ni siquiera sus discípulos. "Por el gozo puesto delante de él sufrió la cruz" (Hebreos 12:2). Jesús tenía unas metas elevadas; un alto objetivo para la raza humana. A causa del objetivo que tenía para la humanidad, estuvo dispuesto a sufrir una muerte humillante.

Vivimos en unos tiempos en los cuales el Señor nos está pidiendo que echemos raíces y nos asentemos espiritualmente. No podemos permitirnos más las distracciones mientras seguimos con nuestro caminar cristiano. Por el ejemplo de Salomón sabemos que incluso los grandes siervos de Dios, que han realizado grandiosas hazañas para Él en el pasado, se pueden descarriar con rapidez a causa de las distracciones. Necesitamos mantener nuestros ojos fijos en la recompensa y negarnos a permitir que nos distraigan para impedir que lleguemos a nuestro lugar de destino.

Una oración de arrepentimiento

Padre, te doy gracias porque me has alertado con tu

Palabra. Dame ahora mismo una libertad celestial para romper toda relación que haya en mi vida que no se encuentre dentro de tu voluntad. Ayúdame a alejarme de todas las pasiones que no vengan de ti.

Señor de gran misericordia, ven ahora y haz palpable tu presencia. Envía tus ángeles para que me ayuden. Rompe el yugo del pecado. Haz que toda adicción quede quebrantada por tu poder. Que todo hábito de maldad quede hecho añicos. Ven, Señor, y libérame de las distracciones mortales. Ayúdame a hacer tu voluntad todos los días de mi vida. En el nombre de Jesús, amén.

Comience a entregarle sus distracciones al Señor. Suelte la envidia y los celos. Deje que el Señor toque sus ojos. Si su familia se halla al borde de la destrucción, preséntese hoy ante Jesús. La distracción de la falta de compromiso lo va a destruir. La falta de decisión lo va a distraer de manera que no vea su voluntad.

Jesús no *rechaza*, sino que *abraza*. Renuncie a todo lazo emocional que lo esté alejando de Él. Permanezca centrado en Él y en su voluntad para la vida de usted.

10

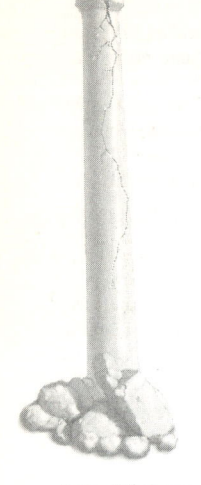

La transgresión de Jonás: Servir a Dios de mala gana

Un *misionero* de visita en su tierra de origen se puso en pie ante toda una iglesia para compartir su llamado al campo misionero. Pero antes de predicar, le pidió a su esposa que subiera a compartir ella también. La esposa subió a la plataforma, se puso detrás del púlpito y habló de lo difícil que era para ella dejar su ciudad natal para vivir en un país lejano. Habló de las noches que había pasado llorando acerca de esa decisión. Habló de la estrecha relación que la unía a su madre. Compartió lo mucho que habían disfrutado sus hijos de la cercanía de su abuela, y cómo la echaban de menos. Entonces comenzó a llorar. En medio de sus lágrimas, dijo: "Pero voy a ser obediente. Voy a ir donde Jesús quiere que vaya". Cuando terminó su triste historia, la mitad de la congregación sentía deseos de decirle: "Tal vez donde deba usted ir es a su casa".

Conocí un pastor que, a lo largo de los treinta años que trabajó con su congregación, pocas semanas olvidaba recordarle a ésta el trabajo y el puesto tan excelentes que había dejado para pastorearla. "Ustedes no se dan cuenta del sacrificio que hice para venir aquí", les decía. "No quería venir, pero decidí obedecer a Dios." No estoy seguro de que se arrepintiera de haberse hecho pastor, pero al menos, quería asegurarse de que todos supieran lo grande que era el sacrificio que había hecho para servirles.

En desacuerdo con la visión de Dios

El apóstol Pablo dijo en cierta ocasión frente al rey Agripa: "No fui rebelde a la visión celestial" (Hechos 26:19). Tal vez no todos los cristianos puedan decir lo mismo. Hay quienes son calladamente rebeldes, desobedientes, o están en un "silencioso" desacuerdo

Servir a Dios de mala gana

con Dios todopoderoso. Qué arrogancia tan grande es imaginarnos que podemos escoger los aspectos de su voluntad que vamos a obedecer.

La palabra del Señor a Jonás será especialmente significativa para usted, si Dios le ha estado repitiendo algo en el corazón por segunda o tercera vez, o más aún, y no ha respondido todavía a sus indicaciones. ¿Le está diciendo Dios que vaya, pero usted se ha resistido a ser enviado? Por medio de esta historia de Jonás, Dios está a punto de repetirle en el corazón algo que le dio hace ya mucho tiempo.

Jonás había oído la voz del Señor. Había recibido una revelación. Sabía lo que tenía que hacer, pero tenía un problema: estaba en total desacuerdo con Dios.

> Vino palabra de Jehová a Jonás hijo de Amitai, diciendo: Levántate y ve a Nínive, aquella gran ciudad, y pregona contra ella; porque ha subido su maldad delante de mí. Y Jonás se levantó para huir de la presencia de Jehová a Tarsis, y descendió a Jope, y halló una nave que partía para Tarsis; y pagando su pasaje, entró en ella para irse con ellos a Tarsis, lejos de la presencia de Jehová.
>
> —Jonás 1:1-3

Cuando Jonás oyó por vez primera estas palabras del Señor, huyó en dirección opuesta. No sabemos con exactitud todas las razones que tuvo para huir. Tal vez tuviera miedo de enfrentarse a la gente. Tal vez tuviera prejuicios en su corazón contra ellos, porque eran gentiles. Sí sabemos que quería venganza contra los crueles ninivitas, en lugar de compasión. Comoquiera que sea, le dijo que no a Dios. Pero Dios, en su bondad, le dio una segunda oportunidad, a pesar de que había echado a perder la primera.

> Vino palabra de Jehová por segunda vez a Jonás, diciendo: Levántate y ve a Nínive, aquella gran ciudad, y proclama en ella el mensaje que yo te diré.
>
> —Jonás 3:1-2

Tal vez usted se sienta tentado a decir: "¿Por qué le dio Dios otra oportunidad a este personaje? No se la merecía". En cuanto a mí, no me parece que pueda ser demasiado crítico con respecto al retraso de Jonás en responder a algo que Dios le había dicho que hiciera, porque yo he tenido esa misma actitud.

Llamado a reunir a la ciudad

Poco después de haber recibido una visitación especial de Dios en 1997 con un bautismo de fuego en mi vida, Él me llamó a reunir a las congregaciones de La Plata, mi ciudad de Argentina. De hecho, me dio la visión de un avivamiento allí. Cuando cerré los ojos, pude ver una arena deportiva repleta de personas que buscaban la santidad de Dios.

Después de esta visión, seguí la ruta convencional y comencé a hablarles a algunos pastores amigos que eran líderes en la ciudad. Ellos me dejaron totalmente convencido de que no debía tratar de hacer algo así. Los pastores no están dispuestos a orar ni a trabajar juntos, me aseguraban. Me decían que la ciudad estaba dividida; tanto, que la asociación de pastores se había dividido en dos grupos.

Aun así, imprimí unos carteles para anunciar la reunión. Pero cuando supe que la ciudad celebraba un festival secular en esa misma fecha, dejé en paz el asunto. *Bueno,* pensé, *al parecer la idea no venía de Dios.*

Tres años más tarde, la voz del Señor comenzó a silenciarse en mi vida. Pasaba semanas sin oír nada de Él. Viajé a Inglaterra para ministrar allí en una conferencia, pero Él no me hablaba. Iba a las reuniones y veía su presencia manifiesta, pero Él seguía callado. La gloria descendía, se producían milagros de transformación, pero cuando volvía a mi habitación del hotel, Dios seguía extrañamente callado. No podía sentir su presencia. Preocupado, comencé a preguntarle sobre aquello.

Una tarde salí a hacer "jogging", y me llevé conmigo mi grabadora de cinta. Estaba escuchando el sermón del predicador que había hablado antes que yo en aquella conferencia. Quería obtener una visión de conjunto de lo que Dios estaba haciendo en aquella conferencia antes de hablar yo.

Mientras hacía "jogging", oí que el predicador decía: "A Dios no le gusta repetir las cosas. Él nos habla una vez y después espera en silencio que le obedezcamos". Cuando terminó de decir aquellas palabras, ya yo no estaba corriendo. Al principio seguí caminando con lentitud, y por fin terminé arrodillado, diciendo: "Señor, ése soy yo. Hace tres años me dijiste que reuniera a las iglesias de mi ciudad, y yo no obedecí. Perdóname. Si me das una segunda oportunidad, te prometo que no me lo vas a tener que decir de nuevo. Esta vez te voy a obedecer". En aquel momento, comencé a identificarme con el reacio profeta Jonás.

Sentí que me daba luz verde. Dios me dio esa segunda oportunidad. Sin embargo, en esos momentos ni siquiera vivíamos o pastoreábamos ya en la ciudad de La Plata. La primera vez que Dios me había pedido que reuniera a la Iglesia, era uno de los pastores de la ciudad. Después de aquello, habíamos renunciado a nuestra congregación local para dedicarnos a una visión mundial que el Señor nos había dado.

Así que comencé a grabar programas de radio para la estación cristiana de La Plata. Planifiqué una reunión de todas las iglesias de la ciudad. En los programas de radio hablaba de la reunión, e invitaba a las iglesias a participar. Hablé con una de las asociaciones de pastores de La Plata, y le pedí su apoyo y cooperación. Él me contestó: "¡Éste es el peor momento para organizar una reunión así! Los pastores están divididos. Acabamos de tener una nueva división en la ciudad, y la atmósfera espiritual no es buena. Si antes era mala, ahora es peor. No trate de alquilar la arena deportiva; va a perder una gran cantidad de dinero". Esta vez no permití que las voces de duda me detuvieran.

Sabía que el Señor me había dado indicaciones claras, y le había dado mi palabra. Así que decidí seguir adelante con mis planes, siempre que ellos me autorizaran, con su apoyo o sin él. Finalmente, recibí por el correo electrónico una nota en la que básicamente me daban "permiso para fracasar", pero con eso bastaba. Debo admitir que yo también pensaba que íbamos a fracasar, pero estaba convencido de que prefería fracasar haciendo la voluntad de Dios, que triunfar haciendo la mía propia.

"Señor ", le dije, "sé que la gente no va a asistir. Algunos pastores ya me han dicho que no nos apoyan, y que sus iglesias no van a ir. Algunos de ellos les están prohibiendo a sus congregaciones que asistan a esas reuniones. Es imposible que saquemos esto adelante. Pero Señor, en obediencia a ti, voy a alquilar esa arena deportiva. Aunque sólo se presenten cincuenta personas, lo voy a hacer, y voy a cumplir con mi deber en esa ciudad, y tal vez nunca vuelva a hacer nada allí".

Unas semanas antes de que comenzaran las reuniones, los pastores comenzaron a sentir que aquellos encuentros eran voluntad de Dios. Los jóvenes de diferentes congregaciones tuvieron una reunión conjunta. Imprimieron volantes y los distribuyeron por toda la ciudad. Había comenzado a suceder algo nuevo.

Cuando mi esposa y yo entramos en aquella arena deportiva, el lugar estaba repleto. Al segundo día, seguía teniendo mis dudas y, como en apoyo de esas dudas, estuvo lloviendo copiosamente todo el día. Pero aquella noche, la arena estaba repleta de nuevo. Al tercer día, la gente no cabía en el lugar. El periódico local informó que más de seis mil personas habían llenado la arena deportiva, en la que se suponía que sólo podían entrar tres mil.

Todavía hoy se ven los resultados de estas reuniones en La Plata. Los pastores comenzaron a convocar a las iglesias para tener reuniones unidas mensuales. Se han celebrado posteriormente grandes reuniones. El ímpetu hacia un avivamiento en toda la ciudad va en aumento.

Dios se glorifica en lo imposible

Aunque algo parezca imposible, Dios puede usarlo para glorificar su nombre. El libro de Jonás es en realidad un libro de victoria, aunque Jonás no disfrutó tanto de su propio testimonio.

En los dos primeros capítulos del libro vemos que Jonás hizo lo que no debía, huyendo de Dios. En los capítulos tres y cuatro, hizo lo que debía, pero con una actitud incorrecta: seguía siendo un perdedor. Hasta su éxito lo hizo sentirse frustrado y enojado. La palabra del Señor llegó a Jonás por segunda vez y le dijo: "Levántate y ve a Nínive, aquella gran ciudad, y proclama en ella el mensaje que yo te diré".

Dios tiene sentido del humor. Escogió a un judío conservador para que fuera a una ciudad odiada por los judíos. Era la ciudad de los opresores; una ciudad cruel. Había algo en el corazón de Jonás, pero no era el avivamiento, sino la venganza. Su oración decía: "Señor, haz justicia; detén tu gracia. Ayúdanos a vengarnos de esta gente". Tenía una actitud crítica de persona religiosa hacia aquellos gentiles inmundos. El profeta no se daba cuenta de que Dios le estaba tratando de mostrar que su plan era llevar su Palabra a todas las naciones.

Muchas veces nuestras conclusiones, aunque seamos cristianos, son abiertamente opuestas a las de Dios. El Nuevo Testamento usa un término para describir estas conclusiones erróneas: las llama *fortalezas*. Una fortaleza es una mentira; una conclusión errónea que hemos aceptado como cierta. Suele estar tan afirmada en nuestra mente, que la luz del Espíritu Santo no puede penetrar en ella.

¿Cómo se echa abajo una fortaleza? Con el poder de Dios. Hace falta el poder de Dios para pulverizar esos muros invisibles de nuestro corazón que se resisten a la voluntad y la verdad divinas.

Es evidente que Jonás tenía una de estas fortalezas. Dio por supuesto que a Dios en realidad no le interesaba Nínive. Además, tampoco quería ir a esa ciudad. Sin embargo, la segunda vez que

Dios lo llamó, le obedeció:

> Y se levantó Jonás, y fue a Nínive conforme a la palabra de Jehová. Y era Nínive ciudad grande en extremo, de tres días de camino. Y comenzó Jonás a entrar por la ciudad, camino de un día, y predicaba diciendo: De aquí a cuarenta días Nínive será destruida.
>
> —Jonás 3:3-4

En estos dos breves versículos se encuentra todo el mensaje que Jonás predicó en la ciudad. Se le olvidó incluir la segunda parte: "Y si se arrepienten, Dios los perdonará". Básicamente, se le olvidó el último punto de su sermón. La Biblia nos dice que los ninivitas creyeron a Dios. El rey les ordenó a todos los ciudadanos, ricos y pobres, que ayunaran. Se vistieron de cilicio, símbolo de arrepentimiento y de humildad ante Dios.

Y llegó la noticia hasta el rey de Nínive, y se levantó de su silla, se despojó de su vestido, y se cubrió de cilicio y se sentó sobre ceniza. E hizo proclamar y anunciar en Nínive, por mandato del rey y de sus grandes, diciendo:

> Hombres y animales, bueyes y ovejas, no gusten cosa alguna; no se les dé alimento, ni beban agua; sino cúbranse de cilicio hombres y animales, y clamen a Dios fuertemente; y conviértase cada uno de su mal camino, de la rapiña que hay en sus manos. ¿Quién sabe si se volverá y se arrepentirá Dios, y se apartará del ardor de su ira, y no pereceremos?
>
> —Jonás 3:6-9

¿Usted no se emocionaría si viera que toda su ciudad se vuelve a Dios? Imagínese lo que podría suceder si nuestros líderes civiles y religiosos lanzaran una proclamación como ésta. Su ciudad no se halla fuera del alcance de la gracia de Dios. Él tiene tanto poder, que puede transformar su ciudad en un solo día.

Cuando Jonás comenzó a lanzar esta proclamación sobre la ciudad de Nínive, de repente una sensación de urgencia se apoderó del pueblo, y todos reconocieron que necesitaban arrepentirse. Tomaron tan en serio este arrepentimiento, que hicieron ayunar incluso a sus animales. Cuando Dios vio lo que hicieron, y cómo se apartaron de sus malvados caminos, tuvo compasión y no lanzó sobre ellos la destrucción con la que los había amenazado. Su misericordia triunfó sobre su juicio.

Si éste fuera el único capítulo del libro de Jonás, supondríamos que el predicador se sintió realizado y contento por la respuesta del pueblo. Pero en el capítulo siguiente se nos dice que este predicador había sacado sus propias conclusiones personales sobre cuál debía ser el final de todo aquello. De hecho, se enojó porque Dios había perdonado a Nínive.

Hoy en día, hay gente que tiene ideas acerca del avivamiento. Tal vez piensen: *Si llega un avivamiento, tendrá que ser dentro de esta forma de adoración, y con esta clase de gente*. Cuando ya tenemos establecidas en el corazón nuestras nociones preconcebidas sobre la forma en que Dios debe obrar, esos pensamientos se pueden levantar contra el conocimiento de Cristo. Entonces, aunque obedezcamos, es posible que no disfrutemos del fruto. Como consecuencia, podríamos sentirnos frustrados por el resto de nuestra vida, a menos que cambie algo.

Jonás obedeció, pero ministró sin pasión alguna. No tuvo compasión por la ciudad de Nínive. De hecho, lo que quería era que cayera el juicio sobre la ciudad. Tal vez hubiera aprendido que los resultados de la desobediencia eran tan terribles, que era mejor obedecer, pero no había aprendido a aceptar con gozo la voluntad de Dios.

Disfrute el plan de Dios

Hoy en día, Dios está llamando a la Iglesia a un nivel más elevado. Nos está diciendo que la transformación es posible. Zacarías 3:9 proclama: "Quitaré el pecado de la tierra en un día". Dios puede reavivar a una ciudad en un solo día, tal como lo hizo en tiempos de Elías y de Jonás. En una sola tarde puede cambiar toda la atmósfera. El tiempo que pasemos en oración, ayuno y proclamación no será en vano; Dios enviará la cosecha.

El problema se presenta cuando nuestra obstinada voluntad se niega a *disfrutar* el plan de Dios. Cuando decidimos que queremos que Dios haga las cosas a nuestra forma, nos ponemos en condiciones de perdernos la verdadera bendición que Él nos está enviando.

Jonás se volvió experto en desobedecer. Comenzó por huir del Señor (Jonás 1:3). Cuando los hombres le preguntaron qué estaba haciendo, admitió ante ellos que iba huyendo de Dios. "Y le dijeron: ¿Por qué has hecho esto?" (v. 10).

Básicamente, Jonás les respondió diciendo que iba huyendo de la voluntad de Dios. Tenía unos propósitos negativos. Sólo sabía dónde no quería ir, y de quién iba huyendo. Su desobediencia causó varios problemas. Uno de ellos fue el retraso. Si usted desobedece, retrasa la voluntad de Dios para su vida y para su ciudad.

Hay una ley que deben obedecer todos los seres humanos, por espirituales que sean. Es la ley del tiempo. El tiempo no es eterno en esta tierra. Si nos resistimos ante la voluntad de Dios, la ponemos en tela de juicio o estamos en desacuerdo con ella, nuestra resistencia comienza a causar un retraso. Nunca tendremos derecho alguno a posponer nuestra obediencia.

En la iglesia donde yo solía pastorear, uno de los líderes me llamó un día para hacer una cita conmigo. Me dijo que tenía algo muy importante que decirme. Cuando llegó a mi oficina, me dijo: "Pastor Sergio, esto es lo que le quiero decir. He estado trabajando en esta iglesia durante más de veinticinco años. Esta semana tomé una decisión: le voy a dar el ciento por ciento de mi vida al Señor".

Me sentí feliz y perplejo al mismo tiempo. Me di cuenta de que hay cristianos que han estado en el ministerio quizá tanto como un cuarto de siglo, y nunca han dicho: "Señor, te lo doy todo. Dime qué hacer, y lo haré". ¿Cómo era posible que aquel hombre hubiera estado tanto tiempo en el ministerio, sin haberse sometido a la voluntad de Dios?

No todos los cristianos se hallan en el punto de una obediencia al ciento por ciento. Hay cristianos que retrasan la voluntad de Dios a fuerza de regatear, negociar, y ponerle a Dios excusas y condiciones. Lo que hacemos en realidad es ir arrastrando los pies mientras le servimos. Por eso la Iglesia avanza a un paso tan lento. Si dejáramos que Él nos tomara consigo, el Espíritu Santo se podría mover con mucha más rapidez.

El verdadero problema de la obediencia demorada es que se vuelve desobediencia. Nos podremos creer muy espirituales, pero tal vez hasta hayamos olvidado lo que la voz del Señor nos ha susurrado en tiempos pasados. En cambio, Dios no olvida. Él no cambia de idea.

Cuando mi esposa y yo entramos a aquella arena deportiva de La Plata para la reunión unida que finalmente habíamos planificado en obediencia a la voz de Dios que me había hablado anteriormente, sucedió algo maravilloso. La gente que estaba en la multitud comenzó a detenerme. Un hombre me dio la mano y me dijo: "Pastor, ¿se acuerda de mí? Yo soy el taxista al que usted le testificó". Una señora bajó de las gradas para decirme: "Pastor Sergio, ¿se acuerda de mí? Yo soy su vecina Coca. Usted pasó por mi casa para hablarme de Jesús. Ahora soy cristiana consagrada". Mi corazón estaba lleno de regocijo.

Recuerdo el día en que fui a casa de Coca, obedeciendo al Espíritu Santo. Ella reunió alrededor de sí a sus hijas adolescentes e hizo que apagaran la televisión para escucharme. Cuando terminé de hablar, la llevé al Señor. Estoy muy feliz de no haber pospuesto mi conversación con ella.

Un año después de aquella reunión de la ciudad, regresamos a La Plata para tener otra reunión unida. Mi esposa Kathy regresó al vecindario donde habíamos vivido para ir tocando a las puertas e invitar personalmente a nuestros antiguos vecinos a las reuniones que estábamos celebrando. Cuando llegó a casa de Coca, tocó el timbre de la puerta. Salió un hombre. Kathy le preguntó. "¿Está aquí la señora de la casa? Se llama Coca, ¿no es cierto?"

"Coca falleció", le contestó el hombre. "Murió en diciembre del año pasado". Había fallecido tres meses después de que la viéramos en la reunión. Me sentí muy agradecido de que no nos hubiéramos atrasado en obedecer a Dios y le hubiéramos hablado de Jesús. Si hubiéramos esperado incluso a hacer una segunda visita a su casa hasta que volviéramos a La Plata para aquella primera reunión, ella no nos habría escuchado.

La desobediencia: una influencia negativa

Otro problema causado por nuestra desobediencia es la influencia negativa que ejerce sobre los que nos rodean. Si no estamos totalmente consagrados al Señor y llenos de gozo con respecto a lo que Él quiere que hagamos, nuestra negatividad va a tener impacto en nuestra familia. Nuestro matrimonio va a sentir ese impacto. Nuestra iglesia va a imitar también nuestra actitud. Es algo inevitable. Si usted no se halla en la voluntad de Dios, y se niega a hacer lo que Él le dice que haga, es inevitable que ejerza sobre los demás una influencia que no va a ser buena.

En el caso de Jonás, la influencia negativa era muy evidente. El barco en que estaba se iba a hundir. Se desató una gran tormenta, y todo el mundo se comenzó a preguntar: "¿Quién tiene la culpa? ¿Por qué nos ha caído encima este castigo?" Echaron suertes, y los resultados señalaron a Jonás.

Cuando no estamos en la voluntad de Dios, nos convertimos *nosotros mismos* en el principal problema, no los incrédulos que nos rodean. En aquellos momentos el problema no estaba en aquellos adoradores de ídolos que iban en el barco. Estaba en el siervo del Señor que se estaba escondiendo de su voluntad. Nosotros nos convertimos en el problema, y creamos crisis nuevas e innecesarias con nuestra desobediencia.

Los hombres del barco le preguntaron a Jonás: "¿Qué haremos contigo para que el mar se nos aquiete?" (Jonás 1:110. ¡Vaya pregunta! En lugar de decir: "Vamos a tomarnos de la mano para arrepentirnos ante Dios y orar", Jonás se limitó a decir: "Tomadme y echadme al mar".

Jonás estaba dispuesto a morir antes que cumplir la voluntad del Señor. Su aversión lo hizo negativo y deprimido. Además, estaba tan enojado, que dijo que prefería morir. Así que ellos lo tiraron al mar, donde un gran pez llegó y se lo tragó sin matarlo. Son asombrosas las cosas que tiene que hacer Dios con los rebeldes. Nos tiene que rodear toda la creatividad del cielo para que de alguna manera regresemos al camino correcto.

Una vez sepultado vivo en el vientre del gran pez, Jonás comenzó a orar y arrepentirse. Entonces dijo:

Pagaré lo que prometí.

—JONÁS 2:9

Finalmente, después de haber estado dentro del pez, Jonás estaba dispuesto a ir donde Dios le había ordenado que fuera.

Una obediencia externa

En otras palabras, Jonás aceptó por fin darle a Dios lo que le había prometido. Aquí observamos un cambio de *conducta*, aunque no de *actitud*. Muchas personas se adaptan externamente a la visión de su iglesia, o a lo que Dios está haciendo en la ciudad, pero interiormente, su corazón no está puesto en ello. Cuando nuestro corazón no está sincronizado con nuestras acciones, no tenemos gozo.

Al fin, Jonás llegó hasta Nínive para predicar allí. Después de su proclamación, el pueblo se arrepintió. ¿Cuál fue su reacción?

Pero Jonás se apesadumbró en extremo, y se enojó.

—JONÁS 4:1

Cuando nuestro corazón no está sintonizado con la voluntad de Dios, aunque llegue el avivamiento, seguiremos enojados. He conocido personas—gente que conozco con nombres y apellidos-, que se enojaron grandemente después de haber llegado el avivamiento a la ciudad de La Plata. Cualquiera se preguntaría qué puede enojar a un cristiano genuino cuando llega un avivamiento.

Algunos estaban molestos porque habían perdido a su "pastor personal". Antes del avivamiento, algunos pastores disponían de tiempo para ponerse a la puerta de su iglesia y saludar personalmente a cada uno cuando la congregación salía del culto. Cuando comenzaron a inundar las iglesias miles de personas nuevas, los pastores no siempre les podían dar la mano a todas. En realidad, había gente que ni siquiera podía encontrar un asiento, así que unos pocos comenzaron a quejarse.

Algunas personas llamaron a sus pastores para expresarles su disgusto. En su corazón no había pasión por la ciudad. Sólo querían una iglesia que los sirviera *a ellos*. No eran personas malas ni malintencionadas; algunos de ellos habían sido cristianos fieles durante muchos años. Pero a veces, hasta los cristianos más fieles son incapaces de mantenerse al día con las cosas nuevas que Dios está haciendo. La esencia misma de la fidelidad exige que nos mantengamos al corriente.

En mi corazón, yo sé que cuando me comienzo a quejar y me siento descontento, es señal de que hay algo que no anda bien. Cuando eso sucede, me pongo a orar y digo: "Señor, libérame del resentimiento, del complejo de víctima y de pensar que yo soy el único que se está sacrificando con tanto viaje". Muchas veces, cuando tengo ganas de quejarme, pienso en esos valiosos pastores que viven en naciones donde hay persecución y arriesgan a diario la vida por el Evangelio. No soy digno de compartir con ellos una plataforma.

Cuando mi esposa y yo fuimos a la República Checa a ministrar, las reuniones allí fueron poderosas; repletas de gente y desbordantes de la presencia del Señor. Mientras estábamos allí, supimos que el pastor que nos había invitado a ir era el líder de una denominación con muchas personas que habían pasado largos meses en las cárceles comunistas. Temblé al oír aquello, porque me di cuenta de que algunas personas de las que estaban sentadas en aquellas reuniones conocían el sufrimiento y la persecución por experiencia directa, de una manera que nosotros nunca hemos conocido, y quiera Dios que nunca conozcamos. Cuando conocí su sacrificio, me sentí avergonzado y dejé de centrarme en mis propios problemas, tan insignificantes comparados con los de ellos.

Tener pasión por la obediencia

El fuego de Dios nos da pasión por hacer Su voluntad. El fuego de Dios no es un sentimiento, sino *una dirección*. Es una pasión por Dios y por las almas. Jonás tenía el ministerio, el llamado y el título, pero no tenía la pasión. Aunque Dios lo usó, no disfrutó de la obra del Señor.

Aun después de haberse arrepentido la ciudad, Jonás siguió actuando con obstinación.

Servir a Dios de mala gana

> Y oró a Jehová y dijo: Ahora, oh Jehová, ¿no es esto lo que yo decía estando aún en mi tierra? Por eso me apresuré a huir a Tarsis.
>
> —Jonás 4:2

Cuando discutimos con Dios por demasiado tiempo, el asunto se vuelve ridículo. No tiene sentido, pero seguimos discutiendo *con Él*, diciéndole: "Señor, te lo dije. Me habrías debido escuchar. Yo estaba en lo cierto".

Aunque Jonás discutió con Dios, Él tuvo misericordia de Jonás. Ésta fue su respuesta:

> ¿Haces tú bien en enojarte tanto?
>
> —Jonás 4:4

Si usted se ha enojado con Dios mientras cumplía con su voluntad, el Espíritu Santo le está haciendo esta pregunta al corazón. ¿Tiene usted derecho alguno a quejarse? ¿Qué derecho tiene a estar enojado? ¿Tiene derecho alguno a seguir en desacuerdo con el llamado de Dios para usted...para su hogar...para su iglesia...o su ciudad?

Hay muchas personas que son rebeldes, pero nunca se montarían en un barco rumbo al extranjero para huir de Dios. Su rebelión y su desobediencia son más sutiles. Sin embargo, se siguen negando a creer en el destino de Dios para su ciudad. Hacen una resistencia sorda.

Anhelamos ver el día en que las congregaciones se unan a los pastores que tienen visión por su ciudad, y se conviertan en motivo de aliento para esos pastores. Oramos para que aquéllos que se han ido quedando al margen salten de lleno al sueño de Dios para su región y hagan un compromiso palpable de tiempo y dinero para ganar a sus ciudades.

Dios está despertando la visión del avivamiento en nuestras ciudades, y nos está despertando a nosotros a la realidad de que Él nos ha llamado a todos y cada uno para que tomemos parte en la cosecha. En los tiempos de Jonás, Dios lo llamó a él de manera directa. Hoy, ha nombrado líderes y pastores en la iglesia; gente que tiene la responsabilidad de guiarnos en la dirección correcta.

Es hora de echar a un lado toda ira y todo descontento. Es hora de crucificar nuestra carne y obedecer su voluntad. Observe que exteriormente, Jonás estaba haciendo lo que debía hacer. Fue a Nínive y les predicó. Sin embargo, su actitud seguía siendo incorrecta.

> Y salió Jonás de la ciudad... y se hizo allí una enramada, y

> se sentó debajo de ella a la sombra, hasta ver qué acontecería en la ciudad.
>
> —Jonás 4:5

Jonás seguía teniendo la esperanza de que Dios destruyera aquel pueblo rebelde, malvado y perverso. Así que se sentó a vigilarlos. Tal vez usted esté allí sentado esperando, en sentido espiritual, para ver si Dios cambia y hace las cosas a la manera de usted.

Quizá lo ofendieran hace años, y haya dicho: "Mientras no se arregle esto, no voy a volver a colaborar con la iglesia". Está esperando para ver qué va a suceder. Jesús está de pie frente a usted, diciéndole: "Perdona. Suelta. Ora por tus enemigos. Sigue adelante con la visión que yo tengo para ti". No deje que una ofensa haga que caiga en la trampa de Jonás.

Hay quienes piensan que siempre están oyendo lo mismo de Dios. Tal vez se deba a que aún no están haciendo lo que Él les dijo que hicieran en primer lugar. Hay quienes prefieren marchitar sus días en la tristeza antes que soltar el agravio y la desilusión para seguir adelante con la voluntad de Dios.

El Señor nos está preguntando: "¿Acaso no debería estar yo preocupado por Chicago... Buenos Aires... Bombay... o la ciudad de donde usted procede?" ¿Por qué insistimos en un cristianismo más cómodo? ¿Por qué estamos tan tentados a renunciar a nuestros esfuerzos? ¿Por qué decimos que ha pasado demasiado tiempo? ¿Por qué no dejarse refrescar con la visión de Dios para su ciudad y la esperanza de que si Él pudo cambiar a Nínive, también puede cambiar a su ciudad?

Dios va a usar gente consagrada para realizar su voluntad en nuestras ciudades. Le pido que usted no sólo le consagre sus acciones externas, sino también sus actitudes internas. Le pido que usted sea capaz de decir "Sí, Señor", ante el llamado que Él le está haciendo.

En una reunión reciente, un joven se me acercó para decirme: "Dios me llamó al ministerio siendo niño. Después pasé unos tiempos de confusión, y hasta el día de hoy me he seguido confundido. Pero hoy vengo al altar para decirle al Señor que voy a cumplir mis votos, y a obedecer su llamado sobre mi vida".

En el sur de Texas, apenas terminé mi sermón, mi joven traductor se volvió hacia mí para decirme: "¡Yo VOY a estudiar japonés!" Entonces me explicó que años antes, Dios le había indicado que aprendiera ese idioma y estuviera listo para ser misionero en Japón. Él había retrasado su obediencia, pero ahora estaba listo para obedecer. ¿Ha puesto usted en punto muerto algunas de las órdenes que Dios le ha dado?

Jesús dijo: "¿Qué le daré a esta generación? Le daré la señal de Jonás. Como Jonás, yo voy a estar tres días en el seno de la tierra. Pero después voy a resucitar". Jesús habría tenido muchas razones humanas para decidirse a evitar la voluntad de Dios. En su humanidad, oró diciendo: "Padre, si quieres, pasa de mí esta copa" (Lucas 22:42). Pero después dijo en su oración: "Pero no se haga mi voluntad, sino la tuya".

Hay ministerios que van a ser reavivados por el fuego de Dios. Yo creo que parte de la agenda de Dios en la tierra hoy consiste en revitalizar ministerios que están totalmente dormidos. Estos ministerios van a ser como unas vitaminas que le faltaran al Cuerpo de Cristo.

Jonás nunca se convirtió oficialmente en un creyente caído. Nunca dejó de creer en Dios; nunca dejó de formar parte de su pueblo. *Pero su corazón estaba lejos de la voluntad de Dios.* Tal vez usted sea miembro activo de su iglesia, y no se considere apartado. Sin embargo, se ha estado resistiendo continuamente a la voz de Dios. Hasta es posible que se sienta confundido acerca de cuál es esa voluntad del Señor. La desobediencia siempre produce confusión, mientras que la obediencia produce claridad. La forma de romper la neblina creada por la desobediencia es comenzar a dar pasos de obediencia, uno tras otro.

Levántese, hombre y mujer de Dios. Sintonice de nuevo su corazón con la voluntad plena de Dios para su vida. Alcance a su ciudad para Él. Deje de arrastrar su corazón. Proclame el día de salvación para los que necesiten oírlo. No deje que la negatividad, las ofensas o las excusas impidan que usted abrace la voluntad de Dios. Participe en lo que Dios está haciendo en este día en su ciudad.

Si está luchando con la decisión de entregarle todo al Señor, es porque no confía en el Padre que lo ama. Recuerde que la voluntad de Dios es perfecta, buena y agradable (Romanos 12:2).

Capte este poderoso memorial de la bondad que Dios tiene para su vida:

> Jehová es la porción de mi herencia y de mi copa; tú sustentas mi suerte. Las cuerdas me cayeron en lugares deleitosos, y es hermosa la heredad que me ha tocado.
>
> —Salmo 16:5-6

Una oración de arrepentimiento

Señor, te doy gracias por tu Palabra. Te pido que liberes

mi corazón de esta transgresión de no estar de acuerdo con tu voluntad. Libérame del descontento que es mundano. Libérame del espíritu de queja. Espíritu Santo, ven y abrázame ahora. Te pido que transformes mi vida y mi ministerio.

Señor, quiero cambiar. No sólo quiero que mis pies sigan tu voluntad, sino que también la siga mi corazón. Renuncio al descontento, las lamentaciones y a mi corazón falto de felicidad, y te voy a seguir con gozo. Cuanto me digas que haga, lo haré, Señor. Mientras tú me enseñes a hacerlo y me equipes para hacerlo, yo obedeceré a tu voluntad.

Padre, te pido que antes de que edifiques nada en mi vida, destruyas los odres viejos. Desarma los viejos argumentos. Pulveriza mis excusas. Señor, libérame de mi propio conflicto interno. Sí, Señor, te suplico que hagas esto antes de plantar y edificar: arranca y destruye. Ven a realizar tu demolición divina en mi corazón. Destruye todas las obras de la carne, todos los pensamientos demoníacos, todos los pensamientos de confusión, rebelión y desobediencia.

Señor, renuncio a mis caminos y tomo la decisión de seguir los tuyos. Renuncio a esa actitud de juicio y de crítica que siempre duda de la visión de los líderes o de los programas de la iglesia, pero nunca hace nada por ayudar.

Perdóname; perdona mi insensatez, perdona mi orgullo y mi arrogancia. Señor no me voy a seguir sintiendo como un fracasado. Por débil que yo sea, soy siervo tuyo. Y tú me puedes usar.

Señor, mi economía es para tu Reino. Si tú me das tu gracia, la voy a administrar con sabiduría y te voy a dar todo lo que me pidas que te dé. Egoísmo, desaparece en el nombre de Jesús. Egocentrismo, sal de mi vida en el nombre de Jesús. Ven, Espíritu Santo, y graba con fuego el carácter de Jesús en mi corazón. Me vacío de todo aquello que pertenezca a la forma antigua de hacer las cosas. Yo estoy en Cristo. Las cosas viejas han pasado, y todas las cosas han sido hechas nuevas.

Señor, ven ahora y sopla vida sobre mi pensamiento, mi ministerio y mi labor. Padre, te pido que toques los ojos de mi entendimiento, y que de repente vea con toda claridad la visión. Padre, te ruego que mi corazón nunca se aparte de ti, sino que te sirva con todas mis fuerzas.

En el nombre de Jesús, amén.

11

La transgresión de Pedro: Temer más a los hombres que a Dios

Hace *algunos* años, participé en unas maravillosas reuniones de avivamiento en la ciudad de Nueva York. El pastor había invitado a otras congregaciones de la zona para que participaran en los cultos. La gloria de Dios descendió, y parecía como si estuviéramos en ese tipo de derramamientos gloriosos del Espíritu Santo sobre los cuales sólo leemos en los libros de historia. Muchas personas se arrepintieron, y hubo lágrimas y quebrantamiento. El lugar estaba repleto; hasta los pasillos estaban llenos.

En el día en que salí del hotel, el recepcionista me dijo que todo estaba bien, y que la iglesia se había hecho cargo de mi cuenta. El pastor ya me había dicho que se habían hecho cargo de todo, y que no me preocupara de nada. Pero cuando me iba ya con mi equipaje, me vino un pensamiento: *Tengo que mirar esa factura.* Casi parecía un entrometimiento pedir que quería ver la factura para saber cuánto había pagado el pastor por mi estancia allí. Pero yo sabía que era el Espíritu Santo el que me estaba moviendo a pedir la factura por alguna razón.

Así que en la recepción, antes de irme, pedí una copia de lo que se había cobrado por el cuarto. Nunca había hecho esto durante todos mis viajes. El recepcionista me dio la factura sin vacilar y, cuando la miré, me di cuenta de que había en ella un cobro por el alquiler de una película para verla en el televisor del cuarto. Por lo general, estas películas son pornográficas. Yo sonreí y le hablé a la persona que estaba allí: "Cuando yo entré al cuarto, desconecté el televisor. Ni siquiera lo he encendido, y sin embargo en mi factura hay un cobro por una película". Ellos quitaron enseguida ese cobro de mi factura; demasiado rápido, diría yo. Me pregunté cuánta gente había pagado por esas películas, sin saber siquiera que se les había añadido ese cobro.

Cuando llegó el pastor para pagar la cuenta, le expliqué lo sucedido. Creo que el Espíritu Santo me llevó a ver la factura como protección divina sobre mí, y sobre la reputación de mi ministerio. Salí de Nueva York diciendo: "Gracias, Espíritu Santo, por proteger mi integridad delante de esa gente". Aunque yo era inocente, aquello habría podido arruinar mi testimonio, a menos que me preguntaran personalmente por ese asunto.

Aprenda a cultivar su integridad

Desde entonces, cada vez que salgo de un hotel, siempre pido una copia de la factura. Ahora me doy cuenta de que es responsabilidad mía proteger mi integridad ante los ojos de la gente lo mejor que pueda. Necesitamos proteger la imagen cristiana que proyectamos.

> La santidad es un don de Dios. La integridad es algo que nosotros tenemos que cultivar. Usted y yo tenemos que cultivar la integridad en nuestra vida diaria. De hecho, la Biblia nos dice que es responsabilidad nuestra proteger nuestra reputación: No sea, pues, vituperado vuestro bien.
>
> —ROMANOS 14:16

Al leer el Nuevo Testamento, vemos que uno de los seguidores más cercanos de Jesús cayó en la trampa de comprometer su integridad. Pedro había pasado tres años en la escuela bíblica de Jesús. Había caminado junto al Maestro, y presenciado sus milagros. Era el hombre al que Dios le había dado la gracia de llevar el Evangelio a los gentiles. Había recibido las llaves del reino.

Sin embargo, se metió en una situación por falta de integridad. Aunque usted haya sido maestro, predicador u obrero en la iglesia durante muchos años, le es fácil quebrantar el principio de integridad. No obstante, *no tiene por qué* caer en esta transgresión de hipocresía, aunque sean muchos los que se hayan enredado en ella. Esto le sucedió a Pedro poco después de que los apóstoles llevaran el Evangelio fuera de Judea.

> Pero cuando Pedro vino a Antioquía, le resistí cara a cara, porque era de condenar. Pues antes que viniesen algunos de parte de Jacobo, comía con los gentiles; pero después que vinieron, se retraía y se apartaba, porque tenía miedo de los de la circuncisión. Y en su simulación participaban

también los otros judíos, de tal manera que aun Bernabé fue también arrastrado por la hipocresía de ellos. Pero cuando vi que no andaban rectamente conforme a la verdad del evangelio, dije a Pedro delante de todos: Si tú, siendo judío, vives como los gentiles y no como judío, ¿por qué obligas a los gentiles a judaizar?

—GÁLATAS 2:11-14

Pedro había comenzado a actuar con hipocresía. Le preocupaba más "verse bien" ante los demás creyentes judíos de Jerusalén, que mantener su testimonio cristiano ante los gentiles a quienes estaba ministrando. Fue a lo seguro. Siguió las tradiciones y las reglas de hombres, y al hacerlo, demostró ser un hipócrita con sus acciones. Y fue este temor a la gente religiosa la que hizo que cayera en esta trampa.

La falta de integridad es hipocresía

Juan Wesley, el gran predicador del siglo XVII, hizo una lista de veintidós preguntas que hacía en todos sus "clubes santos". Durante sus años de ministerio, participaron en Inglaterra en sus células más de doscientas mil personas. Todos los años viajaba a caballo miles de kilómetros, visitando iglesias y encendiendo el fuego de la santidad. Algunas de las preguntas que les hacía, tenían que ver con su integridad. Comentaban estas preguntas en sus grupos.

Una de las preguntas que hacía era ésta: "De manera consciente o inconsciente, ¿estoy creando la impresión de ser una persona mejor de la que realmente soy? En otras palabras, ¿soy un hipócrita?" Otra de las preguntas: "¿Ha tratado de parecer mejor de lo que realmente es?" Estas preguntas llamaron mi atención. Hoy en día son muy pocas las personas que se hacen preguntas así.

Parecer mejores de lo que somos es algo que se ha convertido en común y corriente entre los cristianos. Se ha vuelto normal para algunas personas la costumbre de ponerse una máscara para hacer pensar a los demás que nos va mejor de lo que realmente nos va. Pero hacer que algo parezca diferente a lo que realmente es, constituye una falta de integridad; es jugar a la espiritualidad falsa. No nos damos cuenta de que estamos poniendo en riesgo nuestra integridad cuando fingimos.

En los tiempos antiguos, en Roma, los artistas de entonces estaban dedicados a crear hermosas esculturas, muchas de las cuales hallamos aún hoy en los museos y las colecciones privadas. La historia nos dice que cuando una de esas caras esculturas hechas de mármol se quebraba, se reemplazaba la parte quebrada con cera, pintada para que tuviera exactamente el mismo aspecto que el mármol que sustituía. Muchas esculturas reparadas con cera se vendían, la mayoría de las veces sin indicar que se había hecho ese reemplazo.

En latín, las palabras usadas eran *sine,* que significa "sin" y *cera,* palabra que ha pasado intacta al español. De la unión de estas palabras latinas se deriva la palabra *sincera.* En la historia hubo un tiempo en que esta práctica se hizo tan corriente, que cuando los compradores querían comprar estatuas costosas, pedían primero que les dieran una "sincera"; una que no tuviera cera.

La persona sincera es una persona en la que no hay falsedad. Es una persona con cohesión moral, en cuya vida no hay partes "hechas de cera". No hay nada falso en su carácter.

El mundo quiere ver cristianos sinceros; creyentes que no engañen ni mientan, y que sean veraces en la práctica de su trabajo. Si ve cristianos modelo como éstos, creerá en el Evangelio que esos cristianos predican. Uno de los grandes obstáculos para que el mundo crea en el Evangelio es la evidencia de falsedad en la vida de muchos cristianos. Estos creyentes se parecen a los reales, y se presentan como sinceros, pero su falta de integridad los ha convertido en piedras de tropiezo para la extensión del Evangelio. Están llenos de cera.

Hay quienes dicen enseguida que son cristianos, pero otros no los quieren contratar como empleados por su falta de honradez. Añaden a su semana de trabajo unas horas que no han trabajado. Se llevan a su casa, en su falta de honradez, cosas que pertenecen a su trabajo. Aunque podamos resucitar a los muertos y sanar a los enfermos (y de eso necesitamos más en la iglesia), estos actos de falta de honradez destruyen la confianza y anulan la eficacia de su ministerio.

Recuerdo haber oído hablar de una secretaria que habían acabado de colocar en una iglesia. Después de estar allí unos cuantos días, comenzó a recibir llamadas telefónicas de agencias recaudadoras de deudas que preguntaban por el pastor. Ella les explicaba que el pastor no estaba, y se ofrecía a tomar un mensaje. Un hombre le contestó: "Necesito hablar con él ahora mismo. Lleva más de siete meses sin pagar lo que debe en su tarjeta de crédito".

Cuando la secretaria le mencionó al pastor las llamadas, y le hizo unas cuantas preguntas francas, el pastor la quitó de su puesto. Su explicación fue: "Usted no ha hecho nada malo. El Espíritu Santo fue el que me indicó que la liberara de sus obligaciones". El pastor ponía especial cuidado en mantener a distancia a los que le hicieran preguntas. Era un hombre falto de honradez, carente de integridad. ¿Qué puede pensar el mundo de la Iglesia, cuando incluso nuestros líderes se comportan así?

¿Mentiritas?

A causa de nuestra procedencia social y cultural, hay algunos de nosotros a quienes nos enseñaron a mentir. Mi procedencia social y cultural me enseñó a decir cosas que no eran como las decía. No se decían con mala intención, sino que eran más bien errores nacidos de la ignorancia. Por ejemplo, se nos enseñaba: "No le digas a esa persona que no quieres comprar ese artículo. Dile que es bueno, pero no se lo compres".

Una de mis experiencias favoritas de pequeño era ir a la plaza de mercado con mi abuela. Recuerdo cómo la gente usaba la astucia y el engaño para comprar las cosas más baratas. Miraban los tomates y le decían al vendedor: "¡Qué caros están hoy sus tomates!" Pero después de haberlos comprado, le decían a la persona que iba con ellos: "¿Viste lo baratos que compré estos tomates?" Era como un juego. Sus intenciones no eran malas; sólo era un truco para comprar las cosas a precio de ganga.

Mi abuela era una maravillosa santa de Dios, pero usaba este método con frecuencia. Le preguntaba al carnicero: "¿Cuánto cuesta esa carne?" Cuando él le decía el precio, ella contestaba muchas veces: "Demasiado cara".

Entonces me decía: "Quédate quieto; esta carne está muy barata, pero creo que la voy a poder conseguir en un precio mejor". En aquellos días, ninguno de nosotros se daba cuenta de que aquél era un punto de engaño en nuestra sociedad.

Otra clase de mentira corriente, sobre todo en los países latinoamericanos, se presenta con frecuencia cuando un niño tiene fiebre, y uno le dice: "No, hijo, no tienes fiebre; no te preocupes". La idea es impedir que el niño se asuste, pero en realidad le estamos enseñando que algunas veces no tiene nada de malo decir una pequeña mentira. Le estamos enseñando que a veces, cuando algo no va a favor nuestro, podemos usar una mentira. Hay quienes les llaman "mentiritas" sin importancia. Serán pequeñas, pero no tienen nada de inofensivas.

Los hábitos de este tipo permanecen en la persona cuando llega a la edad madura. El niño que compraba tomates en la plaza del mercado se puede convertir un día en pastor. Tal vez ahora le diga cosas como ésta al tesorero de la iglesia: "Redondéalo un poco; si no lo hacemos, vamos a tener que pagar más impuestos".

La Biblia nos dice que los que no son honrados en las cosas pequeñas, no gozarán de confianza para administrar las grandes. Decir mentiras, por pequeñas que sean, no es honrado. Los mentirosos carecen de la integridad que necesitan para ser las personas que Dios quiere que sean.

La falta de honradez no tiene un mínimo. Puede estar relacionada con un millón de dólares, o con uno solo. Uno de los lugares donde yo personalmente he aprendido a no ser falto de honradez, es en la aduana de los aeropuertos internacionales. Tengo que confesar que la aduana del aeropuerto de Buenos Aires es un lugar que me pone un tanto nervioso.

Unas pocas horas antes de llegar allí, comenzaba una lucha dentro de mí. "Señor", decía en mi oración. "¿debo declarar esto? ¿Les debo mostrar aquello?" En Buenos Aires había toda una historia de prácticas corruptas, como el soborno, la invención de leyes o el cobro excesivo por cosas que se querían entrar en el país.

No se trata, realmente, de una cuestión de corrección o incorrección, porque los agentes de aduanas son conocidos como personas abiertamente carentes de honradez. Básicamente, los viajeros que pasan por las aduanas han estado sujetos a los caprichos de la persona que inspecciona su equipaje.

Con el paso del tiempo, me di cuenta de que las leyes de aduanas estaban comenzando a cambiar, y eran más claras. Cuando pensaba en todas las cosas que entraba al país en mis maletas, me daba cuenta de que con frecuencia estaba más dispuesto a mentir acerca de ellas, que a decir la verdad. En esos momentos, la enseñanza cultural de mi pasado trataba de dominarme. Los mandamientos del Señor se desvanecían.

Cuando me di cuenta de que necesitaba hacer algunos cambios al respecto, comencé a orar en silencio, diciendo: "Señor, dame fortaleza para decir la verdad, cualquiera que sea el precio; aunque me quiten hasta los zapatos en el aeropuerto". En una ocasión en que tomé la decisión de ser totalmente honrado, tengo que admitir que me sentí como un idiota. Pensé en las otras personas de mi cultura que me dirían lo tonto que había sido al pagar para ingresar cosas en el país. Algunos me dirían que no habría debido pagar porque, al fin y al cabo, ese equipo se iba a usar para servir al Señor.

Durante años, mi manera de pensar ha ido cambiando. El Espíritu Santo me ha renovado la mente. Ahora considero esas inspecciones de aduana como una oportunidad para demostrarles a los funcionarios del aeropuerto que hay algunos cristianos que son honrados. Con frecuencia les hago saber que soy cristiano. Cuando me informan en voz baja que voy a pagar menos si no pido recibo, les digo que soy predicador. Les hago saber que quiero hacer lo que sea correcto.

Dios me ha bendecido en las aduanas por haber adoptado esta actitud. Por ejemplo, hace poco tuve que pagar cien dólares para entrar una caja con materiales para el ministerio. Los funcionarios estaban dispuestos a tomar una cantidad menor como soborno. Sin embargo, yo decidí pagar los cien dólares que exigía la ley. Cuando llegué a La Plata, otro creyente que no sabía nada de lo sucedido en la aduana, me dio un sobre. En el sobre había un donativo de cien dólares. Por éste y por otros muchos casos más, sé que Dios recompensa la integridad y la veracidad.

Una experiencia gradual y progresiva

La santidad podrá caer sobre usted en un momento de fe, pero después usted necesita aprender a caminar en ella. Una vez que la santidad haya venido sobre usted, entonces, por la gracia de Dios, debe aprender a caminar en integridad por el resto de su vida. La santidad vino sobre mi vida y me purificó. Pero a mí me va a tomar el resto de mi vida aprender de una forma gradual y progresiva a caminar como caminó Jesús.

No le quiero traer condenación acerca de este tema. Sé que las leyes varían de un país a otro, pero llega un momento en que se enciende una luz roja en nuestra conciencia. Cuando esa luz comienza a centellear, le debemos prestar atención. Podría ser una luz de advertencia encendida por el Espíritu Santo para informarnos sobre un peligro se avecina. Nos estaría diciendo: "Peligro a la vista; estás a punto de comprometer tu integridad". No ignore esa señal.

Recuerdo una persona que iba en auto de Buenos Aires a Mar del Plata, un viaje de cuatro horas. Mientras iba conduciendo, se encendió una luz roja de advertencia en el panel del auto. Como no quería distracciones, puso una tela sobre la luz roja. Cuando estaba a mediados del viaje, comenzó a salir humo de debajo de la capota del auto. Había quemado el motor del vehículo, porque no había hecho caso a la advertencia ni se había fijado qué problema tenía el auto. No queme el motor de su vida. Cuando el Espíritu Santo le mande una advertencia, hágale caso.

La persona que no tiene integridad pierde la confianza de quienes la rodean, por muchas cosas buenas que haga en la vida. El padre que miente nunca tendrá el respeto de sus hijos, a menos, por supuesto, que se arrepienta, confiese y cambie. Los hijos recordarán que su padre ha mentido, y pensarán: "Tal vez me esté mintiendo de nuevo; quizá esto tampoco sea cierto". Algunas veces nos descalificamos nosotros mismos por cosas que son insignificantes. Salomón dijo: "Cazadnos las zorras, las zorras pequeñas, que echan a perder las viñas; porque nuestras viñas están en cierne" (Cantar de los cantares 2:15).

Las zorras pequeñas entran en los viñedos cuando están dando fruto. Cavan en el suelo y echan a perder las raíces, sin que se note en el exterior. De esta forma, podrían destruir el viñedo entero. De forma parecida, las mentiras pequeñas y los engaños que hagamos pueden comenzar a destruir las raíces de cristianismo en nuestra vida. En el exterior, nuestra vida parecerá tener muchas "hojas", pero las vides se podrían estar secando. Con frecuencia, las zorras pequeñas de nuestra vida son las que terminan destruyendo más.

Las características de una persona sin integridad

Hay algunas características comunes que podemos hallar en la vida de las personas que no son íntegras. Es importante reconocer estas características y revisar continuamente nuestra vida para asegurarnos de que ninguna de esas características resulte identificable en nosotros. Veamos más de cerca estas diez cualidades:

La persona sin integridad tiene un manto de condenación.

La persona que lleva el manto de condenación ya no se halla bajo la bendición de Dios, sino bajo su reprobación. En Gálatas 2:11, Pablo habla de su enfrentamiento con Cefas (Pedro), quien había hecho cosas dignas de condenar. Leemos: "Pero cuando Pedro vino a Antioquía, le resistí cara a cara, porque era de condenar". La Iglesia de hoy necesita gente como Pablo, que "resista cara a cara"; no críticos anónimos.

Usted dirá: "Pero yo creo en la gracia de Dios, y Él me ha perdonado todos mis pecados". Es cierto, pero la persona que no vive en integridad está condenada, y ya no lleva sobre sí el manto de la bendición y la aprobación de Dios. Lo que tiene de Dios esa persona es su reprobación.

Si usted lleva una vida llena de mentiras, grandes o pequeñas, puede estar seguro de que Dios no lo aprueba. Si es negociante y cambia las pesas a favor suyo, le está robando a Dios, aunque los ingresos de más que consiga al cambiar las pesas formen parte de sus ofrendas a la iglesia. La ofrenda no lo va a santificar ni purificar. Robar es robar. A menos que haya confesado su pecado y tratado de restituir, no va a sentir el perdón de Dios.

Hay quienes creen equivocadamente que la integridad es un don para los líderes, y que no se aplica a la persona promedio. La integridad no es un "don" para líderes, sino un requisito para todo cristiano. Dios ordena que todos los creyentes desarrollen un carácter semejante al de Cristo. Cualquiera que sea su posición en la vida; cualquiera que sea su línea de trabajo, tanto si es presidente de un banco, como si es recolector de basura, usted necesita vivir constantemente en integridad. Nadie se halla por encima de esa exigencia de responsabilidad ante los demás.

La persona sin integridad opera movida por el temor.

Algunas personas están tan ansiosas por complacer a la gente que las rodea, que están dispuestas a tomar decisiones para "verse bien", al precio de hacer cosas que revelan una falta de integridad. Para estas personas, *verse bien* se vuelve más importante que *actuar bien*. Es el error que cometió Pedro cuando cayó en la transgresión de temer más al hombre que a Dios. Al parecer, su conducta cambiaba según la gente con la que andaba.

> Pues antes que viniesen algunos de parte de Jacobo, comía con los gentiles; pero después que vinieron, se retraía y se apartaba, porque tenía miedo de los de la circuncisión.
>
> —GÁLATAS 2:12

Pedro pasó de la fe salvadora a tratar de "salvar el rostro". Por temor a lo que podrían decir los judíos, comenzó a comportarse de una manera extraña. Una vez que le entró el miedo a los creyentes judíos y a lo que podrían pensar de él, decidió que no podía comer ni compartir más con los gentiles. Se separó de los gentiles cristianos para que lo aceptaran los judíos.

Recuerde que éste es el hombre que había dicho que estaba dispuesto a morir por Jesús. Según la tradición, Pedro murió crucificado cabeza abajo en una cruz. Pagó un alto precio por su deseo de servir a Cristo. Pero en este momento de debilidad, tuvo temor de lo que pudieran decir los demás. Ésta es una transgresión que cometemos para que los demás nos vean bien. Es una transgresión peligrosa. Hay gente que, en su deseo de verse bien, puede llegar a perder incluso su salvación.

Mis padres se convirtieron al Evangelio porque una tía mía que era enferma mental fue sanada de la epilepsia. Ellos la llevaron a un culto en una iglesia cristiana, y fue sanada milagrosamente. A causa de su procedencia y cultura, en aquellos momentos su casa estaba llena de ídolos religiosos. La superstición había sido su estilo de vida. Pero le entregaron completamente el corazón al único Dios verdadero.

Algunos de sus amigos comenzaron a acercárseles para decirles: "¿Por qué se están enredando con esos cristianos evangélicos tan pobres? Ustedes pertenecen a otra religión". Al cabo de cierto tiempo, la presión de sentirse preocupados por lo que los demás pensaran de ellos hizo que regresaran a su idolatría. Por raro que parezca, mi tía se volvió a enfermar. Esto llamó la atención de mis padres y cuando ella se enfermó de nuevo, volvieron al Señor. Sin embargo, mi tía nunca volvería a sanar, y murió a los cuarenta años. Por temor a los hombres, mis abuelos prefirieron aferrarse a los ídolos paganos.

A fines de la década del cincuenta, el evangelista Tommy Hicks fue a ministrar a la Argentina. Llenaba los estadios hasta rebosar, y bajo su ministerio se produjeron miles de sanidades. Un día, fue a visitar la casa de mis abuelos. Cuando oró por mi tía, ella no se sanó. Entonces le dijo a mi abuela: "Su alma está en paz".

Aunque le fue concedido entrar al cielo, nunca fue sanada. ¿Por qué? Yo creo que se debe a que mis abuelos habían abandonado el camino del Señor. El Señor no quería que se apartaran de él nunca más. Ahora, mis abuelos están ya con el Señor. Se convirtieron en personas de gran integridad; un hombre y una mujer a los que no les preocupaba lo que dijera nadie de ellos. Lo abandonaron todo por el Señor. Hasta el último día de su vida, fueron personas de oración y de integridad.

El hipócrita arrastra consigo a otros.

Pedro, por su deseo de complacer a los hombres y no a Dios, transgredió. Pero no sólo se alejó él de la bendición de Dios, sino que hizo que faltaran otros también. Su pecado creó una piedra de tropiezo para muchos.

> Y en su simulación participaban también los otros judíos, de tal manera que aun Bernabé fue también arrastrado por la hipocresía de ellos.
>
> —GÁLATAS 2:13

El hipócrita siempre animará indirectamente a otros a hacer lo mismo que él. Si puede arrastrar a otros en su transgresión, no se siente tan condenado, ni tan distinto a los demás. Esta persona tiene una influencia negativa en la iglesia. Es la persona que comienza a llevar consigo a otros en sus mentiras y sus engaños.

La persona falta de integridad se halla en una senda errada.

Sin caminar en integridad, no es posible permanecer en la senda de la bendición y la aprobación de Dios. La persona a la que le falta integridad se halla en una senda torcida que la aleja del Señor. En nuestro ejemplo sobre Pedro, Pablo lo enfrentó públicamente respecto a su conducta hipócrita y le señaló lo necio de sus acciones.

> Pero cuando vi que no andaban rectamente conforme a la verdad del evangelio, dije a Pedro delante de todos: Si tú, siendo judío, vives como los gentiles y no como judío, ¿por qué obligas a los gentiles a judaizar?
> —GÁLATAS 2:14

Pablo, el que más recientemente había entrado en el grupo de los apóstoles, decidió oponerse a Pedro a causa de la simulación insincera que había en aquella situación. Pablo había decidido regresar al legalismo de los judíos.

Mi padre y yo trabajamos en un estudio conjunto acerca de nuestra iglesia en La Plata. Creamos un examen acerca de cuestiones relacionadas con la integridad para que lo acompañara. Se lo presentamos a toda la congregación.

Así pudimos llegar a ciertas conclusiones iluminadoras acerca de los creyentes que estaban en la iglesia. Durante los cinco años posteriores a su conversión, la mayoría de los creyentes seguían creciendo espiritualmente. Pero parecía existir un cambio de sentido a los cinco años. Descubrimos que la mayoría de la gente que se marchaba de la iglesia lo hacía en el quinto año después de su conversión. Era como si hubieran terminado un ciclo. La primera fase del cristianismo había terminado para ellos, y su entusiasmo anterior por el Señor se había comenzado a desvanecer. Comenzaban a perder su primer amor, tal como leemos en Apocalipsis 2:4 que sucedió en la iglesia de Éfeso.

Algunos de estos creyentes se volvían amargados y críticos, y se apartaban del resto del cuerpo. En nuestro estudio descubrimos que al final de los cinco años, los creyentes habían hecho una de estas dos cosas: o se habían involucrado mucho en el ministerio, manifestando madurez espiritual, o se había ido totalmente de la iglesia para volverse al mundo. Era como si hubiera una tendencia a regresar al pasado después de cierto tiempo.

Es importante que todos los creyentes estén conscientes de esta tendencia humana. No debemos regresar a nuestro pasado. Los hipócritas tienden a reconstruir los sombríos hábitos que quedaron cancelados cuando se convirtieron, aunque escondan su pecaminosa conducta tras una fachada de religiosidad. En este mismo contexto leemos una clara advertencia: "Porque si las cosas que destruí, las mismas vuelvo a edificar, transgresor me hago" (Gálatas 2:18).

El falto de integridad desperdicia la gracia de Dios.

Los faltos de integridad tienen tanto deseo de complacer a otros en la carne, que llegan incluso a mentir para quedar bien. Desperdician la gracia de Dios. Sin embargo, el apóstol Pablo dice:

> No desecho la gracia de Dios; pues si por la ley fuese la justicia, entonces por demás murió Cristo.
>
> —GÁLATAS 2:21

Lo que quiere decir Pablo es que si alguien regresa al legalismo, está regresando a la esclavitud con respecto a ciertas cosas que debe hacer o decir para quedar bien. Al hacerlo, está desechando la gracia de Dios. El que es mentiroso, hipócrita o engañador; el que trata de aparentar ser espiritual sin serlo, está desechando la gracia de Dios.

El falto de integridad tiene obsesión por los detalles.

En Gálatas 3:1, Pablo les dice a los gálatas:

> ¡Oh gálatas insensatos! ¿quién os fascinó?
>
> —GÁLATAS 3:1

Cuando el creyente se descuida, una venda espiritual puede comenzar a cubrirle los ojos espirituales. No es capaz de ver la verdad.

Hay quienes tienen las formas de la santidad, pero carecen de integridad. Lo que voy a compartir no es un principio bíblico, sino más bien una observación personal, y creo que puede ayudar a la iglesia. Creo que puede haber gente que haya sido santificada, pero tenga falta de integridad.

He conocido siervos del Señor que han amado la obra y que han estado dispuestos a dar la vida por ella, pero han usado del engaño en ciertas situaciones menores. Han hecho cosas que no son honradas. Pienso que por un tiempo, su ignorancia los cubre. No obstante, al cabo de un tiempo termina esa protección de la ignorancia, y llega el tiempo de conocer la verdad de Dios. Estas personas necesitan prestar atención a la luz roja de advertencia que está centelleando en su panel. Si se siguen resistiendo a esa voz del Espíritu Santo en su corazón, ya no se tratará de ignorancia, sino que se habrá convertido en una rebelión abierta.

> Pero Dios, habiendo pasado por alto los tiempos de esta ignorancia, ahora manda a todos los hombres en todo lugar, que se arrepientan.
>
> —Hechos 17:30

Un cristiano puede caer en prácticas sombrías durante un corto tiempo sin darse cuenta. Es un estado temporal de ignorancia insensata. Pero si esa persona no aplica una sinceridad y una pureza legítimas a la situación, va a perder su estado de santidad. Necesitamos una santidad bien informada; necesitamos saturarnos con la Palabra de Dios.

Los que no tienen integridad lo pierden todo.

Es triste ver alguien que era en el pasado una persona íntegra, que caminaba en las bendiciones y la aprobación de Dios, y ahora ha caído en un estilo de vida pecaminoso y carente de arrepentimiento. La integridad es el pegamento que nos mantiene dentro de los caminos de Dios. Sin ella, nos arriesgamos a perderlo todo.

> ¿Tantas cosas habéis padecido en vano? si es que realmente fue en vano.
>
> —Gálatas 3:4

En las palabras que dijo durante su enfrentamiento con Pedro en la iglesia de Galacia, Pablo les pregunta a los creyentes: "¿Están realmente dispuestos a echarlo todo a rodar?" En otras palabras, les está preguntando: "Hermanos de la Galacia, usted han trabajado duro, han sufrido por el Evangelio y ahora parece como si todo hubiera sido en vano. ¿Están a punto de perderlo todo?"

¿Por qué estaban los gálatas en peligro de perderlo todo? Por su legalismo y su hipocresía, su fingimiento y su religiosidad.

Una de las cosas que mi esposa y yo le hemos estado pidiendo a Dios es más sinceridad, en especial con nuestros hijos. Por supuesto, todo padre quiere impresionar a sus hijos. Pero con frecuencia, en nuestro deseo de impresionar a nuestros hijos, decimos o hacemos algo que no es totalmente sincero. Yo quiero dejar de lado ese tipo de cosas, como haría con la basura. Quiero ser completamente sincero con mis hijos.

Hace algún tiempo, estaba pasando algún tiempo en mi hogar con mis hijos, cuando noté que la atmósfera parecía muy tensa. Casi de inmediato me di cuenta de que yo era el que estaba tenso. Algunas veces, cuando vuelvo de mis viajes ministeriales, estoy muy cansado y estresado, tal como estaba aquel día. Como consecuencia, estaba buscando algo que anduviera mal. Criticaba a mis hijos por todos los detalles de la casa que no estuvieran bien. Cuando me di cuenta de esto, supe que era yo quien necesitaba cambiar.

Mis hijos saben que yo predico santidad. Como tal, con frecuencia siento que debería ser perfecto delante de ellos. Lamentablemente, me falta un largo camino para ser perfecto, como nos pasa a todos. Y sé que no sirve fingir que soy lo que no soy; es mejor ser transparente.

Aquel día me fui al fregadero del cuarto de lavandería y recogí una palangana de plástico. La llené de agua tibia y me la llevé a la sala de estar con un jabón, una toalla, perfume y loción para el cuerpo. Entonces, reuní allí a mi familia.

"Familia", les dije cuando estuvieron reunidos, "en estos días yo he estado un poco tenso. Niños, les voy a lavar los pies, y les quiero pedir perdón por haber estado tenso en estos días". Uno tras otro, comencé a lavarles los pies. Se los sequé, y después les puse loción para el cuerpo y perfume.

Cuando terminé, uno de ellos me dijo: "Papá, ¿me podrías lavar de nuevo los pies? ¡Me encanta el agua tibia!"

Me encanta predicar con la Biblia en la mano. Algunas veces, me pongo en medio de mi sala de estar y digo: "Hijos, tengo una lección que les quiero enseñar". Pero hay ocasiones en que necesitamos predicar con la palangana. Es una forma de reconocer nuestros errores. Ha habido momentos en que mi esposa y yo nos hemos arrodillado ante nuestros hijos para decirles: "Hijos, hemos tenido mal carácter, les hemos gritado, y eso no es de Dios. ¿Nos perdonan?" Ellos nos perdonan enseguida. Los niños tienen una virtud que parece desaparecer cuando llegamos a adultos: pueden pasar de la ira al perdón en cuestión de treinta segundos.

Yo necesito caminar en integridad y honradez todo el tiempo, pero en especial cuando estoy en mi hogar, con aquéllos a quienes más amo. Como parte de mis votos matrimoniales, le dije esto a mi esposa durante la ceremonia: "Mi primer ministerio va a ser para ti y para mis hijos. Confío en que tú llegues a ser mi sermón más elocuente para el mundo".

Jesús predicó ante las masas mientras estaba en la tierra. Sus palabras transformaban vidas, y son eternas. Pero también predicó el Evangelio con una toalla, y con su entrega de siervo. No siempre es necesario "golpear figuradamente a nuestros hijos en la cabeza con una Biblia". Como mejor les ministramos es con amor, y reconociendo nuestros propios defectos. Reconocer nuestros errores y pedir perdón cuando hemos cometido un error, son señales de integridad que hablan muy claramente.

Las características de una vida íntegra

Hemos visto las características de alguien que no camina en integridad. Las debemos evitar. Pero son igualmente importantes las cualidades positivas que se manifiestan en la vida de una persona íntegra. Veamos de cerca estas características:

La persona íntegra dice la verdad.

Jesús dijo que nuestro sí debe significar sí, y nuestro no, no (Mateo 5:37). Es fácil decir: "Sí, allí voy a estar", mientras pensamos en nuestro interior: "No voy a ir". Si los cristianos fueran más veraces, se podría manifestar el cristianismo de una forma más poderosa.

El hombre íntegro es sincero. Como la estatua hecha totalmente de mármol y carente de cera, la persona íntegra también está hecha de una sola pieza. No tiene necesidad de fingir, ni nada que ocultar.

La persona íntegra tiene una motivación pura.

> Pero la sabiduría que es de lo alto es primeramente pura, después pacífica, amable, benigna, llena de misericordia y de buenos frutos, sin incertidumbre ni hipocresía.
>
> —SANTIAGO 3:17

La motivación pura es algo vital. Surge de la pureza del corazón. Este versículo de Santiago indica que el primer requisito para la sabiduría es la pureza. La persona pura no tiene mezcla con cosas corruptas o impías. No tiene intenciones mezcladas, sino que sólo la motiva una cosa: el amor puro a Dios.

Un problema que se presenta en muchos ministerios, es que permitimos que la fe se vuelva complicada. Lo observamos cuando alguien dice cosas como ésta: "Ya llevo trabajando un año entero en esta posición; necesitan honrarme más. Cuando el pastor mencionó a diez personas que habían trabajado duro durante el año pasado, se le olvidó mencionarme a mí. Me voy a otra iglesia, porque aquí no me reconocen".

Esta forma de pensar se produce cuando nuestras pasiones

desordenadas comienzan a dirigir nuestro pensamiento. Las pasiones desordenadas hacen que surjan apetitos egocéntricos, y la iglesia es incapaz de satisfacerlos. En cambio, leemos en este pasaje de Santiago que la sabiduría que viene del cielo no tiene mezcla de nada, sino que es pura. Yo considero que la pureza nos llama a volver a la sencillez.

La persona íntegra persevera y es constante.

Uno de mis amigos en el ministerio es el evangelista Carlos Annacondia. Nos encontramos en distintas ciudades del mundo. Cuando estamos ministrando en la misma ciudad, yo siempre trato de hallar una oportunidad para conversar con él. Una de las importantes características que he observado en este siervo del Señor, que ha llevado más de dos millones de personas a Cristo en sus campañas evangelísticas, es el hecho de que es una persona perseverante.

Annacondia ha ministrado en cruzadas donde ha habido una asistencia de ochenta mil personas. Pero también lo he visto predicar en pequeñas reuniones donde ha habido menos de ciento cincuenta personas. Lo he visto en lugares donde su tienda de campaña estaba a punto de volar a causa del fuerte viento. Ha estado en lugares pobres, y en lugares donde el suelo estaba lleno de lodo.

¿Sabe qué mensaje predica cuando hay una asistencia de cerca de un centenar? El mismo que le predica a una multitud de ochenta mil. Predica con una pasión constante el mensaje de salvación. Con frecuencia permanece allí hasta la una o las dos de la madrugada, para orar por la gente y ministrarles a los que necesitan ministración.

Su ejemplo ha dejado una huella en mi vida. La gente íntegra permanece idéntica en las situaciones grandes y en las pequeñas. Está presente cuando brilla el sol y cuando llueve. Tiene perseverancia y un fuerte sentido de propósito en la vida. No cambia cuando hay tormentas, persecución u obstáculos de la clase que sean.

Si usted quiere tener éxito en el Reino de Dios, manténgase constante, haciendo lo que Dios lo ha llamado a hacer. Los hipócritas siempre están cambiando sus principios, y se echan atrás frente a las dificultades. Hoy asisten a una iglesia, pero andan buscando otra para ver si les va a dar más privilegios. Cuando surja otra oportunidad, también se marcharán de esa iglesia, sin preocuparse de si es Dios quien los está moviendo. Son inestables en sus caminos, y siempre buscan nuevas oportunidades, pero sin un sentido firme de dirección. Son como las nubes, que van de un lado para otro. Tome hoy la decisión de enraizarse firmemente en la Palabra de Dios. Estabilícese en el lugar donde Dios lo coloque.

La persona íntegra va más allá de su propia vida.

La persona íntegra cumple con el principio de integridad y con los mandamientos de Jesús, sin importarle lo que suceda. Si tiene que perder la vida por ello, la pierde, pero no quebranta los mandamientos del Señor.

La persona íntegra es alguien llamado a vivir y morir por Cristo. No tiene nada que perder. No es como el cristiano que es llamado a vivir para Jesús, pero cuando las cosas se ponen difíciles, no está dispuesto a sacrificarse. Tome la decisión de convertirse en un héroe para Cristo, aunque esto le exija el martirio. Crucifique su carne y diga: "Señor, si vivo, voy a vivir para Cristo. Si tengo que morir, voy a morir por Cristo". Cuando lo haga, lo dejará para siempre su temor a los demás seres humanos.

Los fariseos se acercaron a Jesús para decirle: "Sal, y vete de aquí, porque Herodes te quiere matar".

La respuesta de Jesús fue: "Id, y decid a aquella zorra: He aquí, echo fuera demonios y hago curaciones hoy y mañana, y al tercer día termino mi obra" (Lucas 13:32). Era un hombre de grandes angustias y sufrimientos, pero también firmemente decidido. Asentó su rostro como la roca, fue a Jerusalén e hizo lo que tenía que hacer. En Hebreos leemos:

> Puestos los ojos en Jesús, el autor y consumador de la fe, el cual por el gozo puesto delante de él sufrió la cruz, menospreciando el oprobio, y se sentó a la diestra del trono de Dios.
>
> —HEBREOS 12:2

Me puedo imaginar al Señor diciendo: "Toda esta vergüenza no me importa. El hecho de que me golpeen, me escupan o me cuelguen de una cruz semidesnudo no me importa. He echado a un lado este dolor. Esto pasará. Voy a cumplir la voluntad de Dios. Voy a derrotar a la muerte, y voy a hacer lo que Dios me envió a hacer. Veré los maravillosos resultados, y mi alma se complacerá".

Si usted quiere tener unas raíces profundas en el Evangelio, deberá ser capaz de orar de esta forma en el mismo lugar donde se encuentra: "Señor, estoy dispuesto a vivir para ti, y a morir para ti".

La persona íntegra cuida la imagen que proyecta.

La santidad es un don, pero la ética hay que cultivarla. Hoy en día, cuidar de nuestra imagen es un concepto popular, pero la imagen de la que se nos dice que cuidemos, tiene mucho que ver con nuestro exterior. Oímos mucho acerca de proyectar una buena imagen en los negocios y la profesión. Se nos dice que nos debemos "vestir para triunfar". Hay toda una industria centrada en el cuidado de nuestra imagen, pero está dedicada a asegurarse de que tengamos el auto, la ropa, el cabello, la cara, las uñas y el peso correctos para la profesión que hemos escogido. Ésta no es la imagen de la que estoy hablando.

Necesitamos estar más preocupados por la imagen de Jesús que proyectamos en nuestro ministerio. La persona íntegra es una persona que ha aprendido a proyectar santidad. La santidad es como una especie de video que Dios pone dentro de nuestra vida. Quita el video mundano y nos da una cinta nueva. Sin embargo, si no hay una pantalla donde verlo, no es posible verlo. Muchos cristianos han guardado en su interior el nuevo video de santidad, pero en la imagen que proyectan donde trabajan, no se ve. O está apagada, o se presenta de forma descuidada. Los mensajes mezclados confunden a quienes los escuchan.

El cristiano que proyecta correctamente la santidad en su lugar de trabajo no firma declaraciones falsas. No se asegura de trabajar sólo el tiempo mínimo exigido, ni descuida sus deberes cuando el jefe no anda cerca. El cristiano que camina en integridad tiene puesto el video de santidad y ha colocado un monitor sobre su vida, para proyectar claramente una imagen de Cristo.

La pantalla donde se proyecta la imagen de santidad es nuestra conducta diaria. Por eso, Juan el Bautista dijo: "Haced, pues, frutos dignos de arrepentimiento" (Lucas 3:8). No sólo nos arrepentimos, sino que producimos un fruto que le muestra al mundo evidencias de nuestro arrepentimiento.

Cuide de su imagen; no de su imagen carnal, sino de la imagen de Jesús en su vida. Siga el consejo que aparece en 1 Corintios 10:23-24:

> Todo me es lícito, pero no todo conviene; todo me es lícito, pero no todo edifica. Ninguno busque su propio bien, sino el del otro.

Este versículo habla de la imagen que tenemos que cuidar. La Biblia no nos dice de forma concreta cómo hemos de vestir, pero sí hay unos principios de modestia. Antes de vestirnos, seamos pobres o ricos, debemos preguntar: "Señor, ¿estoy proyectando santidad? ¿Estoy presentando una imagen de Jesucristo?" Lo que escojamos usar no nos viene dictado por unas reglas concretas sobre la ropa, sino que hay unos principios santos que brotan de nuestro amor por Cristo, y son ésos los que nos indican cuál ha de ser nuestra apariencia.

Oí dar su testimonio a una dama que era cantante de música latina secular. Dijo que cuando era cantante secular, se vestía de forma seductora, y exhibía tanto de su cuerpo como podía, porque aquello era bueno para su carrera musical. En cambio, después de aceptar a Cristo como Salvador, por el profundo amor que le tenía a Cristo, cambió su aspecto y comenzó a vestirse de manera que lo agradara a Él, aunque nadie le había dicho qué debía usar, y qué no. Cuando se miraba al espejo, podía sentir si lo que estaba usando sería agradable para Jesús.

El apóstol Pablo nos explicó cuidadosamente en el versículo anterior que todo es lícito, pero no todo es beneficioso. Todo es lícito, pero no todo es constructivo. Nos dio ejemplos tomados de su propia vida, para mostrarnos el cuidado con el que protegía su integridad. Nos dijo: "Si comer carne asada es algo que ofende a un hermano que no come carne, entonces, por amor a él, no voy a comer carne, aunque hacerlo no sea pecado. Porque amo a los demás, quiero proyectar ante ellos una imagen de santidad". Era una imagen destinada a atraer a los demás hacia Jesús.

Cómo superar la hipocresía

¿Quiere evitar la transgresión de Pedro? Como conclusión, permítame ofrecerle estos siete pasos adicionales hacia una libertad completa.

1. Busque alguien que se le pueda enfrentar, y dele un generoso permiso para que entre en su círculo interior y le diga lo que necesite oír en su vida. Pablo se le enfrentó a Pedro, como lo hizo el profeta Natán con el rey David (1 Samuel 11; Gálatas 2:11). Todos necesitamos tener alguien que esté dispuesto a enfrentársenos cuando nos hayamos desviado.
2. Conviértase en una persona segura. Los que se pasan la vida complaciendo a la gente, no sólo nunca llegan a ser buenos líderes, sino que nunca son santos (Gálatas 2:12). Sus inseguridades siempre lo llevarán a desarrollar una conducta hipócrita.
3. Ponga una sabia distancia entre usted y los hipócritas. Tenga cuidado, que la hipocresía es contagiosa (Gálatas 2:13). Se puede extender por la iglesia de la misma forma que la levadura se extiende por la masa.

4. Considere la hipocresía como un veneno espiritual. Es pecado; no es sólo un pequeño error (Gálatas 2:14). Nunca subestime el maligno poder de la hipocresía. Cuando Pablo la vio, se le enfrentó con valentía.
5. Sea constante. Identifique los aspectos en los que no es constante, y ore para cambiarlos (Gálatas 2:14).
6. Predique principios; no predique reglas. Evite el legalismo, que se centra en la justicia propia y no en la fe (Gálatas 2:15).
7. Cuando se halle bajo presión, no dé marcha atrás. No vuelva a edificar sus antiguos hábitos mundanos (Gálatas 2:18).

Nuestra meta debe ser el que podamos decir con el apóstol Pablo:

> Con Cristo estoy juntamente crucificado, y ya no vivo yo, mas vive Cristo en mí; y lo que ahora vivo en la carne, lo vivo en la fe del Hijo de Dios, el cual me amó y se entregó a sí mismo por mí.
>
> —GÁLATAS 2:20

Una oración de arrepentimiento

Señor, quiero que selles con fuego el pasaje de Gálatas 2 en mi corazón. Me humillo ante ti para pedirte que te lleves todos aquellos rasgos negativos que haya asimilado de nuestra sociedad; todos los malos hábitos que haya aprendido de la cultura, y todas las tendencias a presentar una apariencia externa que no corresponda a lo que soy. Quita de mí toda falta de honradez, todas las exageraciones, las mentiras y cuanto sea falta de integridad en mi vida. Hazme una persona íntegra y sincera. Amén.

12

La transgresión del joven rico: El último ídolo

Hace *algún* tiempo, llevé mi computadora de mano para que la analizaran unos técnicos. Dos de ellos, uno con más capacidad que el otro, trabajaron por más de dos horas en ella. Lo intentaron todo, mientras yo permanecía allí, observándolos. Finalmente, me la devolvieron y me dijeron: "Señor, su computadora no tiene nada malo. Todo funciona bien, incluyendo el módem, pero no podemos lograr conectarla con la Internet".

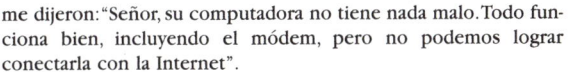

Entonces sí que me sentí perplejo. Me pregunté cómo era posible que todo funcionara bien cuando no estaba trabajando para mí. No sé si es usted de los que tienen traumas causados por las computadoras, o han pasado por crisis de programación, o cómo se las arregla en esas situaciones, pero yo comencé a orar acerca de aquello. Le pregunté al Señor qué debía hacer. Estaba profundamente preocupado, porque necesito conectarme con la Internet para mantener correspondencia con mi personal y mi familia.

Entonces recordé que el técnico me había dicho que parecía que iba a tener que reformatear todo el disco duro. Reformatear significa que uno guarda primero toda la información, para después borrar toda la memoria de la computadora. Entonces, se puede volver a poner la información archivada de forma organizada, y supuestamente, todo va a funcionar. Es como borrar la pizarra para empezar a escribir de nuevo.

Lo hice. Mi computadora comenzó a funcionar, y lo sigue haciendo. Entonces me di cuenta de lo siguiente: Hay momentos en que tal parece que todo va muy bien en nuestra vida cristiana. No encontramos ningún pecado terrible, y nuestra vida está de acuerdo con las Escrituras. Al parecer, vamos bien, pero por algún motivo desconocido, no somos eficaces para el reino de Dios. ¡Nos hace falta que nos reformateen!

Hay gente que vive así. Hacen lo que pueden, pero nunca obtienen resultados. Sienten que nunca cuentan para nada en el Reino de Dios. No creen que vayan a cambiar nada en absoluto. Tal vez hayan estado en la Iglesia durante años, pero no pueden señalar ninguna contribución significativa que hayan hecho en ella. El cristianismo ineficaz y estéril es muy trágico, porque la Biblia entera nos llama a usar el poder de Dios para alcanzar a la gente, de manera que pueda ser transformada.

Si capta el mensaje de este último capítulo, comprenderá todos los demás capítulos sobre las transgresiones. Es tan radical, tan definitivo, que si captamos bien la lección que contiene, estaremos listos y en posición para un ministerio eficaz. Hermano, si usted evita esta transgresión, se convertirá en cristiano de cinco estrellas.

El descubrimiento del último ídolo

En un momento de su ministerio, Jesús tuvo un encuentro con un joven judío que era rico. Lo más probable es que este joven naciera en una familia privilegiada. Es obvio que había estado en contacto con las enseñanzas religiosas. Las Escrituras nos dicen:

> Un hombre principal le preguntó, diciendo: Maestro bueno, ¿qué haré para heredar la vida eterna? Jesús le dijo: ¿Por qué me llamas bueno? Ninguno hay bueno, sino sólo Dios. Los mandamientos sabes: No adulterarás; no matarás; no hurtarás; no dirás falso testimonio; honra a tu padre y a tu madre. Él dijo: Todo esto lo he guardado desde mi juventud. Jesús, oyendo esto, le dijo: Aún te falta una cosa: vende todo lo que tienes, y dalo a los pobres, y tendrás tesoro en el cielo; y ven, sígueme. Entonces él, oyendo esto, se puso muy triste, porque era muy rico. Al ver Jesús que se había entristecido mucho, dijo: ¡Cuán difícilmente entrarán en el reino de Dios los que tienen riquezas!
>
> —Lucas 18:18-24

Jesús pudo detectar lo que andaba mal en el "disco duro" de aquel joven. Vio dentro de su alma y detectó el ídolo invisible que lo estaba bloqueando espiritualmente. De igual forma, Dios quiere que nosotros hallemos esa "cosita" —algunas veces no sabemos lo que es— y la cambiemos. Si somos ineficaces, si nuestra conciencia no está limpia, es porque hay algo que necesita cambiar, aunque no sea posible detectarlo. Si usted es un cristiano sincero y consagrado, la buena noticia para usted es que el Señor no lo está llamando a cambiarlo todo. Lo está llamando a cambiar la última transgresión; a echar abajo su último ídolo.

El joven principal, supuestamente gobernante de una sinagoga, era una persona con éxito. Sin embargo, tenía en el corazón una pregunta que le ardía: "Jesús, ¿qué debo hacer para heredar la vida eterna?"

Jesús respondió a esta cuestión de manera diferente a como lo había hecho en otras ocasiones. A un maestro de la ley que le hizo esa misma pregunta, le dijo que amara a Dios y a su prójimo (Lucas 10:25). A aquel joven le dijo que se desprendiera de todo, lo vendiera, se lo repartiera a los pobres, y entonces lo siguiera. El Señor no estaba llamando a todos los ricos para que se desprendieran de sus riquezas, pero éstas eran sus instrucciones para el joven. Detrás de esto hay un principio.

El Señor penetró hasta el corazón mismo de aquel joven y halló su último ídolo. *La última transgresión es siempre un ídolo.* Es siempre algo que amamos más que a Dios. Siempre se halla escondida en un rincón secreto de nuestro corazón. Tal vez digamos: "Espíritu Santo, lo siento. Éste es el único lugar en el que tú no puedes entrar". Puede estar seguro de que Jesús va a recorrer esa zona de su corazón con su penetrante luz. Él sabe que hay un ídolo escondido que acecha en las tinieblas de su alma.

Muchos cristianos son ineficaces porque, a pesar de haberle dado el noventa por ciento de su vida al Señor, y de que viven de acuerdo a sus mandamientos, han guardado cuidadosamente ese último diez por ciento—o tal vez dos, o incluso uno-, y se han aferrado a él.

El problema es que si alguien cumple todos los puntos de la ley, menos uno, se hace culpable de haberlos quebrantado todos (Santiago 2:10). Con Dios, o hay una rendición total, o rebelión abierta. No podemos vivir en la cerca. Muchas veces, porque tenemos un alto porcentaje de rendición en nuestra vida, tal vez pensemos que al haberle dado tanto al Señor, ya hemos cumplido toda su voluntad. Hasta hay ministros del Evangelio que trabajan a tiempo completo y creen que les está permitido esconder pequeños ídolos en los "armarios" de su vida. Pero son esos ídolos diminutos los que pueden impedir que demos fruto para el reino de Dios.

Tal vez usted diga: "No estoy seguro de haberle dado al Señor el ciento por ciento de mi vida. Tal vez quede algún ídolo en mi corazón. Quizá haya algún aspecto que no le haya sometido a Jesucristo". No se desaliente. Usted puede dar los pasos siguientes hacia una entrega total.

Los pasos hacia la entrega total

Si tiene ídolos escondidos en su vida, tome hoy la decisión de sacarlos de ella. Estos seis pasos van a destruir la última barrera que obstaculiza su vida espiritual y su eficacia en el ministerio:

1. Diga que Jesús es *bueno*, pero sepa que Él es *Dios*.

El joven de Lucas 18 tenía unas intenciones excelentes. En el relato de su historia en otro evangelio, dice que ", vino corriendo, e hincó la rodilla delante de él" (Marcos 10:17). Fue muy reverente con Jesús, y le llamó *maestro bueno*. Sin embargo, aquello no era suficiente. Es como si Jesús le estuviera diciendo: "Si me llamas *bueno*, mejor será que sepas que soy *Dios*. Si no, no me llames bueno". Esto es lo que les sucede a los cristianos de hoy.

La religión se puede convertir en algo informal. Los que siempre han estado en la iglesia se pueden sentir tentados a desarrollar una actitud muy informal hacia Dios, diciendo: "Buen Señor, te admiro; eres grandioso". Pero no manifiestan reverencia, respeto ni temor genuino por Dios, y no están dispuestos a obedecerle de inmediato. Tal vez se deba a que nos familiarizamos tanto con Jesús, que lo tratamos como si sólo fuera un buen maestro.

Jesús es más que un buen maestro. Es el Señor todopoderoso. Él mismo dijo que quienes le adoraran, lo harían "en Espíritu y en verdad" (Juan 4:23). Esa adoración no se haría en la carne, ni sería una asistencia informal a un lugar religioso, sino más bien una entrega total a la voluntad del Señor. Debemos pasar de *admiradores* a *adoradores*. Así que lo primero es no limitarnos a llamar "bueno" a Jesús, sino obedecerlo como Dios. En Mateo 7:21-23 se nos dice que muchos en aquel día dirán: "Señor, Señor, ¿no hicimos en tu nombre estas cosas?" Pero el Señor les responderá: "Apartaos de mí, hacedores de maldad". Ellos lo llaman informalmente "Señor, Señor". Le dicen buenas palabras, pero no están dispuestos a entregarlo todo para obedecerle de manera absoluta; para obedecerle como Dios.

2. Guarde los mandamientos *y* escuche al que los promulgó.

En Lucas 18:19, Jesús le preguntó al joven gobernante por qué lo llamaba bueno. Después le hizo ver que nadie es bueno, sino Dios. Quería algo más que palabras bonitas. Quería obediencia, receptividad y una entrega total. Muchas personas tratan de guardar los mandamientos, pero no escuchan al que los promulgó. Sus ojos y oídos no están sintonizados con lo que Dios le está diciendo hoy a la Iglesia. Tal vez guarden una lista de reglas, pero no hacen caso de la voz del Señor.

Hace algún tiempo, en una cruzada donde yo hablé, un hombre llegó a la segunda reunión con un camión cargado de kayaks, botes, equipo para remar y artículos deportivos. Al principio no comprendí lo que sucedía, porque no había dicho nada sobre los deportes en la reunión de la noche anterior. Cuando hablé con el pastor anfitrión, supe que la participación en los deportes se había convertido en el ídolo de aquel hombre. Sus actividades al aire libre, aunque no fueran malas en sí mismas, se habían convertido en el centro principal de su vida.

Cuando se dio cuenta de esto, volvió a la cruzada al día siguiente y lo entregó todo. No quería tener ídolos. Aquel hombre no sólo estaba haciendo su mejor esfuerzo por guardar los mandamientos, asistir regularmente a la iglesia, pagar sus diezmos y servir al Señor lo mejor que sabía. También había oído su voz que le hablaba acerca de las cosas que él había convertido en ídolos. A diferencia del joven rico, estuvo dispuesto a obedecer. ¿Sabía usted que el corazón humano puede convertir en ídolo cualquier cosa? Conozco una señora que tuvo que hacer un "ayuno" de ropa nueva, porque las modas se habían convertido en un ídolo para ella. Para otros, es la comida la que se puede convertir en su ídolo. Algunas veces, hasta ciertas relaciones se pueden convertir en ídolos que impiden que obedezcamos la voz del Señor.

3. Agradezca su fidelidad religiosa del pasado, pero no base en ella su espiritualidad presente.

Jesús le dijo al joven rico:

> Los mandamientos sabes: No adulterarás; no matarás; no hurtarás; no dirás falso testimonio; honra a tu padre y a tu madre. Él dijo: Todo esto lo he guardado desde mi juventud.
> —LUCAS 18:20-21

En otras palabras, aquel joven estaba diciendo: "Tengo la doctrina correcta. Mi fondo familiar es también correcto. Soy una persona obediente y disciplinada. ¿Qué más te podría dar?" Siempre nos encontraremos con un problema cuando creemos que nuestra obediencia del pasado y la corrección de nuestra doctrina nos van a salvar.

El profeta Ezequiel se enfrentó a esta manera de pensar, diciendo de forma clara e inequívoca de qué forma debemos mirar a nuestra obediencia del pasado:

> Y tú, hijo de hombre, di a los hijos de tu pueblo: La justicia del justo no lo librará el día que se rebelare; y la impiedad del impío no le será estorbo el día que se volviere de su impiedad; y el justo no podrá vivir por su justicia el día que pecare. Cuando yo dijere al justo: De cierto vivirás, y él confiado en su justicia hiciere iniquidad, todas sus justicias no serán recordadas, sino que morirá por su iniquidad que hizo.
>
> —Ezequiel 33:12-13

Todo su pasado religioso, toda su buena educación, toda su buena preparación y su adiestramiento en los caminos del Señor no servirán de nada si usted camina actualmente en desobediencia. Si aún hay idolatría en su corazón, no importan lo bien que haya hecho las cosas en el pasado, el puesto que haya ocupado en la iglesia, ni la cantidad de versículos bíblicos que haya aprendido de memoria. Hoy, usted está en falta delante de Dios. Los ídolos del presente anulan la obediencia del pasado.

Yo he estado en esa situación. En una ocasión estaba en una reunión donde había un predicador que estaba llamando a la gente al altar para arrepentimiento. Mientras lo escuchaba, me di cuenta de que estaba valorando mi justicia. Pensaba: *Toda mi vida es buena. Soy un siervo del Señor. Asisto a muchas conferencias y reuniones de oración*. Pero me quedaba un ídolo. En mi corazón había algo que no había entregado. Pasé al frente con muchos otros para arrepentirme y renunciar a ese ídolo.

Una vez que estamos en la presencia del Espíritu Santo, Él tiene la forma de hablarnos al corazón y mostrarnos nuestros ídolos. No se resista al rayo de luz escudriñador del Señor cuando Él comience a examinar su alma.

También necesitamos cuidarnos de la condenación cuando pasamos a una santidad mayor. Hay una gran diferencia entre el ministerio del Espíritu Santo y la obra de Satanás en nuestra vida. Si no nos han enseñado a distinguirlos, nos podrán parecer idénticos. Satanás nos trae al corazón y a la mente una vaga sensación general de culpa. La Biblia lo llama "el acusador de los hermanos" (Mateo 4:1). Aunque el Apocalipsis dice que Satanás ha sido arrojado del cielo, él nos sigue mintiendo con sus acusaciones. Nos hace sentir culpables; ésa es su labor.

EL ÚLTIMO ÍDOLO

Algunos cristianos no distinguen esta labor del diablo, y piensan que debe ser el Espíritu Santo el que está atormentando. El Espíritu Santo no obra así. La Biblia nos enseña que el ministerio del Espíritu Santo no consiste en hacernos sentir culpables, sino que nos trae una convicción concreta. Señala algo concreto que hay en nuestro corazón y nos dice: "Ése es tu ídolo". Y no sólo nos señala el pecado, sino que también nos ofrece una forma de escapar de él.

Jesús no le dijo al joven rico: "Eres culpable. Hay algo que anda mal en tu vida, pero no te voy a decir lo que es. No vas a lograr lo que quieres". Lo que le dijo fue: "Te falta una cosa; una sola. Una vez que me obedezcan en ese aspecto, me podrás seguir". Y le señaló su amor al dinero.

El Señor nos habla de una forma muy concreta. Si aún queda algún ídolo en su corazón, oro para que su corazón escuche al Espíritu Santo cuando se lo muestre. La convicción de pecado no es una maldición, sino una bendición. Es una muestra del amor que Dios nos tiene al decirnos al corazón: "Hay una cosa que te está sirviendo de obstáculo, hijo mío. Una cosa de la que careces". Una vez que quite ese ídolo final, va a estar libre.

Mientras predicaba en una ciudad del sur de Argentina, vi un reloj de pulsera en una visión. Entonces hice la siguiente invitación: "Si hay alguien en esta sala que tenga un reloj robado, tenga la bondad de traerlo al altar". Se acercaron dos jóvenes. Ambos eran cristianos. Uno de ellos llevaba el reloj como si apestara. Lo llevaba por delante de sí con el brazo extendido, y tomándolo con el pulgar y el índice. Lo dejó caer en la plataforma. Para aquellos jóvenes, el reloj robado era su último ídolo.

A diferencia del joven rico, el Señor no les pidió a estos hombres que se deshicieran de sus riquezas. Lo más probable es que no tuvieran riqueza alguna. Pero aun así, tenían un ídolo: un artículo robado que se habían negado a devolver. Después de terminada la reunión, les aconsejé que le devolvieran el reloj a su dueño, ahora que se habían entregado al Señor. Ese acto los liberó del poder del pecado y los puso en la senda de la obediencia.

4. Esté dispuesto a identificar, definir y destruir el último ídolo.

En Lucas 18:22, Jesús le dijo al joven rico: "Aún te falta una cosa". No le pidió que lo cambiara todo en su vida, sino sólo una cosa. Tal vez a usted también le falte una sola cosa, y una vez destruido ese ídolo, su alma quede libre para servir a Dios como nunca antes. Su ministerio se volverá eficaz en aspectos donde anteriormente había sido estéril.

Cuando yo era niño, un familiar me dio un anillo especial que tenía un pequeño compartimento donde se podían esconder cosas. Decidí que iba a ser muy divertido esconder un papelito con todas las respuestas de mi próximo examen en la escuela, escritas en código. Preparé el papel, lo puse en el anillo y, durante un recreo, se lo mostré a todos mis amigos. "¡Miren lo que hice!", le dije. "Nadie se va a dar cuenta." Creía que mis planes para hacer trampas eran brillantes.

Volví a poner el papel en el anillo y, durante el examen, copié las respuestas de la lista. Al recordar todo esto, pienso que me tomó más tiempo y trabajo preparar aquel papel, que si hubiera estudiado. Lo más probable es que ya me supiera de memoria la materia, por la cantidad de tiempo tan grande que había empleado en escribir las respuestas.

Un día, una hermana de la iglesia me dijo: "¿Sabes que lo que hiciste es pecado, y que al hacer trampas en ese examen, estás mintiendo y engañando?" Me arrepentí ante el Señor. Le pedí que me perdonara el haber hecho trampa. Sentí convicción en el corazón. Supe que había actuado mal. Cambié.

Hace poco leí un artículo acerca de una nueva tendencia entre los estudiantes, llamada "fraude por la Internet". Los niños, adolescentes y estudiantes de colegio universitario puede hallar en la Internet un ensayo escrito por otra persona, ponerle su nombre y entregarlo como si ellos hubieran hecho la tarea.

Esta nueva forma de trampa sólo es un ejemplo más de la industria de engaños que vemos surgir en la cultura de hoy. Entregar un ensayo que uno no ha hecho, es mentir. Cuando usted pone su nombre en esa tarea, está diciendo que fue usted quien creó ese informe, aunque eso no sea cierto. Tal vez parezca un pecado pequeño. Debo admitir que a mí no me pareció gran cosa al principio lo de hacer trampas en un examen, hasta que sentí convicción en el corazón. En algunas escuelas, las trampas se han convertido en un hábito. La gente se envicia con la emoción de hacer trampas, mentir y engañar a los maestros. Ese hábito se traslada a formas adultas de conducta como hacer cheques falsificados, asumir una identidad falsa o anotar falsas horas en el trabajo. Esas formas de conducta son actos abiertos de mentira y de fraude. Aunque no parecen ser tan ofensivos como cometer adulterio o matar a alguien, si usted hace estas cosas, se hace culpable de haber quebrantado toda la ley.

EL ÚLTIMO ÍDOLO

Durante un culto en la iglesia, una joven que probablemente tuviera catorce o quince años, trajo un libro repleto de fotos de cantantes y actores seculares, y lo dejó en la plataforma. Aunque eran fotos de cantantes y actores del mundo, no tenían nada de malo; no eran fotos lujuriosas ni sensuales. Cuando le pregunté a la joven qué la había hecho traer el libro a la plataforma, ella recorrió las páginas, mostrándome de nuevo las fotos. Entonces me dijo: "Pastor estas personas eran mis ídolos, y quiero librarme de ellos".

En otra ocasión, los cristianos llevaron sus paquetes de cigarrillos a la plataforma. Algunos de ellos los aplastaban airados, diciendo: "No quiero tener nada que ver con este vicio. Me daña los pulmones". He visto cristianos traer drogas y todo tipo de fotos inmorales al altar.

Es maravilloso ver cómo los creyentes se liberan de sus últimos ídolos. Esto es indicación de que Dios está limpiando la iglesia y purificando a su pueblo.

Tal vez usted sea una persona que tenga su vida en sintonía con la Palabra de Dios. Tal vez haya desarrollado un estilo de vida santo, y lo viva. Tal vez su hogar esté en orden, y organizado según los moldes bíblicos. Sin embargo, si queda en usted aunque sea un aspecto en el que haya pecado, Dios lo está llamando a entregarle su último ídolo.

Es posible que su ídolo no sea algo palpable. Puede tratarse del orgullo, de un sentido de superioridad religiosa, o una falta de perdón con respecto a una ofensa recibida de la iglesia. Quizá su ídolo haya hecho que usted se decida a no volver a quedar vulnerable nunca más. Porque el que lo ha herido es otro creyente, o un líder cristiano, puede que haya tomado la decisión de no volver nunca más a servir a Dios de todo corazón, como lo hacía antes.

Este tipo de votos le pueden hacer de obstáculo para el resto de su vida. Yo los llamo "traumas religiosos". Necesita salir de ellos hoy mismo. Le pido a Dios que saque de su corazón esta última transgresión. Que usted se convierta como un niño pequeño dentro del Reino de Dios. Que se renueve su confianza en el Señor y, a causa de esa confianza también se renueve la confianza en el Cuerpo de Cristo; en los demás creyentes.

Un joven que dirigía la adoración en una de nuestras cruzadas estaba impaciente por decirme algo en el segundo día de reunión. Cuando terminé de predicar, se acercó donde yo estaba y me dijo: "Hermano Sergio, le quiero confesar una cosa. Ayer sentí convicción por haber visto cosas inmorales en las películas y en la televisión. Aunque soy líder de jóvenes y dirijo la adoración, veía esos programas y esas películas. Sabía que aquello no estaba bien, pero ahora he hecho un nuevo compromiso con el Señor. He decidido dejar para siempre la inmoralidad".

Son los testimonio como los incluidos en este capítulo los que me ayudan a seguir adelante, porque son testimonios de personas que han sido liberadas por completo. No quieren dejar ni siquiera la última de las transgresiones en su corazón.

5. Abrace una filosofía radical con respecto al dinero.

Los que se toman en serio la entrega total de su vida al Señor, son radicales en cuanto al dinero. Juan Wesley solía decir: "Gana cuanto puedas; ahorra cuanto puedas, y da cuanto puedas". Yo creo que ésta es una de las filosofías mejores y más bíblicas con respecto a la responsabilidad económica.

No estoy predicando pobreza, sino diligencia. Podemos ganar cuanto dinero el Señor permita que ganemos. Debemos tener un buen plan de ahorros. Y debemos estar listos para dar con generosidad cuando el Señor necesite parte de nuestros recursos para su obra. Pienso que el avivamiento que se avecina nos va a costar mucho dinero, porque necesita llegar al mundo entero. Necesitamos desarrollar una pasión económica; no la pasión de acumular, sino la de ahorrar y poner esos ahorros a la disposición del Señor. Según Él nos instruye, alcanzaremos a muchas personas usando los recursos que Él nos ha dado.

El pueblo judío consideraba las riquezas temporales como señal del favor divino. Tal vez fuera ésta la razón de que el joven rico batallara con el amor a las riquezas. Primero se arrodillo ante Jesús (Marcos 10:17), pero cuando oyó lo que le dijo, debe haber respondido: "Señor, no sé si podré hacer eso. Lo que me estás pidiendo crea un conflicto religioso dentro de mí, porque toda mi vida me han enseñado—y procedo de una escuela en una sinagoga—que la prosperidad es una bendición del Señor. No quiero ser pobre".

Jesús nunca ha negado que la prosperidad sea una bendición del Señor. El problema es que se puede convertir en maldición, cuando nos negamos a someterla a su voluntad.

El pastor de una iglesia argentina me dijo: "Hemos decidido hacer una clase de ayuno muy distinto: vamos a ayunar de las tarjetas de crédito durante un mes". Aquella congregación había aprendido el principio de renunciar al último ídolo. Si usted se halla atrapado en la necesidad imperiosa de comprar cosas, el consumismo y el materialismo, es posible que Dios lo llame a abandonar sus tarjetas de crédito. Si está casado, lo debe hacer de acuerdo con su cónyuge. Eso no sólo va a indicar que ha abandonado su último ídolo, sino que después de un tiempo, se va a sorprender agradablemente cuando descubra que también se ha librado de las deudas que lo perseguían. Esto también es bíblico y sabio.

6. Practique una ética radical en el trabajo.

Jesús trabajaba muy duro. Al joven rico le dijo: "No sólo quiero que seas admirador mío y digas que soy bueno, sino que quiero que abandones tu ídolo y me sigas. Tengo trabajo para ti".

El joven rico es el discípulo que pudo haber sido y nunca fue. Su ministerio quedó abortado. Que nosotros sepamos, nunca llegó a convertirse en seguidor de Jesús. La Biblia dice que se sintió muy triste cuando Jesús le pidió que lo entregara todo. En griego, el adjetivo *perílypos* (v. 23) significa que estaba "triste sobremanera"; tenía un conflicto interno. No podía sentirse feliz con esa decisión.

Los que se nieguen a abandonar el último ídolo; los que no se quieran entregar de todo corazón, van a sufrir grandemente. Saben que han perdido la mayor oportunidad de su vida: unirse al equipo de Jesús. Si usted no se une a su equipo, en su espíritu va a haber algo que lo hará sentir convicción, y le va a preguntar por qué no le entregó todo. El joven rico quería realmente ser seguidor de Jesús, pero también quería conservar todos sus tesoros. No sea como él.

Hace poco leí estas palabras: "Nuestra espiritualidad no se ve en lo que queremos hacer, sino en lo que decidimos hacer". Somos personas espirituales, no porque tengamos el buen deseo de serlo, sino porque hemos decidido seguir a Jesús. Somos espirituales cuando tomamos la decisión de someterle todo al Señor. El secreto de la santidad está en *ser seguidor: estar* listo para seguir las órdenes de Jesús.

Un día, mi esposa y yo aterrizamos en la ciudad de San Francisco, en un vuelo que regresaba del Asia, y estábamos emocionados porque íbamos a tomar el siguiente avión para volver a nuestra familia. Mi esposa fue al mostrador para obtener el pase de entrada al avión, mientras yo arreglaba algunos papeles en otro mostrador. De alguna forma, llegó al avión antes que yo. Cuando llegué a la puerta de entrada, sólo un minuto después, me llevé la gran sorpresa de descubrir que el avión se había ido.

Si usted ha volado antes, sabrá, como sabía yo, que perder un vuelo por un minuto no tiene nada de distinto a perderlo por una hora. Cuando se va, ya no hay remedio. Es probable que los aviones sean los únicos vehículos de la tierra sin marcha atrás; al menos, en el aire. La puerta del avión estaba ya cerrada, y se iba alejando de la entrada. No había forma de detenerlo.

Les expliqué a los funcionarios de la aerolínea que había hecho mi mejor esfuerzo por llegar a tiempo a la entrada. Había atravesado el aeropuerto a toda velocidad. Les hablé de la gente, del atraso en la aduana con el equipaje, y de que mi esposa ya estaba en aquel avión. Mientras hablábamos, llegaron corriendo hasta la entrada quince personas más, atrasadas también, como yo.

De repente, el avión, que sólo se había apartado unos cuantos metros de la entrada, se detuvo. Pude ver a los funcionarios de la aerolínea hablando por radio. Para mi asombro, vi que aquel inmenso avión regresaba. Costó más de quince minutos hacerlo recorrer los pocos metros que lo separaban de la entrada. Pronto se abrieron de nuevo las puertas, y nos permitieron abordarlo a todos los pasajeros atrasados.

Hay gente que siente que ha perdido el último "avión" espiritual. Cree que nunca va a ser feliz, o se va a sentir realizada. Tal vez usted sea una de esas personas. Tal vez piense que ha perdido el avión, y que no tiene forma de llegar a su punto de destino celestial. Pero quiero decirle que sigue existiendo esa oportunidad. Vivimos aún en la era de la salvación; aún estamos bajo la gracia del Espíritu Santo. El juicio final no ha llegado aún. No es demasiado tarde todavía.

Todavía tiene tiempo para arrepentirse de toda falta de perdón, amargura de espíritu o negativa voluntaria a ayudar al Cuerpo de Cristo y a cumplir con todos los deberes de su ministerio. Todavía tiene tiempo para abandonar su último ídolo.

En Lucas 19, el capítulo siguiente al de la historia del joven rico, hay otro relato bíblico. Éste habla de Zaqueo, un hombre rico que renunció a su amor al dinero, hizo restitución por su falta de honradez y dedicó su vida a seguir a Jesús.

Zaqueo no era muy religioso. En realidad, era un ladrón y un tramposo. Pero su reacción ante Jesús nos muestra que estaba listo para entregar su vida de todo corazón a la obra del Señor:

> Entonces Zaqueo, puesto en pie, dijo al Señor: He aquí, Señor, la mitad de mis bienes doy a los pobres; y si en algo he defraudado a alguno, se lo devuelvo cuadruplicado.
>
> —Lucas 19:8

En África, unos cazadores muy astutos decidieron usar una

El último ídolo

ingeniosa trampa para los monos pequeños. Usarían una botella con una boca que fuera lo suficientemente grande como para que el mono pudiera meter dentro la mano. Dentro de la botella pondrían cacahuetes o caramelos; algo que les gustara mucho a estos animales. El mono metería la mano en la botella, pero una vez que cerrara el puño con los cacahuetes dentro, no podría sacarla. En aquel breve momento en que el mono estaba decidiéndose a dejar la golosina, le caería encima una red, y el mono quedaría atrapado.

Satanás quiere atrapar a la gente de Dios con cosas pequeñas. Algunos los atrapa con cosas insignificantes y, como creen que esos pecados no son gran cosa, se niegan a abandonar esas pequeñas seducciones. Siguen tirando y tirando para obtener esas cosas, y no saben que hay una red a punto de caer sobre ellos.

La red no viene de Dios; es la trampa del destructor. La Biblia nos dice que Satanás "como león rugiente, anda alrededor buscando a quien devorar" (1 Pedro 5:8).

Le suplico que abra la mano y suelte lo que esté impidiendo que siga plenamente a Cristo. Podría ser una relación que ha pasado de ser un buen *noviazgo cristiano* a convertirse en una *trampa inmoral*. Podría ser una relación amorosa o un afecto del corazón que no se halla dentro de la voluntad de Dios. Tal vez sus emociones estén enredadas en una forma incorrecta de amistad o de relación, y usted lo sabe. Está diciendo: "Sí, quiero servir a Dios", pero tiene el puño firmemente cerrado alrededor de esa relación. Pueden ser las bendiciones materiales, o una carrera profesional. Tal vez sean actitudes o emociones de su corazón que no se han resuelto a la manera de Dios. Podría ser algo que sólo usted conoce; un ídolo secreto escondido en una pequeña hendidura de su corazón.

¿Qué necesita poner en el altar del Señor?

El joven rico se sintió muy triste, porque no pudo renunciar a lo que representaba su última transgresión; su último ídolo. En cambio, Zaqueo se sintió feliz cuando se encontró con Jesús, porque estuvo dispuesto a darlo todo.

No importa cuánto pecado ni cuántas transgresiones hayan formado parte de su pasado. Si se arrepiente hoy, Dios va a limpiar por completo la página. Lo va a purificar del todo. Va a borrar por completo su disco duro y a reformatear su vida espiritual.

Tampoco importa cuánta justicia o actividad religiosa haya en su pasado. Si se niega a abandonar su último ídolo, entonces Dios va a contar toda su justicia como pecado. Con Él se trata de todo o nada.

El deseo de mi corazón es que usted le entregue a Dios su último ídolo, y experimente la transformación que su poder va a operar en su vida, convirtiéndola en un amor y una entrega comprometidos y de todo corazón a Él y a su llamado.

Una oración de arrepentimiento

Padre, te pido un milagro ahora mismo. Te pido que queden pulverizados cuantos ídolos queden en mi vida por el poder de tu Espíritu. Te pido que queden destruidas las barreras y que los grilletes que me queden aún en los pies se abran, para que pueda escuchar el sonido espiritual de las cadenas de esclavitud que se rompen en mi vida.

Te pido, Dios mío, que desaparezcan toda amargura, resentimiento y depresión. Libérame, Señor. Te pido que vengas y me hables de nuevo, y me digas: "Esto es lo que te faltaba". Padre, te ruego que me hables otra vez. Te suplico que me des otra oportunidad. Ahora te rindo a ti por fe todos mis ídolos. Te doy gracias por tu perdón. No lo merezco, pero lo acepto.

Señor, despierta mi ministerio, que ha estado dormido. Libérame para que viva en la emoción de tu voluntad. Hazme un creyente eficaz, Señor.

En el nombre de Jesús, amén.

Notas

Capítulo 1
1. Fuente obtenida en la Internet: Signs and Wonders in the Writings of the Early Church Father, www.geocities.com/Heartland /Fields/ 2418/Church_Fathers.html. 11 de Junio 2002
2. John Foxe, *Foxe's Book of Martyrs* (Springdale, PA: Whitaker House, 1981), 24.
3. Ibid., 22.

Capítulo 2
1. Redpath, Allan, *Leadership*, vol. 3, n° 2.

Capítulo 3
1. Joshua Harris, *Le dije adiós a las citas amorosas* (Miami, FL: Editorial Unilit).

Capítulo 4
1. Fox Butterfield, "Man Convicted in Fatal Beating in Dispute at Son's Hockey Game", *New York Times* (12 de enero de 2002). Además, fuente obtenida en la Internet: Court TV Online, "Mass. v. Junta", www.courttv.com/trials /junta/012502_ctv.html <http://www.courttv.com/trials/junta/012 502_ctv.html>.
2. Fuente obtenida en la Internet: Pursuing Victory With Honor: The Arizona Sports Summit Accord <http://www.charactercounts.org/sports/accord.htm>.
3. Fuente obtenida en la Internet: National Alliance for Youth Sports, <http://www.nays.org/ about/index.cfm> y <http://www.nays.org/pays/code_of_ethics. cfm>.

Capítulo 5
1. Martes 23 de enero de 2001, periódico Saint Paul Pioneer Press, pág. 7-F, Salud: "Indoor Air Pollution More Harmful", por la periodista Jane Brody.

Capítulo 7
1. Fuente obtenida en la Internet: Barna Research Online, Family/Divorce (2001), <http://www.barna.org>.

Capítulo 9
1. Fuente obtenida en la Internet: "Deadly Distractions," nu. 8 en la serie por Shell Oil Company, www.shellus.com/products/booklets/pdf/Dead_Distractions.pdf. 14 de Junio 2002.
2. Sergio Scataglini, *El Fuego de Su Santidad* (Lake Mary, Fl: Casa Creación).

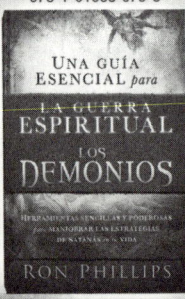

¡Éxito de ventas con más de 400,000 ejemplares vendidos en inglés!

Ahora disponible en la
Nueva Versión Internacional

Contiene las notas y comentarios de JOYCE MEYER con el propósito de construir puentes resistentes entre la Palabra de Dios y su vida diaria

Aplique las verdades bíblicas a través de las aportaciones de Joyce Meyer, las cuales incluyen:

- **Introducción a los libros bíblicos:** con breves recuentos de hechos al principio de cada libro

- **Puntos de vida:** crean un paralelo entre la Palabra en el texto y las experiencias del lector

- **Artículos del diario vivir:** con un enfoque en pasajes específicos y el entendimiento y las enseñanzas de Joyce

- **Poner la Palabra en acción:** presenta algunas preguntas, propias de Joyce, que llevan a la introspección y luego a la acción

- **Declarar la Palabra:** adapte versos a confesiones u oraciones, y lleve las promesas de la Biblia a un nivel nuevo y personal

LA
BIBLIA
DE LA VIDA DIARIA

El poder de la Palabra de Dios para el diario vivir

NUEVA VERSIÓN INTERNACIONAL

CON NOTAS Y COMENTARIOS POR
JOYCE MEYER

978-1-59979-118-0 (Tapa dura) | 978-1-59979-119-7 (Imitación en piel)

CASA CREACIÓN
www.casacreacion.com

Disponible en su librería cristiana más cercana
1-800-987-8432 ♦ 407-333-7117

NVI NUEVA VERSIÓN INTERNACIONAL
La Verdad Eterna, en un Lenguaje de Hoy

0927